Lotte Lenya

KÖNEMANN

Lotte Lenya

Eine Autobiographie in Bildern
Zusammengestellt und herausgegeben von David Farneth

KÖNEMANN

Compilation and text copyright © 1998 The Kurt Weill Foundation for Music.
Originally published in the United States of America in 1998
by Overlook Press, Peter Mayer Publishers, Inc.

Originaltitel: Lenya, the Legend

© 1999 für die deutsche Ausgabe:
Könemann Verlagsgesellschaft mbH
Bonner Str. 126, D-50968 Köln

Übersetzung aus dem Englischen:
Helmut Roß
Redaktion und Satz der deutschen Ausgabe:
Lesezeichen Verlagsdienste

Projektkoordination: Marten Brandt
Herstellungsleiter: Detlev Schaper
Herstellungsassistenz: Ursula Schümer
Druck und Bindung: Jean Lamour
Printed in France

ISBN 3-8290-1437-6

10 9 8 7 6 5 4 3 2 1

BILDNACHWEIS: Al Hirschfeld/Margo Feiden Galleries: S. 6, 136 (oben), 209; Arbit Blatas:
S. 127, 138; Artists Rights Society (ARS), New York: S. 87; Atlantic Recording Company: S. 169
(rechts oben); Barron Storey: S. 215; Bertolt-Brecht-Archiv/Akademie der Künste, Berlin: S. 53,
61, 65 (unten); Bildarchiv Preußischer Kulturbesitz: S. 59 (Mitte); Bildarchiv und Porträt-
sammlung der Österreichischen Nationalbibliothek: S. 78; Corbis-Bettmann: S. 90, 172; Dover
Publications: S. 169 (links unten); Nachlaß von Carl Van Vechten: S. 18, 173; European-American
Music Corp.: S. 51, 54; George Hoyningen-Huene/Harvard Theatre Collection, The Houghton
Library: S. 82, 102; George Platt Lynes: S. 12, 93; Institut für Theater-, Film- und Fernsehwis-
senschaft, Universität zu Köln: S. 64 (oben), 66 (unten), 68 (unten), 113; Lee Snider: S. 208;
Lotte Jacobi Archives/University of New Hampshire: S. 14; Louise Dahl-Wolfe/Staley-Wise
Gallery, New York: S. 91, 129, 133; Martus Granirer: S. 202 (unten); Museum of the City of New
York: S. 92 (unten), 105; Neil Fujita: Umschlag und S. ii, 134 (unten), 136 (rechts unten), 204
(oben), 225; New York Public Library: S. 101 (oben und unten), 124; Opera News: S. 213 (unten);
Polygram Records: S. 144, 145 (links), 152 (unten), 162, 169 (rechts unten); Richard Ely: S. 89,
168, 206; Sony Records: S. 145 (rechts), 148, 149, 153, 160 (oben), 175 (unten), 195 (unten);
Stadtarchiv Zürich: S. 40; Ted Mitchell: S. 187 (unten), 196, 197 (oben), 198, 214 (oben und
unten), 219; Ullstein: S. 70 (links oben und rechts oben); Vincent Scarza: S. 19; Warner-Chappell
Music: S. 96 (unten), 152 (oben); William V. Madison: S. 104. Alle übrigen Fotos: Weill-Lenya
Research Center, Kurt Weill Foundation for Music, New York.

*Vorhergehende Seite: Eines der berühmtesten Bilder aus der
Dreigroschenoper: Lenya singt ›Seeräuber-Jenny‹ (Theater
de Lys 1954). Foto: Neil Fujita*

Für Henry Marx

Zur Erinnerung an Lotte Lenyas 100. Geburtstag
Kurt Weill Foundation for Music

Inhalt

Einleitung

Es ist schön, als Legende bezeichnet zu werden. Wer zur Legende wird, muß irgendwo gelandet sein. Vielleicht habe ich ja etwas getan, das – wenn man es hochtrabend ausdrücken will – als Kunst anerkannt wird.

Je mehr ich schreibe, desto leichter fällt es mir. Aber es wird schwerer, wenn man sich der Gefahr bewußt wird, die das Geschichten erfinden mit sich bringt. Also immer schön bei der Wahrheit bleiben – sie ist schlimm genug.

– LOTTE LENYA (1898–1981)

›Mackie Messer‹, ›Surabaya-Johnny‹, ›Alabama-Song‹ – mit ihrem von Zigarettenrauch umnebelten roten Schopf wies Lenya Generationen von Amerikanern und Europäern den »Weg in die nächste Whisky-Bar«.

Vielen ist Lotte Lenya als die bedeutendste Interpretin der Songs von Kurt Weill und Bertolt Brecht in Erinnerung, als das optimistische Fräulein Schneider in der Broadway-Fassung von *Cabaret* oder die verschlagene Rosa Klebb in *Liebesgrüße aus Moskau*, die versucht, James Bond mit einem im Schuh verborgenen Messer zu erledigen. Andere sehen in ihr eine moderne Ikone des Berlins der 1920er Jahre, durch die sie die stark romantisierte Aufgeriebenheit und Genußsucht jener lebendigen, turbulenten Zeit nacherleben können. Wieder andere loben ihr unermüdliches Bemühen, die Öffentlichkeit mit dem gesamten Spektrum der Musik Kurt Weills bekannt zu machen. Freunde erinnern sich an eine komplexe Persönlichkeit: warmherzig, doch leidenschaftslos; stolz, aber nicht überheblich; robust, und doch verletzlich; Späße liebend mit Sinn für Humor, ohne zu übertreiben. Jeder, der sie als Künstlerin bewundert, findet in ihren Auftritten eine besondere Qualität der Aufrichtigkeit, Unmittelbarkeit und der lebensechten Gefühle. Lenya steht weiterhin für eine vergangene Ära und ist, in vielfacher Hinsicht, eine Überlebende.

Der 100. Geburtstag eines darstellenden Künstlers bietet einen geeigneten Ausgangspunkt für einen Blick auf seine Karriere und den zeitgeschichtlichen Kontext. Da dem Wirken eines Schauspielers oder Sängers

Gegenüber: Al Hirschfelds Karikaturen der Hauptdarsteller von Cabaret (1966). V.o.n.u.: Joel Grey (Emcee), Bert Convy (Clifford Bradshaw), Jill Haworth (Sally Bowles), Jack Gilford (Herr Schultz) und Lenya (Fräulein Schneider) © Al Hirschfeld. Abdruck mit besonderer Genehmigung von Hirschfelds Exklusivvertretung, The Margo Feiden Galleries Ltd., New York.

etwas Vergängliches anhaftet und es vornehmlich durch Tonaufnahmen, Stand-fotos oder bewegte Bilder festgehalten wird, verdanken viele Legenden ihr Ent-stehen durch die Erinnerung an Liveauftritte und Schilderungen von »Schach-zügen«, die sich hinter den Kulissen ereignet haben. Mit dieser Zusammenstel-lung möchten wir daher Lotte Lenyas 100. Geburtstag anhand von Fotos, Do-kumenten und Reminiszenzen aus einem Leben feiern, das mit den ersten 80 Jahren des 20. Jahrhunderts zusammenfällt.

Als meisterliche Schöpferin von Mythen trug Lenya selbst zum Entstehen ihres schillernden Image bei. Doch jene Geschichten, die sie bereits zu Lebzei-ten zur Legende machten, wurden nahezu gänzlich von ihrem zweiten Mann George Davis erfunden und ausgeschmückt, einem in der Welt der Literatur und Medien beschlagenen Autor von Unterhaltungsliteratur, der für verschie-dene New Yorker Zeitschriften tätig war. Von ihm stammen auch sämtliche Zeitschriftenartikel und Covertexte der 1950er Jahre, die unter ihrem Namen erschienen. Noch wichtiger aber war, daß Davis das Image der Lenya als der bedeutendsten Interpretin der Musik Kurt Weills schuf und er die Aus-schmückungen ihrer Lebensgeschichte festschrieb, die sie – noch lange nach seinem Tod – Wort für Wort in jedem Interview nacherzählte. Für den Rest ihres Lebens wich Lenya in der Öffentlichkeit nie von ihren gut einstudierten Geschichten über das Leben im Berlin der 1920er Jahre ab: über ihre deutsche Karriere und vor allem darüber, wie sie Weill begegnete, er seine Musik in ihrer Stimme vernahm, sie angeblich gemeinsam aus dem nationalsozialistischen Deutschland flohen und folglich eine glückliche Beziehung führten. (Die faszi-nierende Geschichte dieser wahrhaft »modernen«, problembehafteten Ver-bindung offenbart sich in ihrer vollständigen Korrespondenz, die 1996 von der University of California Press veröffentlicht wurde. Dt.: *Sprich leise – wenn du Liebe sagst. Der Briefwechsel Kurt Weill – Lotte Lenya*. Hg. u. übers. v. Lys Sy-monette u. Kim H. Kowalke. Köln 1998.) Lenya kam mit ihrer Autobiographie nicht über einige kurze Notizen zur Kindheit hinaus. Obgleich sie sich in spä-teren Lebensjahren zusehends mehr bemühte, sich an die Fakten zu halten, vermied sie es doch, die ganze Wahrheit auszusprechen – sogar gegenüber ihren engsten Freunden.

Die Lebensgeschichte der Lenya nimmt ihren Anfang in Wien und berich-tet von den Mißhandlungen durch einen stets betrunkenen Vater, von der von fürsorglichen Lehrern eingeflößten Hoffnung und von der Liebe einer Mutter, die ihr half, einem Leben in Armut zu entrinnen. Sie erinnert sich, daß sie mit 15 in Zürich praktisch ganz auf sich gestellt war, ebenso an Ballett- und Schauspielstunden, ihren Aufstieg von der Operettenstatistin zur Bühnen-schauspielerin, an das gute Auskommen in der »neutralen« Schweiz während des Ersten Weltkriegs und wie sie allmählich in den Genuß von Geschenken ihrer zahlreichen männlichen Bewunderer gelangte. Sie folgte ihrem Mentor, Richard Révy, nach Berlin. Auch nach der Heirat mit Kurt Weill hatte sie Pro-bleme, Arbeit als Schauspielerin zu finden, bevor sie dann einen Part in der *Dreigroschenoper* erhielt. Ihr Erfolg in der Rolle der Jenny führte zu regelmäßigen Engagements an Berliner Theatern und einigen frühen Aufnahmen von Kompositionen Kurt Weills. Lenya berichtet, wie sie – sich in Berlin einge-engt fühlend und ihres jüngsten Ruhmes gewiß – Weill wegen eines Tenors namens Otto Pasetti verließ. Somit bekundete sie, daß sie im Einzelnen gar nicht über Weills Flucht vor den Nazis und seine Emigration nach Frankreich informiert war. (In all ihren öffentlichen Interviews geht sie niemals auf ihre Scheidung von Weill und ihre zweite Ehe mit ihm ein.) Weill blieb ihr gegen-über auf seine Weise loyal und half ihr und Pasetti finanziell und beruflich. Nachdem sie Pasetti schließlich verlassen hatte, ging Lenya 1935 zusammen mit Weill in die USA, um erst zehn Jahre nach Kriegsende nach Europa zurückzukehren.

Eine Karriere in Amerika gestaltete sich überaus schwierig und führte deshalb zu einer 15jährigen Phase der Frustration. Zutiefst erschüttert durch Weills Tod im Jahr 1950, vertraute sie darauf, daß George Davis ihrem Leben neuen Sinn verleihen könnte, und daß er ihr dabei helfe, eine neue Karriere als Hüterin des Weillschen Vermächtnisses zu begründen. Somit begann die Weill-Renaissance der 1950er Jahre, in denen sie zwischen New York und Deutschland hin- und herpendelte, um Schallplatten aufzunehmen, Konzerte zu geben und in der berühmten Off-Broadway-Produktion der *Dreigroschen-oper* im New Yorker Greenwich Village aufzutreten. Nach Davis' Tod fühlte sich Lenya erstmals seit 20 Jahren hinreichend befreit, um Rollen anzuneh-men, die nichts mit Weill zu tun hatten. Sie feierte Bühnentriumphe in *Brecht on Brecht* und *Cabaret* und hatte erinnernswürdige Auftritte in einigen Kino-filmen. Bis zuletzt hielt sie beharrlich an ihrer Mission fest, Weills Musik zu fördern und zu schützen.

Dieses Buch präsentiert Auszüge aus der privaten und beruflichen Kor-respondenz, Interviews für Zeitungen, Zeitschriften, Funk und Fernsehen sowie die spärlichen Notizen, die sie über ihr Leben in Wien, Zürich und Berlin hinterließ. Diese Texte sind häufig lediglich eine Nacherzählung be-dachtsam ersonnener Mythen über ihre Karriere. An anderen Stellen – vor allem in ihren persönlichen Briefen und den ungezwungenen Interviews in ihren letzten Lebensjahren (besonders zu erwähnen sei das mit Gottfried Wagner, dem Urenkel Richard Wagners) – treten jene Eigenschaften vollstän-diger zutage, die die Faszination Lotte Lenyas als darstellende Künstlerin aus-machen und die gleichzeitig zahlreiche der von ihr selbst verbreiteten Legen-den als solche entlarven.

Lenyas Lebensgeschichte soll in fünf Kapiteln erzählt werden, die nach den wichtigen Einschnitten in ihrem Leben als Privatperson und Künstlerin angeordnet sind: ärmliche Kindheit in Wien und ungebundene Jugendjahre in Zürich; Ruhm als gestandene Schauspielerin in Berlin; Scheitern der Kar-riere in Amerika; Wandlung in eine Sängerin mit internationalen Schallplat-tenverträgen und Hüterin des künstlerischen Erbes Kurt Weills; im Alter von 61 Rückkehr zur »ersten Liebe«: ihren Auftritten in Theater und Film. Diese zusammengestellte »Erzählung« verkörpert notwendigerweise ein buntes

Mosaik aus Erinnerungen, die den Ereignissen nur wenig später folgten (so in den Briefen) oder aber Jahre, gar Jahrzehnte darauf stattfanden. Viele Auszüge wurden speziell ausgewählt, um die Fotos zu kommentieren – Bühnenaufnahmen, Porträts, Plakate, Notenblätter, Pressefotos, Programme und Schallplattenhüllen. Da die Texte nur aus den vorhandenen Schriften und Interviews der Lenya ausgewählt wurden, kommen einige wichtige Momente ihrer Karriere nur flüchtig und zahlreiche Details gar nicht zur Sprache. Einen vollständigen Überblick über Lenyas Leben und Karriere findet der Leser jedoch in der Chronik (S. 233–244) und den Bildlegenden.

Die fünf Hauptkapitel werden von zwei thematischen Abschnitten eingerahmt: ein mit Fotos aus fünf Auftrittsjahrzehnten illustrierter Prolog gibt ihre Ansichten über Schauspiel und Gesang wieder, und ein mit Schnappschüssen aus ihrem Privatleben bebilderter Epilog enthält ihre Betrachtungen über Leben und Kunst. Ein dritter Abschnitt – ein »Zwischenspiel« über ihr Leben mit Kurt Weill – schiebt sich zwischen das dritte und das vierte Kapitel, um den Übergang von der »alten« zur »neuen« Lenya zu markieren.

Lotte Lenyas Schilderungen wurden mit Blick auf Klarheit und Verständlichkeit redigiert, zugleich jedoch auch mit dem Bemühen, ihre Syntax und Diktion zu bewahren. In einigen Fällen wurden zwei Schilderungen einer Begebenheit zu einer einzigen verschmolzen; dann und wann finden sich auch zwei widersprüchliche Darstellungen des gleichen Ereignisses. Die Anmerkungen des Herausgebers sind bewußt knapp gehalten und liefern nur dann einen historischen Hintergrund, wenn dieser in der Originaldarstellung fehlt. Namen, Orte und Titel literarischer und musikalischer Werke werden nur in seltenen Fällen angegeben. Unbedeutende Fakten wurden ohne besondere Erwähnung korrigiert. Briefe an Weill wurden nur eingefügt, wenn es galt, Lücken in der Schilderung zu schließen, zumal sie bereits veröffentlicht wurden.

Letztlich dürften es die privaten Schriften sein, die die fundiertesten Einblicke in jene Aspekte ihrer Persönlichkeit liefern, die nicht aus ihrem Image ablesbar sind, wie etwa ihr kompliziertes Verhältnis zu Männern. Lenya brachte ihre diesbezüglichen Gefühle recht prägnant auf den Punkt: »Es ist so schön, von einem Mann abhängig zu sein. Etwas Schöneres kann ich mir gar nicht vorstellen. Abgesehen davon, wurde ich als freier Mensch geboren und werde das auch bleiben.« Obgleich sie leugnete, je ein »Haufen Sinnlichkeit« gewesen zu sein, dürften gewisse Lebensfakten dieser Feststellung widersprechen. Intelligenz war der Wesenszug, den sie am meisten bei anderen bewunderte. Trotz ihrer nur achtjährigen Schulbildung war sie recht stolz darauf, mit einigen der kreativsten Geister dieses Jahrhunderts Umgang zu pflegen, auch wenn sie es nicht zugegeben hätte.

Hier nun anläßlich ihres 100. Geburtstags die Geschichte der Lenya – erzählt von ihr selbst.

Legenden: Über Schauspiel und Gesang

Lenya in der Rolle der Jenny in Aufstieg und Fall der Stadt Mahagonny *in der Inszenierung am Theater am Schiffbauerdamm (Berlin 1931). Karikatur von Hesto Hesterberg*

Vielleicht ist ihr Gesang nicht nach jedermanns Geschmack, doch auf ihre Weise ist Lotte Lenya zweifellos unvergleichlich. Man mag einwenden, sie habe eine kratzige Stimme; es gibt aber beim Singen keinen »guten Ton« an sich. (...) Lenya ist in der Lage, einem Wort wie »Quatsch« einen Erfahrungsreichtum mitzugeben, der Mae West geradezu naiv erscheinen läßt.

Lotte Lenya führt uns in die Rue Sans Joie. Der Effekt wäre aber vielleicht nicht so machtvoll, würden wir uns nicht an ihren superben Auftritt erinnern, wie sie sich in einem schmutzigen Jäckchen, mit unter die Knie gerollten Strümpfen und halb unter einem Strohhut verborgenen Blumen im Haar nach dem Weg in die »nächste Whisky-Bar« erkundigt.[43]

    – CONSTANT LAMBERT, Komponist, Dirigent und Kritiker

Ich hatte nie Gesangsunterricht. Wissen Sie, jede Wienerin kann singen. Es liegt ihr im Blut, wirklich.[70]

Ich mag es, mit einem Orchester zu singen. Fühle mich wohl wie ein Fisch im Wasser. Es ist wie im Ozean, wenn man von einer prächtigen Klangwoge getragen wird. Eine glückliche Einsamkeit überkommt mich, wenn ich zu Beginn eines Auftritts ans Mikro-

Probe für ein Konzert im Lewisohn Stadium (New York, Juli 1958)

phon trete. Da ist nur das Mikrophon und man selbst, fast so, als würde man auf dem Mount Everest stehen. Niemand kommt an dich heran, ein merkwürdiges, wunderbares Gefühl.[31]

In Cabarets habe ich nie gesungen. Damals in Berlin stand das Cabaret auf seinem Höhepunkt, und jeder sang in Cabarets. Man bat mich oft, in Cabarets aufzutreten, doch ich konnte einfach nicht. Ich brauche Distanz, ein Orchester dazwischen, einen Graben. Ich kann nicht so nah dran sein, daher bin ich zum Beispiel auch keine gute Gesellschafterin.[66]

Maria Callas ist *die* Sängerin meiner Zeit, denn sie ist auch Schauspielerin – eine großartige Schauspielerin. Hätte sie diese Stimme nicht besessen – die viele für gar nicht so schön halten –, doch sie hat eine so wunderbare Stimme! Aber glauben Sie, daß es beim Gesang ihrer Arie in *La Traviata* und meinem von der »Seeräuber-Jenny« so einen großen Unterschied gibt? Sie singt mit dem gleichen Verständnis dessen, was sie ausdrücken will, ohne sich zu verlieren, ohne gänzlich in Trance zu fallen, ja? Klar, die Callas hat eine

Frühes amerikanisches PR-Foto (New York 1937) von George Platt Lynes

Stimme – muß sie auch. Wo ich fünf PS verwende, braucht sie 55, denn ihr Material ist soviel größer als meins. Doch der Effekt ist der gleiche. Vielleicht ist das sehr anmaßend von mir, doch man hat mich jetzt sehr oft die Callas der Songs genannt.[8]

Nein, nein, wirklich. Niemals werde ich eine Primadonna sein, und war auch niemals eine. Primadonnas sind ohnehin sehr dumm, sonst wären sie auch keine Primadonnas. Meine Einstellung im Theater ist die, daß man einfach in den Auftritt hinein- und wieder herausgeht. Würde mir jemand eine Frage stellen, während ich gera- de ›Seeräuber-Jenny‹ singe, könnte ich aufhören, die Frage beant- worten, und dort weitersingen, wo ich aufgehört hatte, denn ich brauche keine Atmosphäre zu erzeugen. Ich muß nicht in Trance verfallen, um zu tun, was ich tue. Ich bin wie jemand, der einen Graben schaufelt. Er kann innehalten, seinen Kaffee trinken und weitergraben, bis er fertig ist. Da gibt es keinen Unterschied.[8]

Musik habe ich sehr schnell gelernt. Weill spielte und sang sie mir ein, zwei Mal vor, und ich konnte sie. Wenn ich für Brecht sang, korrigierte der nichts. Er ließ mich gewähren. Für beide war das so richtig.[72]

Der größte Unsinn, den ich je gehört habe, ist die Vorstellung, »gegen die Musik« zu singen sei eine Art marxistischer Dialektik. Brecht sagte, es sei bisweilen sehr wirkungsvoll, wenn es notwendig ist, gegen die Musik anzusprechen. Ich tue das die ganze Zeit. Und es ist sehr wirkungsvoll, doch das heißt nicht, daß man die Musik überhaupt nicht singen sollte. Das hat er nicht gemeint. Das ist eine falsch verstandene Theorie. Hören Sie sich meine Schallplatten auf- merksam an, denn ich singe wirklich. Ich singe die Melodie. Manchmal spreche ich auch zwischendurch, wenn die Emotion es erfordert, doch jede Note ist da, selbst wenn ich spreche.[52]

Auf der Bühne probiere ich nie etwas Besonderes aus. Ich tue nur das, was man mir gibt. Wenn es ein Gedicht von Brecht oder ein Song von Weill ist, singe ich so, wie es da steht. Ich versuche zu ver- stehen, was sie ausdrücken wollen, und das mit äußerster Aufrichtig- keit. Mehr kann ich nicht tun. Ob nun die Art meines Vortrags zu einem persönlichen Stil wird, ist wieder etwas anderes. Doch man wird immer wissen, worüber ich singe. Das ist klar, kristallklar. Man muß es nur fühlen. Ganz ohne Tricks. So ehrlich wie möglich.[34]

Nun, wir alle werden älter, und deshalb gleitet auch die Stim- me ein paar Noten nach unten. Doch mein Stil hat sich kein bißchen verändert. Die Brecht-Weill-Songs halte ich nicht ausschließlich für mein Material. Ich bin mir dessen bewußt, was ich tue, doch die

Klassische Pose aus Mahagonny *mit handschriftlicher Widmung für Kurt Weill: »Für mein Kurti von seiner Jenny, Berlin d. 29.5.1932«. Foto: Eli Marcus*

14

Berlin, um 1930.
Foto: Lotte Jacobi,
Lotte Jacobi Archives,
University of New
Hampshire

Seelenqual ist immer dabei. Ich werde so wütend, wann man sagt »Sie haben es aber doch schon so oft gesungen.« Ich sage nein, das ist immer wieder neu, verstehen Sie? Es ist nie das Gleiche. Die Struktur bleibt gleich, doch diese Ängste und Qualen, die ich durchleide, erzeugen eine stets neue und stets frische Intensität. Das ist etwas, was man nie verlieren sollte.[73]

Schauspielerei – mochte ich lieber als Gesang, zumindest lieber, als allein zu singen. In Zürich bin ich in so schönen Stücken aufgetreten – von Wedekind, Kaiser, Tolstoi, all so was. Das Singen fiel mir einfach zu leicht und war nichts Besonderes. Das Schauspielern aber war eine Herausforderung.[72] Meine Lieblingsrolle war die Anna I in Weills *Sieben Todsünden*. Das ist totales Theater – Gesang, Tanz, Schauspiel sind eins.[9]

Junge amerikanische Schauspieler müssen auf Schauspielschulen Zuflucht suchen, um ihr Handwerk zu lernen. Wenn sie dann tatsächlich einen Job bekommen und das Stück womöglich ein Hit ist, sitzen sie zwei, drei Jahre in einer Rolle fest und haben keine Chance, sich zu entwickeln. In Berlin arbeiteten wir in Repertoire-ensembles; man spielte Shakespeare, Schiller, Molière, Wedekind und Brecht – alles in einer Woche. So wird man sehr vielseitig. Das amerikanische Publikum ist das Star-System gewohnt; man müßte es an das Repertoire-System heranführen.[52]

Eine Rolle, die ich mag, langweilt mich nie. Ich bin vom ersten Tag bis zum letzten begeistert. Wenn man dem Publikum nicht alles gibt, grenzt das für mich an Betrug. Nicht mit mir. Ich liebe die Rolle, also spiele ich sie so gut wie möglich. Was man dann auch merkt, ja?[70]

Auf der Bühne verkörpere ich neben Humor auch eine gewisse Traurigkeit, und darum ist das etwas Spezielles. Man kann nicht darüber reden, man muß es darstellen. Auf der Bühne kann ich das. Gleichzeitig lustig und traurig sein, darüber kann man nur sehr schwer reden.[34]

Für Filmrollen müßte man mich eigentlich zahlen lassen. In einem Film steht nur mein Ruf auf dem Spiel. Bei Kurt Weill indessen empfinde ich eine große Verantwortung, das Beste zu geben. Das ist zehnmal schwerer, als wenn ich auf mich gestellt bin.[28]

Ein Freund sagte einmal: »Ich liebe diese Stimme; sie liegt eine Oktave unter einer Kehlkopfentzündung.«[8]

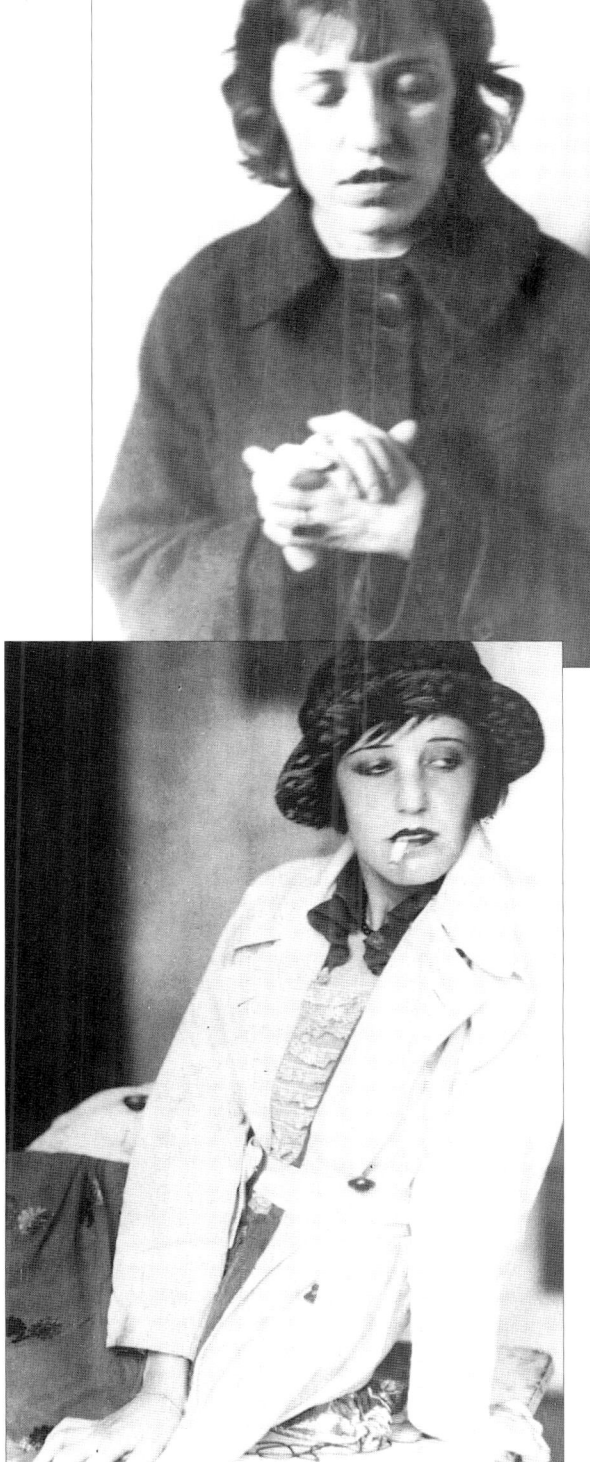

Oben: Vorbereitung auf einen »äußerst aufrichtigen« Gesangsvortrag (Berlin 1929).

Unten: Als Ilse in Wedekinds Frühlings Erwachen *(Berlin 1929). In einer weiteren Hauptrolle Peter Lorre.*

Links: Als Rosa Klebb in dem James-Bond-Film Liebesgrüße aus Moskau *(1963). »Meine berühmteste Rolle.« Foto: United Artists*

Unten: Beim Rupfen eines Huhns in Bertolt Brechts Mutter Courage *(Ruhrfestspiele Recklinghausen 1965). Foto: Manfred Pauls*

Links: Als überaus verruchte Contessa Magda Terribili-Gonzales in The Roman Spring of Mrs. Stone [Mrs. Stone und ihr römischer Frühling, 1961] *nach einem Roman von Tennessee Williams. Foto: Warner Bros.*

Gegenüber: Bei einem Konzert in München während Lenyas zweiter europäischer Karriere (1960). Foto: Werner Neumeister

*Porträt von Carl Van Vechten (New York 1962). Abdruck mit
freundlicher Genehmigung von Joseph Solomon, Verwalter des
Nachlasses von Carl Van Vechten.*

Drahtseilakt 1898-1921

Lotte Blamauer war auch aus Wien und gleichzeitig mit mir in Zürich engagiert. (...) Dann saß die Blamauer immer neben mir in der einzigen Damengarderobe. Weil wir auch ziemlich gleichaltrig waren. Und sie interessierte mich ungeheuerlich. Sie wurde immer mit Offizieren gesehen und von Offizieren abgeholt, und immer von anderen, und der Tratsch um ihre Lasterhaftigkeit war enorm. Das Netteste an ihr war, daß sie immer vergnügt war, immer guter Laune. Und dann war um sie eine Atmosphäre von etwas Verbotenem, also sehr interessant. Das war also die Blamauer.[10]

– ELISABETH BERGNER, Schauspielerin

Ich bin am 18. Oktober 1898 geboren. Mit richtigem Namen heiße ich Karoline Wilhelmine Charlotte Blamauer (...).[49]

Mein Vater, Franz Blamauer, stammt aus Anzbach. Er war bereits Fiakerkutscher, als meine Mutter, Johanna Teuschl, sich schrecklich in ihn verliebte. Er war kein einfacher Mietkutscher, sondern lenkte die prächtigsten Pferde eines reichen Fabrikbesitzers, der in der Inneren Stadt lebte und die größte Autorität für alles war, das mit Pferden zu tun hatte. Darum bewunderten ihn die Nachbarn, diesen ach so gutaussehenden Mistkerl: groß, schmale Hüften, auf Hochglanz polierte Stiefel, rötliche Koteletten und Schnauzbart, blaue Hundeaugen, schmale markante Nase und herrlich weiße Zähne, mit denen er fürchterlich knirschte, wenn er betrunken war, also meistens.[45]

Jenny, gemalt von Lenyas drittem Mann, Russell Detwiler.
Aus der Sammlung Vincent Scarza

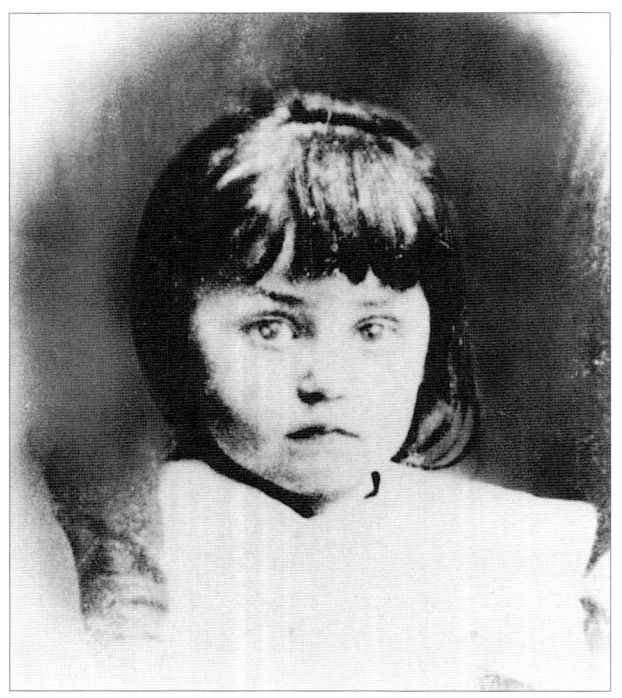

Meine Mutter, eine sehr kleine, wohlgerundete Frau mit hohen, slawischen Wangenknochen, wunderbar lebhaften und for-
schenden grauen Augen, das dichte, kastanienfarbene Haar zu einem Knoten zusammengebunden, kam aus Ottenschlag, einem
Dorf in der Nähe von Melk. Ihre Mutter wiederum war eine hart arbeitende, hartgesottene Frau ohne jede Zärtlichkeit für ihre Kinder,
doch ihr Vater, der sonntags im Kirchenchor sang, war sanftmütig.
Meine Mutter hatte drei Schwestern (mit einsfünfzig alle gleich
groß) und einen Bruder. Alle Mädchen kamen zum Arbeiten nach
Wien. Tante Julie war sehr gewitzt. Sie heiratete einen Gärtner, und
zusammen kümmerten sie sich um eine Villa, die den Brauns gehörte, einer reichen Industriellenfamilie. Sie hat wohl einiges mitgehen
lassen! Auch Tante Wetti war für fast alles zu haben. Meine Mutter
war da viel ehrlicher, dummerweise. Von Natur aus war sie im Grunde fröhlich, unverdrossen und furchtlos und verabscheute alle falschen Gefühle. Sie war überaus weiblich mit einer unterschwelligen
Anziehungskraft, der kein Mann entrinnen konnte. Die Nachbarn
pflegten zu sagen: »Die Blamauer muß nur Hosen auf der Leine
sehen, und schon ist sie schwanger.« Worauf mein Vater erwiderte:
»So viele Klöße in der Suppe sind, so viele müssen heraus.«

*Oben: Karoline Wilhelmine Charlotte Blamauer (Lotte Lenya)
im Alter von drei Jahren*

*Unten: Gruppenbild mit Kindern aus dem Wiener Bezirk Pen-
zing (1901 oder 1902). 1. Reihe, 3. von links: Lenya. 6. von
links: Lenyas älterer Bruder Franz im Alter von vier Jahren*

All dies führte zu einer schier endlosen Folge von Fehl- und Totgeburten und Kindern, die bald nach der Geburt starben. Von den vieren, die nach der Geburt überlebten, war mir mein Bruder Franz um ein Jahr voraus, Max war zwei Jahre jünger als ich, und meine Schwester Maria (oder Mariedl) war acht Jahre jünger.

Ich wurde als drittes Kind geboren. Das erste starb mit vier Jahren, und ich erhielt ihren Namen »Karoline« (oder Linnerl). Dieser Name war eine unglückliche Wahl, denn mein Vater, der das erste Kind vergöttert hatte und nach dessen Tod stark zu trinken begann, konnte mich nie ohne Groll anschauen. In der überfüllten Einzimmerwohnung mit Küche, in der wir zusammenlebten, bis ich für immer fortging, mußte ich ihm nach besten Kräften aus dem Weg gehen.

Mein Vater empfand keine Liebe für mich und zeigte mir das, wann immer er konnte. Häufig kam er mitten in der Nacht betrunken heim und hob mich aus dem Bett, damit ich für ihn das dümmste Lied sang, das er aus seiner Jugend kannte: »Wenn der Auerhahn balzt und das Rotkehlchen schnalzt«. Das Schlimmste war die Art, wie er mich aus dem Bett hob. Das Bett war ja nur eine Holzkiste mit Strohmatratze und einem Kissen und diente tagsüber als Bügelbrett, Sitzbank oder Nudelbrett. Er legte seine beiden großen Hände um meinen Hals wie ein Würger. Da stand ich nun mit schlaftrunkenen Augen und versuchte, ihm zu gefallen, und so gut zu sein wie das erste Linnerl, mühte mich verzweifelt, den Kopf abzuwenden, damit ich seinen sauren Atem nicht riechen mußte, bis er mich wieder aufs Bett stieß mit den Worten »Sie ist eben ein Katzenkopf« – was immer das bedeutete. Da lag ich nun, zitternd vor Furcht. Doch meine Mutter, die ich liebte, eilte zu meiner Rettung herbei und legte das Holzbrett über mein Bett, damit er mich vergaß.

In anderen Nächten schnappte sich mein Vater das Küchenmesser, und ich rannte eine Etage hinab zur Hausmeisterin, um mich bis zum nächsten Morgen unter ihrem Bett zu verbergen. Einmal kam ich nur mit knapper Not davon. Er war schrecklich betrunken, und nachdem er mich wie üblich aus dem Bett gehoben hatte, wurde er so wütend auf mich, weil ich mich nicht mehr an alle Zeilen erinnern konnte, daß er die Petroleumlampe ergriff und sie mir, die ich zitternd in der Ecke stand, entgegenschleuderte. Da die bereits erloschene Lampe gegen die Wand prallte, blieb ich vom Verbrennungstod verschont. Zehn Tage lang hatte ich Schüttelfrost und konnte nicht zur Schule.

Oben: Lenyas Mutter, Johanna Teuschl Blamauer, um 1915

Unten: Lenyas Vater, der Kutscher Franz Blamauer, um 1900

Am nächsten Tag kam mein Vater tagsüber dreimal von der Arbeit nach Hause, um mir etwas zu essen zu bringen, was ich wortlos ablehnte. Ich wandte mich einfach von ihm ab. Er hatte Angst, daß meine Mutter ihn bei der Polizei anzeigen würde. Wenn er beizeiten durchdrehte und meine Mutter schlug, brauchte sie nur zu sagen: »Ich laß dich von der Polizei abholen«, und schon beruhigte er sich und ging zu Bett.

Verstaut in meiner Kiste (sie besaß ein quadratisches Atemloch) war ich sicher vor meinem Vater, wenn er in der Früh aufstand und nach seinen Stiefeln schrie, die er auf dem Heimweg ausgezogen hatte und die mein Bruder auf dem kleinen Feld hinter dem Haus suchen mußte. Vom Küchenfenster aus blickten wir über das Feld bis zu der Bier- und Weinstube, in der er den Großteil seines mageren Lohnes ließ. Wenn mein Vater dann endlich die Tür hinter sich zuschlug, um zur Arbeit zu gehen, nahm meine Mutter das Brett vom Bett und sagte mit sanfter Stimme: »Linnerl, nun kannst du aufstehn.« Und ich kroch hinaus und ging nach unten in die Waschküche, um meiner Mutter bei der Wäsche für ihre verschiedenen Kundinnen zu helfen, bis es Zeit für die Schule war. Ich liebte diese Waschtage, wo ich mit ihr allein sein und sie im dampfgefüllten Raum betrachten konnte, dieses markante Bauerngesicht, die schönen grauen Augen und die unglaublich zarten Hände, die mit den großen Laken rangen. Ab und zu blickte sie auf und sagte: »Linnerl, versuch' du, ein besseres Leben zu haben.« Ich sagte dann: »Ja, Mutter, das werd' ich.« Und die Frau in der anderen Ecke mit der Wäsche ihrer 13 Kinder blickte auf und sagte mit

Gemälde von Josef Engelhart »Tanz auf dem Trockenboden« (1896) zeigt Wiener Waschfrauen.

schriller, verbitterter Stimme: »Du hältst sie wohl für etwas Besseres? Nie wird sie hier herauskommen, und die anderen auch nicht.« Und ich blickte wieder auf Mutter und lächelte, und nur meine Augen gaben ihr das Versprechen, ihr diesen Wunsch nach einem besseren Leben für mich zu erfüllen. Dann wurde es Zeit für die Schule. Bevor ich mich von meiner Mutter verabschiedete, gab sie mir zwei Stückchen Würfelzucker, die sie vom Kaffee meines Vaters für mich abgezwackt hatte.

Oft fragte ich meine Mutter: »Warum sind wir nicht reich zur Welt gekommen? Warum mußtest du diesen Mann heiraten? Er kann mein Vater nicht sein! Denk' nur, Mutter, könnte ich nicht einen anderen Vater haben?« Sie lächelte nur, gab aber nie eine Antwort.

Ameisgasse 38 (Aufnahme von 1993) im Wiener Bezirk Penzing, wo Lenya ihre Kindheit verbrachte.
Foto: David Farneth

Unten: Wohnungstür und Stiegenhaus, Ameisgasse 38.
Fotos: Lys Symonette

Alles, an das ich mich aus unserem Haus an der Linzer Straße noch erinnern kann, ist mein Heiligtum: eine kleine Schachtel voller Bänder. Als ich ungefähr drei war, übersiedelten wir in eine winzige Zweizimmerwohnung, im Erdgeschoß zur Hofseite gelegen und sehr feucht. Am Ende des Durchgangs stand ein Schuppen, in dem ein Fleischhacker Kälber und Schweine schlachtete. Oft gingen wir zum Entsetzen meiner Mutter hin und schauten zu, wie er sie an den Hinterbeinen aufhängte und ihnen die Kehle aufschlitzte – absolut fasziniert.

Dann übersiedelten wir, was eine enorme Verbesserung war, in ein großes Mietshaus in Penzing, im 14. Bezirk. In der Ameisgasse standen drei Häuser auf jeder Seite. Alle sahen sie gleich aus und ließen sich nur anhand der Hausnummer voneinander unterscheiden. Auf den drei Etagen unseres Hauses lebten 41 Parteien. In der Eingangshalle hing ein riesiges Jesusbild. Nur zu oft, wenn ich zur Schule hetzte, vergaß ich mich zu bekreuzigen und rannte meist zurück. Meine Mutter und meine Schwester wohnten dort bis an ihr Lebensende.[45, 72]

Das Gebäude stand buchstäblich auf der falschen Seite der Schienen, nur einen Steinwurf vom sehr eleganten Hietzing entfernt. Jahre später, als ich meine Schwester in dem gleichen Mietshaus besuchte, in dem wir aufgewachsen waren, wurde ich von dem furchtbaren proletarischen Geruch überwältigt.

Meine lebenslange Furcht vor der Armut ließ mein Herz pochen. Die kleine Wohnung meiner Schwester war untadelig sauber,
doch der Geruch des Hauses kroch trotzdem unter der Türschwelle
hindurch.[22, 45]

Das Schöne an dem Eckhaus war, daß unser Schlafzimmer zum
Neuen Park hinausging. Große Felder lagen zwischen den Fabriken,
und wir gingen gern auf den Flohberg, wo wir den Winter auf unseren selbstgemachten Schlitten verbrachten. Die Felder standen im
Sommer voller Disteln, und wir ersannen eine Technik, Schmetter-
linge zu fangen, während sie sich auf den Butter- oder Kornblumen
ausruhten. Dann steckten wir sie auf ein Stück Pappe und brachten
sie als Zeichenvorlage mit in die Schule. (Ich mochte sie nicht
aufspießen und überließ das lieber meinen Brüdern.) Vom Schlaf-
zimmerfenster konnten wir auch die Goldene Kuppel vom Steinhof,
einem Irrenhaus, sehen. Die Schwester meines Vaters wurde dort
untergebracht, nachdem man sie nackt auf der Straße aufgegriffen
hatte. An einem Sonntag nachmittag nahm uns meine Mutter dorthin auf einen Besuch mit. Sie hatte einen Kuchen für sie gebacken.
Meine Tante kam lächelnd mit einer Wärterin herbei und erzählte
uns, wie sehr es ihr dort gefiel; es störte sie nur, daß man ihr nachts
ständig Wasser über den Kopf rinnen ließ. Meine Mutter überreich-
te ihr den Kuchen. Als sie ein Stück abbrach und es mir geben wollte, rannte ich kreischend in eine Ecke und weigerte mich, den Kuchen zu essen aus Furcht, daß ich ebenfalls verrückt werden könnte. Kurz nach diesem Besuch starb sie.

Vom Fensterbrett in der Küche aus konnten wir das kaiserliche
Sommerpalais Schönbrunn sehen, und die beiden Zirkuswagen, die
das ganze Jahr über auf dem Feld standen. Eine große Familie führte den Zirkus. Zu Frühjahrsbeginn sicherten sie sich ihren Unterhalt
für die langen Wintermonate, indem sie eine sechs mal sechs Meter
große Bühne, ein kleines Podest für die vier Musiker und Sitzbänke
für an die 100 Personen aufstellten. Bühne und Bänke waren von
einem Holzzaun umgeben. Die Leute außerhalb des Zauns zahlten
einen Nickel, und drinnen hinter einem Kassenhäuschen zahlte man
einen Dime für das Privileg, auf harten Holzbänken zu sitzen. Die
Unterhaltung bestand aus Tanz, Akrobaten, Seiltänzern und Clowns.
Die Späße der Clowns waren dürftig, und das Arbeiterpublikum war
schwer zufriedenzustellen. Bei den Leuten jenseits der Bänke stand
ein fünfjähriges Mädchen mit großen Augen, das man fragte, ob es
das Tanzen und Seiltanzen lernen möchte. Nachdem ich, seit ich
drei war, zwei Jahre lang vom Küchenfenster aus zugeschaut hatte,
wollte ich nur zu gern. Meinem Vater war dies völlig einerlei, und
meine Mutter freute sich für mich, da sie wußte, wie verrückt ich
darauf war, beim »Theater« zu sein.

Man zog mir eine ungarische Bauerntracht an mit Bändern, die mir um den Kopf flogen, und gab mir ein Tamburin, und da war ich nun und tanzte zu einer Melodie wohl von Brahms (so wie die drei, vier Musiker sie spielten, hätte sie niemand erkannt). Ich lernte den Kopfstand, den ich lange vorher schon mit meinem Bruder geübt hatte. Schwieriger jedoch war das Seiltanzen. In welcher Höhe der Draht verlief, war gleich, denn das Prinzip – Gleichgewicht – ändert sich nie. Man spannte einen Draht in gut einem Meter Höhe, drückte mir einen kleinen japanischen Papierschirm zum Balancieren in die Hand, und los ging's. Ich stürzte oft, doch schließlich lernte ich es und hatte Erfolg bei meinem Publikum, das meist aus Nachbarn bestand. Für einen Abend hatte man eine wahrhafte Attraktion verpflichtet: eine Frau, die den in rosafarbenes Licht getauchten Draht hinabglitt, in einem Kostüm, das sich wie Schmetterlingsflügel öffnete, mit Hunderten von Falten. Es war atemberaubend. Ich ging heim. Als am nächsten Morgen alle das Haus verlassen hatten, nahm ich die Hosenträger meines Vaters, hängte sie an den Haken, den meine Mutter am Türrahmen angebracht hatte, um im Winter Wäsche zu trocknen, stieg auf einen Küchenschemel, steckte die Hosenträger in den Mund und flog – mit dem Ergebnis, daß ich zwei Milchzähne verlor. Das war fürs erste war das Ende meiner Theaterkarriere. Ein paar Jahre später zog der Zirkus weiter, weil seine Aufstellungsgenehmigung nicht verlängert wurde.

Vom Küchenfenster der elterlichen Zweizimmerwohnung aus konnte Lenya einen Blick auf Schloß Schönbrunn werfen. Das in den 1950er Jahren entstandene Foto zeigt Lenyas Schwester Maria mit Peperl, ihrem Mann.

Kirche (Aufnahme aus den 1980er Jahren) in der Nähe des Hauses, in dem Lenya ihre Kindheit verbrachte.
Foto: Lys Symonette

Mein Küchenfenster wurde für mich unattraktiv, doch ich werde nie den kleinen Betrieb vergessen, der mir den ersten Einstieg bot für *die Bretter, die die Welt bedeuten*.

Ich kam mit einer Allergie zur Welt, die den Ärzten unerklärlich blieb. In gewisser Weise war das für mich ein Segen. Die Schwellungen erschienen meist an Lippen, Augen und Hals, und bei den geringsten Anzeichen ging ich ins Krankenhaus, das von der Ameisgasse gut zu Fuß erreichbar war. (Diese harmlosen Stigmata bereiteten mir später, auf der Ballettschule in Zürich, große Probleme.) Die Ärzte im Krankenhaus kannten alle aus meiner Familie. Meine Brüder waren ständig dort, entweder mit gebrochenen Armen oder mit Schnittwunden an den Füßen nach Spaziergängen im Halderbach bei Hütteldorf, wo die Leute nach dem Picknick achtlos ihre Bierflaschen wegwarfen.

Meine Mutter machte sich nicht die Mühe, uns zu begleiten, wann immer wir ins Krankenhaus mußten, denn sie wußte, daß wir nett behandelt würden, vor allen Dingen ich, denn die Ärzte mochten mich. Ich sagte ihnen in der Mittagspause kurze Gedichte auf, dafür durfte ich in ihrem Garten Erdbeeren pflücken, zum Neid der übrigen Patienten. Gleich nach der Anmeldung steckte man mich ins Bett und setzte mich auf eine Diät aus Reis und Apfelmus. Ich mochte beides. Einmal lag ich gemeinsam mit Erwachsenen und Kindern auf Station. Eines Nachmittags wurde gleich mir gegenüber ein Dienstmädchen eingeliefert. Sie hatte versucht, sich mit Lysol umzubringen (damals das beliebteste Mittel, um Selbstmord zu begehen). Da ich direkt gegenüberlag, konnte ich sehen, wie die Nonnen unzählige Nadeln aus ihrem pechschwarzen Haar entfernten, sie so stark verfluchten, wie es die katholische Religion ihnen erlaubte und ihr schließlich kalte Handtücher ins Gesicht klatschten, um sie wiederzubeleben. Ihre Haut war weiß wie Marmor, und auch Stunden später zeigte sie keinerlei Lebenszeichen. Schließlich wurden Sichtblenden aufgestellt, und unser geliebter Priester gab ihr die letzte Ölung. Ich empfand eine merkwürdige Neugier, ich wollte sie sehen, wollte noch einmal das Alabastergesicht sehen, das nun für immer davongegangen war. Doch die Stellwände wurden nicht entfernt, und man überführte den Leichnam während der Nacht in die Kapelle. Als ich in der Früh aufwachte, wartete bereits ein sauberes Bett auf den nächsten Patienten.

Sobald der Nesselausschlag verschwunden war, wurde ich entlassen. Nach einigen Tagen betete ich, mein Ausschlag möge bald wiederkommen. Das Hospital ist heute ein Altenheim und liegt an der Bahnlinie, die das Arbeiterviertel Penzing vom eleganten Hietzing trennte. Dort am Penzinger Bahnhof stieg Kaiser Franz Josef aus,

Links: Bruder Franz im Alter von 19 Jahren (1917). »Franz war das erste Kind, das überlebt hatte. Mein Vater würdigte ihn keines Blicks.«

Unten: Bruder Max, zwei Jahre jünger als Lenya, wurde im Ersten Weltkrieg als Ambulanzchauffeur eingesetzt.

damit man ihn nach Schönbrunn fuhr. Dabei warfen wir Schulkinder kleine Blumensträuße in seinen offenen Wagen.

Neben dem Krankenhaus stand eine Kirche, in der mein Bruder und ich abends und morgens immer die Glocken läuteten. Man mußte schon kräftig am Seil ziehen, damit die Glocke ertönte. Ich konnte das nicht so gut, denn ich war zu leicht. Mein Bruder schaffte es, und ich war froh, als man mich von der Aufgabe befreite.

Meine Brüder und ich bekamen häufig Brot, das die Soldaten uns von der Kaserne herabwarfen, und manchmal erhielten wir gutes Essen – Gulasch etwa – aus der Küche vom Hotel Hopfner in Hietzing, das die Köche uns in unsere kleinen Töpfe abfüllten.

Mit sechs kam ich in die Volksschule an der Linzerstraße und schon bald in eine andere überfüllte Schule (35 Schüler) in der Diesterweggasse. Mit neun wechselte ich auf die feine Schule in Hietzing am Platz mit nur 15 Schülern in der Klasse. Unsere Lehrerin, Fräulein Schwarz, wurde meine Kindheitsliebe. Sie war nicht größer als einsfünfzig, das schwarze Haar hier und da mit einem Silberfaden durchwirkt, mit Augen wie schwarze Kirschen, freundlich und liebenswert. Wegen ihres Buckels, der sie noch kleiner machte, wirkte sie, als wenn alles, was sie zu tragen hatte, zu schwer sei für ihre zerbrechlichen Schultern. Sie verhielt sich wunderbar zu den drei armen Kindern in unserer Klasse. Nie behandelte sie uns herablassend. Ich höre noch ihre sanfte Stimme: »Blamauer, warum antwortest du nicht? Schon zum zweiten Mal habe ich dich jetzt zur Tafel gerufen.« Ich hörte sie einfach nicht, denn ich war mit meinen eiskalten Füßen beschäftigt. Ich versuchte, das Wasser herauszudrücken, das durch die verschlissenen Sohlen eingedrungen war. Ich machte mich auf den Weg zur Tafel, und alle kicherten wegen meiner quietschenden Schuhe. An ihrem Pult angelangt, liefen mir Tränen übers Gesicht, teils aus Scham, teils vor Kälte. Sie bemerkte, wie ich von einem Bein auf das andere trat und unter den Schuhen eine kleine Lache hinterließ. Sie sah mich liebevoll an, hieß mich die Schuhe ausziehen und wickelte meine Füße für den Rest der Stunde in Zeitungspapier. Meine Schuhe kamen auf den Heizkörper, um durchzutrocknen. Dann bat sie die Mädchen (die meisten kamen aus wohlhabendem, einige aus sehr begütertem Elternhaus), am nächsten Tag Schuhe und Kleidung für mich mitzubringen. Dann sorgte sie dafür, daß ich einen Berechtigungsschein für ›Gemeindeschuhe‹ erhielt. Ich haßte diese Schuhe inbrünstig. Sie waren so steif, wie für die Ewigkeit gemacht, mit dicken Sohlen, viel zu groß. Am ersten Tag bekam ich davon Blasen, und wenn es nicht gerade regnete oder schneite, griff ich trotz all der Löcher auf meine alten Schuhe zurück. An manch sonnigem Tag nahm sie mich mit auf einen Spaziergang nach Schönbrunn, der kaiserlichen Sommerresidenz gleich neben der Schule. Einlaß in den Park hatten nur Kinder in Begleitung von Erwachsenen. Ich trug ihre Bücher, und sie führte mich in den Palmengarten und lehrte mich die Namen all der schönen tropischen Pflanzen. Das waren meine glücklichsten Tage.

Dann und wann brachten einige Kinder Fräulein Schwarz etwas Obst aus dem eigenen Garten mit. Und sie gab mir auf dem Heimweg köstliche Zuckerln aus dem Laden ihres Vaters. Sie kaufte mir sogar ein weißes Kleid zur Erstkommunion. Zu Weihnachten bastelte ich Lesezeichen für sie, die sie sehr mochte. Ich bemalte sie mit einigen Blumen, deren Namen sie mir auf unseren Spaziergängen im Palmengarten beigebracht hatte. Ihre Freundlichkeit ließ in den drei Jahre, in denen ich ihre Schülerin war, niemals nach. Sie gab mir ausgezeichnete Zensuren, die ich für die ›Bürgerschule‹ (Mittelschule) auch brauchte. Nachdem ich ihre Schule verlassen hatte, wartete ich noch oft draußen auf sie, um ihre Bücher zu tragen und ihr über meine Fortschritte in der neuen Schule zu berichten. Sie lächelte stolz, als ich ihr mein erstes, gutes Zeugnis präsentierte. Es war schließlich auch ihr Verdienst.[45]

Als Schülerin ging ich zum ersten Mal ins Theater. Man brachte uns zu einem Wiener Theater, doch wir saßen so weit oben, daß wir nichts sehen und hören konnten. Das hinterließ bei mir deshalb nicht den geringsten Eindruck.[17]

Meine Eltern waren vollkommen unfähig, eine Melodie zu singen, doch wir Kinder waren alle musikalisch. Mein älterer Bruder brachte sich selbst das Klavierspielen bei, und meine Schwester sang wie eine Nachtigall. Da der Vater meiner Mutter musikalisch war, hat dieses Talent wohl eine Generation übersprungen. Mein Talent wurde in der Schule gefördert, denn stets bat man mich, Gedichte aufzusagen. Musik war mein Lieblingsfach und fiel mir sehr leicht, doch die Lehrer drängten mich nicht, Noten zu lernen, weil ich alle Lieder sofort singen konnte. Gern hätte ich ein Instrument gelernt.

Geschichte und Erdkunde mochte ich leidenschaftlich gern. All die reichen Kinder mußten vorne sitzen, und ich saß ziemlich weit hinten fest. Also gab ich vor, kurzsichtig zu sein, und meine Lehrerin sagte: »Komm in die erste Reihe!« Das war noch nicht genug, diese erste Reihe. Indem ich vorgab, mir alles dicht vors Gesicht halten zu müssen, habe ich mir fast die Augen ruiniert.[72]

Einmal während der Sommerferien nahm mich mein Vater mit zu seiner Schwester, Tante Maria, die uns bei ihren häufigen Besuchen stets Kekse und Schokolade aus ihrem kleinen Laden in Ottakring, im 17. Bezirk, mitgebracht hatte. Der Weg war sehr weit und führte über eine gewaltige Mülldeponie, die Schmelz. Meine Tante brauchte jemand, der ihr beim Austragen von Milch (die sie neben anderen Milchprodukten verkaufte) und Semmeln half. Ich mußte um sechs in der Früh aufstehen, zehn blecherne Halbeliterkannen mit Milch füllen, je zwei Semmeln in eine Tüte stecken und dieses den Leuten vor die Haustür stellen. Nach vielleicht einer Stunde kehrte ich zum Laden zurück. Ich mochte dieses kleine Milchgeschäft, und nach einiger Zeit mochte ich sogar meine Tante sehr. Sie pflegte gleich nach dem Essen ein Schläfchen zu halten. Wenn nun Leute durchs Fenster schauten und sahen, daß ich allein war, kamen sie herein, da sie wußten, daß ich ihnen stets mehr gab, als die Waage anzeigte.

Ich war seit ungefähr einem Monat bei meiner Tante, als sich das Bild gründlich änderte. Sie lernte einen Mann kennen, der recht bald bei ihr einzog. Ich konnte nicht mehr mit ihr das Bett teilen, sondern wurde umquartiert auf ein Sofa. Im Vergleich zu dem Strohsack daheim wäre das ja noch gegangen. Doch mich verletzte, daß ich wegen dieses Fremden herumgeschoben wurde. Und noch mehr: Wenn ich bisweilen durchs Wohnzimmer mußte, um in den Laden zu gelangen, nachdem es geläutet hatte, sah ich, wie meine Tante ei-

Lenya mit ihrer Schwester Maria (links) und einer Freundin (um 1913)

Lenyas Schwester Maria. Foto: F.K. Adler

nen Verband um seine Geschlechtsteile wickelte, was mich ängstigte. Ich fand nie heraus, was er eigentlich hatte, und als ich es meiner Mutter erzählte, fertigte sie mich ab mit den Worten: »Er ist ein kranker Mann, und du würdest es nicht verstehen, auch wenn ich es dir sagen würde.« Ich bekam immer größeres Heimweh. Niemand aus meiner Familie kam mich besuchen. Eines Mittags, als er ›Wienerschnitzel‹ und ich ein Paar Frankfurter bekam, war ich in meinem Stolz derart verletzt, daß ich einen Nickel aus der Kasse nahm, zur Stadtbahn lief (die Haltestelle war ganz in der Nähe) und heimfuhr. Zu Hause wurde ich nicht gerade begeistert empfangen, und mein Vater begrüßte mich mit seiner gewohnten Liebesbezeugung, indem er mich nach besten Kräften durchprügelte. Meine Mutter verfrachtete mich rasch ins Schlafzimmer, damit meine Anwesenheit ihn nicht noch mehr aufbrachte. Ich weinte nicht, denn ich war froh, daheim zu sein.

Fräulein Freyer gab ein Zischen von sich, wenn sie mich mit dem förmlichen »Sie« anstelle des aus der Volksschule vertrauten »Du« anredete. Sie bot keinen lieblichen Anblick, und doch besaß sie die Unverschämtheit (so dachte ich zumindest), ihr Haar im Stil der schönen Kaiserin Elisabeth zu flechten. Unter ihren kohlschwarzen Glubschaugen saß eine Nase, die größer wirkte, als sie wirklich war – erstens, weil als Gegengewicht fast kein Kinn vorhanden war und zweitens, weil ihr weißer Stehkragen dafür ungehindert bis über den Briefkastenschlitz von einem Mund reichte und ihre schwellenden Nüstern betonte.

Wenn Sie mich ans Pult rief, damit ich mir ihre Kritik meiner Zeichnungen anhörte, klang es, als würde »Sie« mit sechs anstatt mit einem »s« geschrieben. »Blamauer, SSSSSSie nehmen sich zuviel Freiheiten heraus in Ihren Zeichnungen. Das Grün an der Karotte, die Sie zeichnen sollen, ist oben verwelkt. Bei Ihnen aber ist es frisch. Zurück an den Platz und ändern.« Da sie mich offensichtlich nicht mochte, durfte ich stets nur Gemüse verewigen. Ihre beiden Lieblinge saßen gleich neben mir. Greta hatte einen schönen Zitronenfalter auf einem kleinen Holzblock vor sich, und Paula einen Strauß Schneeglöckchen, zu meinem größten Neid. Sie hatten nicht das geringste Talent, erhielten aber eine Eins, meine von ihr kritisierte Karotte indes nur eine magere Drei. Im ganzen Schuljahr kam ich nie auf eine Eins – und bekam niemals einen Gegenstand, der mich interessierte; dafür sorgte sie schon. Im zweiten Jahr hatten wir einen Lehrer; für mich war das der Himmel angesichts der Dinge, die er mir zu malen gab. Noch unter der Fuchtel von Fräulein Freyer stehend, schwor ich mir, daß ich mich, wäre ich aus der Schule heraus und würde ihr begegnen, von ihr abwenden würde, um meine Abneigung zu bekunden. Nun, es rückte der letzte Schultag näher, und ich bekam meine Rache (kindisch, aber eine Wohltat). Ihr Heimweg führte sie nämlich an meinem Haus vorbei. Nach meinem letzten Tag in der Schule fegte ich (wie gewöhnlich) den Gehsteig, wofür ich einen Nickel pro Woche erhielt, den ich sogleich in ein ›Punschkrapferl‹ investierte – nicht größer als ein Ei, mit rosa Glasur und in Rum getaucht. Ich sah, wie sich die vertraute Gestalt näherte. Selbst aus der Entfernung war sie unverwechselbar wegen ihres besonderen Gangs mit zusammengepreßten Schenkeln, als wolle sie so ihre Jungfräulichkeit bewahren – obwohl diese niemals auch nur im Geringsten gefährdet war. Auf den Besen gelehnt, beobachtete ich sie. Als sie an mir vorbeiging, spuckte ich demonstrativ in den Rinnstein und fegte weiter.[45]

Als ich die Bürgerschule mit 14 abschloß, brachte mich meine Mutter noch am gleichen Tag zur nur einen Steinwurf von unserer Penzinger Wohnung gelegenen Hutfabrik Ita, wo ich eine vierjährige Lehre antrat. Ich mußte mich mit allen möglichen Herrenhüten befassen: Schlapphüte, Zylinder, Melonen, breitkrempigen und runden, flachen usw. Eine sehr knifflige Arbeit: Schweißbänder mit schmalen Borten dekorieren, Satinfalten, Krempen mit Rollsaum. Ich lernte sehr schnell, doch ich haßte es, wenn man mir diese glänzenden Kardinalshüte vorsetzte. Abends waren meine Finger so wund, daß meine Mutter sie mir verbinden mußte.

In jenen Tagen waren Mittags- oder Kaffeepausen noch völlig unbekannt. Alle arbeiteten durch und aßen bei der Arbeit am Mittag eine Kleinigkeit. Immer wenn eine von uns zum Waschraum ging, schaute die Aufseherin demonstrativ auf die Uhr, um uns vor zu langer Abwesenheit zu warnen. Leider bat sie mich immer, noch länger dazubleiben, um ihr bei den Vorbereitungen für den nächsten Tag zur Hand zu gehen. An manchen Tagen kam ich nicht vor acht heraus. Es gab damals noch keine Textilgewerkschaft, die mich vierzehnjähriges Lehrmädchen hätte beschützen können.

Eigentlich wurde ich aber sehr gut behandelt. Frau Ita – sie zahlte die Löhne an die regulären Angestellten aus – mochte mich und steckte mir in unbeobachteten Momenten dann und wann eine Krone zu (also etwa 50 Cents). Lehrlinge wurden selbstredend nicht bezahlt. Am schönsten war, wenn mir Kunden die Schlüssel für ihre Luxuswohnungen gaben, damit ich während ihrer Abwesenheit die Papageien fütterte. Nie werde ich vergessen, wie ich barfuß über die schweren Perserteppiche lief. Bisweilen mußte ich Lieferungen an den zugehörigen Laden Am Graben austragen, einer sehr schicken Straße in der Inneren Stadt. Ich fuhr mit der Stadtbahn hinein, gab die Sachen ab und spazierte dann durch die Parks, zum Stephansdom oder durch die Arkaden der Hofburg. In jener Zeit bemerkte ich mein starkes Interesse an allem Schönen.[45, 72]

Der Fußballspieler Anton Kreuzer, Lenyas erster Freund

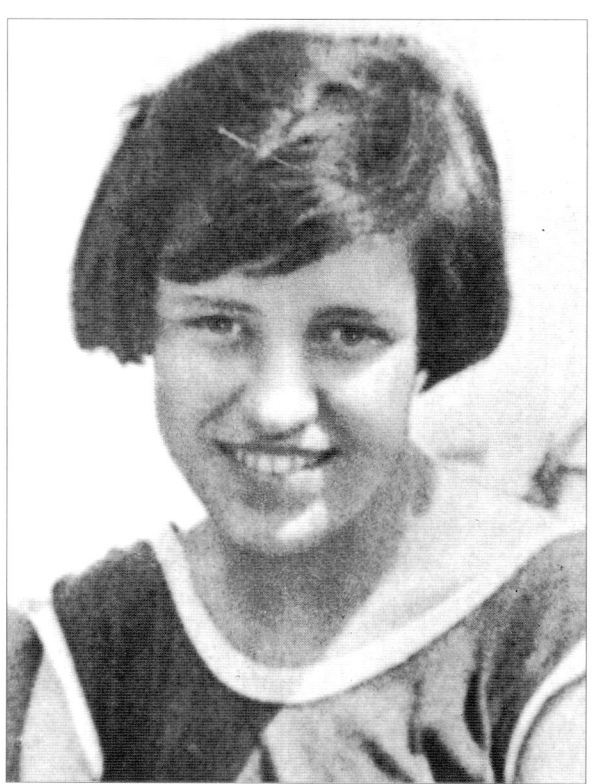

Kurz nach der Ankunft in Zürich mit 15 Jahren (1913)

Als meine Tante Sophie, sie lebte als Haushälterin und Gesellschafterin eines alten pensionierten Schweizer Arztes in Zürich, mich einlud, sie im Sommer 1913 zu besuchen, stand noch nicht fest, daß ich dort bleiben und Tänzerin werden würde – mein Kindheitstraum, soweit ich zurückdenken kann. Tante Sophie war die ältere Schwester meiner Mutter und ähnelte ihr sehr. Auch sie war zunächst als Dienstmädchen nach Wien gekommen, hatte dann aber in rascher Folge drei wohlhabende, doch kranke Männer geheiratet; nach dem Tod des letzten verschlug es sie irgendwie nach Zürich. Ich werde nie vergessen, welchen Schock meine Tante bekam, als sie mich vom Bahnhof abholte. Ich weiß nicht, was sie erwartete – sie wußte ja, wie arm meine Eltern waren. Wie meine Mutter war auch meine Tante sehr klein, doch meine Mutter war wunderbar ausgeglichen und humorvoll, und ich sah noch ihr Lächeln im Gesicht, als sie mir am Wiener Westbahnhof Lebewohl sagte, mir das kleine Bündel mit meinen Siebensachen übergab und sagte »Linnerl, sei gscheit und komm nimmer z'ruck, wenn's irgend geht.« Sie hatte stets gehofft, daß ich den ärmlichen Verhältnissen, in denen wir lebten, entkommen könnte. Dies war meine Chance, und ich war entschlossen, sie zu ergreifen. Da stand ich also, mich immer noch an meinem Bündel festhaltend. »Wo ist dein Hut?«, fragt mich meine Tante als erstes, nachdem sie gesehen hatte, daß ich keinen Koffer hatte. Bevor sie mich mit nach Hause nahm, um mich dem »Doktor«, wie sie den alten, knauserigen Kerl zu nennen pflegte, vorzustellen, eilten wir in ein Kaufhaus, und ich bekam meinen ersten, mit roten Mohnblumen verzierten Strohhut. Dieser große Hut erschien mir unheimlich, doch sie hielt mich für vorzeigbar.

Nach einigen Wochen bei meiner Tante sorgte sie dafür, daß ich bei Freunden unterkam – bei einem Fotografen und seiner Frau, den Ehrenzweigs. Sie waren ein liebes, älteres Paar ohne Kinder und nahmen mich höchst erfreut bei sich auf. Herr Ehrenzweig war auf Theaterporträts spezialisiert und verstand sich darauf, nicht nur alle fest engagierten Sänger, Tänzer und Schauspieler, sondern auch viele durchreisende Berühmtheiten abzulichten. Er sorgte dafür, daß mich Steffi Herzeg, die Ballettmeisterin am Stadttheater, als Schülerin aufnahm. Die Stunden kosteten fünf Dollar im Monat – eine Summe, die mich schwindelig machte, doch Tante Sophie übernahm einen Teil und die Ehrenzweigs den anderen. Als Gegenleistung mußte ich vor dem Morgenunterricht das Frühstück zubereiten und das Studio saubermachen, dann schleunigst zurück, um beim Kochen zu helfen, und am Nachmittag nach dem Unterricht alle anfallenden Hausarbeiten erledigen. Tante Sophie kam es nur darauf an, daß mich der Doktor nicht sah. Nie habe ich einen Moment größeren Überschwangs erlebt als beim Anziehen meiner ersten Ballettschuhe. Doch leider war dieses Gefühl nicht von Dauer. Ich war eines von zwölf Mädchen in der Klasse (acht vom Ballett des Stadttheaters und vier Schülerinnen) und hatte von allen das wenigste Talent zum Tanzen *sur les pointes*. Immer mußte ich mich an den anderen orientieren. Füße, Körper, ja meine gesamte Natur waren gegen all die Attitüden des klassischen Balletts. Instinktiv griff ich zur Pantomime, Improvisation und freien Bewegung, in denen ich mich wiederfinden konnte. Ich war jedoch wildentschlossen, alles zu lernen. Nie fehlte ich, und abends verpaßte ich keine Theatervorstellung. Bald erhielt ich meine erste Statistenrolle in Glucks *Orfeo*, weit hinten als sich nebelhaft windender Geist, natürlich mit deutschem Text: »Ach ich habe sie verloren, all mein Glück ist nun dahin.«

Da ich ein wenig singen und schauspielern konnte, offenbar besser als die anderen Ballettschülerinnen, bekam ich immer kleine Rollen in einfachen Stücken. So lernte ich singen, lernte tanzen, lernte Shakespeare, Molière, Wedekind, Georg Kaiser, und so weiter. Und all die Russen. Kleine Rollen in Zürich also.[45]

Oben: *Drei Ballettschülerinnen am Züricher Schauspielhaus (ganz rechts Lenya). Unten: Ballettschülerinnen (links Lenya). Die Aufnahmen stammen von Lenyas Hauswirt Ehrenzweig.*

In der ersten Spielzeit war ich ein Page in *Lohengrin*, in *Parsifal* half ich, den Heiligen Gral über die Bühne zu tragen, ich sah die Enthauptung Maria Stuarts und schaute in Shakespeares *Maß für Maß* als eines der Mädchen aus dem Hurenhaus der Kupplerin Überley heraus, als Zwerg trug ich in *Rheingold* das Gold des Rheins auf den Schultern, ich tanzte zu *An der schönen blauen Donau*, und in *Mignon* war ich eine tanzende Zigeunerin. In *Mignon* kam ich in Schuhen aus der Garderobe, und als mich der Regisseur aufforderte, sie auszuziehen, erwiderte ich unschuldig: »Ich kann nicht, meine Füße sind schmutzig.« Er lachte, sagte: »Genau richtig für eine Zigeunerin«, und schob mich auf die Bühne.

Wegen eines Vorkommnisses in *Parsifal* wäre ich beinahe gefeuert worden. In der letzten Szene mußte ich auf ein musikalisches Stichwort hin ein Tuch zurückziehen, damit der Leichnam Titurels sichtbar würde. Wir benutzten eine Puppe, und zufällig erwischte ich mit dem Tuch auch deren Bart. Vollkommen synchron mit dem Tusch zog ich das Tuch zurück, und Titurels Kopf flog in den Orchestergraben! Zur Strafe behielten sie einiges von meiner Gage ein.[68]

Ich war also die ganze Zeit über beschäftigt, während ich kleine Rollen einstudierte, und so bekam ich eine gründliche Ausbildung als Tänzerin – nicht als Sängerin, im Gesang wurde ich nicht ausgebildet. Doch ich sang mit meiner natürlichen Stimme. Kurt Weill war stets überrascht, wenn ich ein paar Takte aus diesen Opern anstimmte. »Mein Gott, woher kennst du das alles?« Meine Opernkenntnisse – sehr gründliche, denn ich kenne alle Wagner-Opern in- und auswendig – bereiteten Kurt Weill immer wieder Vergnügen.[8]

Aufstrebende Schauspielerinnen am Züricher Schauspielhaus
(Lenya: 2. v.r.)

Gegen Ende der ersten Spielzeit bekam ich etwas Heimweh. Meine Tante meinte, ich solle nach Hause fahren. Ich wußte damals nicht, daß sie hoffte, ich würde nicht zurückkehren. Über den österreichischen Konsul beschaffte sie mir Geld für die Reise unter dem Vorwand, sie könne es sich nicht leisten. Ich kam zu einer unpassenden Zeit nach Hause zurück. Das ganze Land war angesichts der Kriegsgefahr zutiefst aufgewühlt. Meine Mutter war nicht allzu glücklich, mich wiederzusehen. Nichts hatte sich verändert, außer daß sie sich von meinem Vater getrennt und zwei Kostgänger aufgenommen hatte, um ihre Kinder unterstützen zu können. Mit einem hatte sie sich eingelassen: Rudolf, der Tuberkulose hatte und nur noch wenige Monate lebte. (Meinen Vater sah ich nie wieder; 1928 schrieb mir meine Schwester, daß er an Alkoholvergiftung gestorben sei.) Wir hatten nur Schlafzimmer und Küche, und es war eng. Früher hatte mir das nichts ausgemacht, doch nun hatte ich einen Blick auf ein besseres Leben erhascht und war unglücklich und voller Sorge, nicht in die Schweiz zurückkehren zu können. Am 1. September sollte ich wieder dort sein. Wochen über Wochen vergingen, ohne daß ich etwas von meiner Tante hörte. Schließlich schrieb sie mir, es sei wohl besser für mich, wenn ich daheim bliebe und die Idee mit dem Theater aufgäbe. Auch könne sie mir nicht mehr helfen. Ich weinte mir die Augen aus, doch meine Mutter versprach, das Geld für meine Fahrkarte zusammenzubekommen. Sie nahm noch mehr Wäsche an, und ich half ihr nach Kräften. Dann aber passierte das Schreckliche, das alle befürchtet hatten: am 3. August 1914 wurde der Krieg erklärt. Für einen Paß brauchte ich einen Vertrag mit dem Theater. Ich schrieb einen verzweifelten Brief an den Intendanten (erst nach dreijähriger Lehrzeit hatte ich einen Anspruch auf einen Vertrag). Gott sei Dank war er in jener ersten Spielzeit sehr nett zu mir gewesen, verstand mein Problem, und ich bekam meinen Paß. Als es dann soweit war, steckten die Züge voller Soldaten und Menschen, die das Land verließen. Anstelle der üblichen Nachtfahrt brauchte ich vier Tage. Hinter der Grenze mußte ich gleichzeitig lachen und weinen. Von der Grenze nach Zürich sind es nur wenige Stunden. Mein Herz hüpfte, als ich den See erblickte und wußte, daß ich endlich da war.

Ich ging gleich ins Theater (ich war schon zwei Wochen zu spät), um mich zurückzumelden. Dann besuchte ich meine Tante. Sie öffnete die Tür, und nie im Leben, auch später nicht, sah ich ein verblüffteres Gesicht. Sie führte mich schleunigst in ihr Zimmer und flüsterte, ich könne unmöglich bei ihr bleiben. Sie würde ihren Job verlieren. Dabei hatte ich gar nicht vor zu bleiben, denn ich wollte nicht mehr unter ein Bett verfrachtet werden, sobald eine Tür aufging. Doch ich besaß keinen Groschen und brauchte etwas Geld, um den ersten Monat zu überstehen. Ich durfte bei ihr übernachten und ging tags darauf wieder zu den Ehrenzweigs zurück, wo ich im Vorjahr zeitweilig gelebt hatte. Die zweite Spielzeit verlief schon viel besser. Für die Auftritte im Schauspielhaus bekam ich ungefähr 30 Franken, und die Gebühr für den Ballettunterricht wurde auf 15 Franken reduziert. Ein Zimmer ganz für mich allein konnte ich mir jedoch immer noch nicht leisten. Als mich nun meine Tante fragte, ob ich einem Freund helfen wolle, der einen kleinen Laden mit Postkarten besaß, war ich nur zu froh, an jedem Wochenende und wann immer ich Zeit hatte, dort zu arbeiten. Damals wußte ich noch nicht, daß dieser Mann, Emil, der Freund meiner Tante war. Ein netter Mann, etwa 50 und ein passionierter Fliegenfänger. Er saß da mit seiner dicken Zigarre, fing die Fliegen ein, stülpte ein Glas darüber, blies den Rauch hinein und beobachtete, wie sie benommen wurden. Ich habe nie herausgefunden, was er letztlich mit ihnen anstellte. Ich konnte einfach nicht hinschauen, sondern betrachtete lieber die schönen bunten Postkarten. Das war wie eine Reise durch die Schweiz. Emil mochte die Stunden, die ich im Laden zubrachte, denn in einer Stunde verkaufte ich mehr Karten als er an einem ganzen Tag, und wenn ich dort war, konnte er sich ganz seiner Leidenschaft, den Fliegen, widmen.[45]

In dieser Spielzeit bot mir Richard Révy, einer der Regisseure am Schauspielhaus an, mich als Privatschülerin aufzunehmen. Ich hatte extremes Glück, ihn als Mentor zu haben. Er förderte mein Talent und wies mich sogar an, den ganzen Dostojewski zu lesen. Selbstredend schliefen wir auch miteinander, doch das war nur meine Art, meine Dankbarkeit zu zeigen. Ich liebte ihn, ja wirklich.[16, 72]

Ich sparte jeden Groschen, und nach wenigen Monaten konnte ich das Angebot der Tänzerin Greta annehmen, in die große Wohnung ihrer Mutter einzuziehen. Sie vermietete Zimmer, doch nur an Leute vom Theater. Sie war enorm beleibt, sah trotz des hübschen blonden Haars sehr semitisch aus und trug ein goldenes Kreuz an einem schwarzen Samtband, das wie ein Wahrzeichen auf ihrem gewaltigen Busen ruhte. »Es ist seit Jahrhunderten in Familienbesitz«, betonte sie stets. Ihren Mann – klein, schüchtern und mit dicken Brillengläsern – brachte sie zum Schweigen, bevor er auch nur »guten Morgen« sagen konnte. Das gemeinsame Frühstück pflegte Frau Edelmann anzukündigen, indem sie ihre dicken Finger in einem Glissando über die Tasten ihres geliebten Klaviers gleiten ließ. Greta war mehr wie ihr Vater und besaß nichts von der Blechernheit ihrer Mutter. Männer waren ihre Leidenschaft. Sie hatte einen Freund. Ihre Mutter bezeichnete ihn als Verlobten und bestand darauf, daß ihre Tochter bis zum Tag der Eheschließung Jungfrau

In Zürich. Oben: um 1915. Unten: 1916

Zürich 1916. Foto: Ehrenzweig

In Der lebende Leichnam *von Leo Tolstoi (Zürich 1917)*

blieb (was sie nicht mehr war). Der Freund war ein Serbe, ein öder Kerl, der sehr stolz auf sein Land war, über das ich nichts wußte, außer daß Erzherzog Franz Ferdinand dort erschossen wurde, weshalb der Krieg ausbrach. Ich mochte ihn nie. Greta war ständig in Nöten und wurde praktisch jeden Monat schwanger, nicht immer jedoch von ihm, denn er war nur zufällig ihr fester Freund.

Zürich war in jenen Kriegsjahren eine sehr internationale Stadt mit Studenten aus aller Welt und Hotels voller reicher Ausländer, die auf das Kriegsende warteten. Die Nachtclubs waren überfüllt mit Kriegsgewinnlern und ihren verschwenderisch gekleideten Freundinnen. Zürich war eine reiche, elegante Stadt. Nie sah ich in der Schweiz ein Zeichen der Armut, nicht vor und auch nicht nach dem Krieg. Sogar die Mädchen im Rotlichtviertel Niederdorf wirkten gutsituiert und wohlgenährt.

Das Theater damals war einfach wunderbar. Ich erinnere mich an die erste Probe für *Salome* mit der berühmten Diva Maria Gutheil-Schoder und Richard Strauss höchstpersönlich als Dirigenten. Ein ungemein eleganter Mann. Doch das Orchester durchlebte eine schwere Zeit, denn man war diese beherrschende Art des Dirigierens nicht gewöhnt. Kaum hatte er den Taktstock erhoben und die Musiker fanden nicht den richtigen Klang für das Köpfen Jochanaans, hielt er inne und sagte mit seinem sanften bayerischen Akzent »Herrschaften, 's ist doch ganz einfach, grad so wie im *Lohengrin*.«

Zu Beginn der dritten Spielzeit bekamen wir eine neue Ballettmeisterin, eine Jacques-Dalcroze-Schülerin, die sich nicht viel aus Spitzentanz machte. Gott sei Dank mußte ich das nicht länger durchleiden und konnte nun barfuß tanzen. Unsere Primaballerina mochte die neue Leitung nicht und ging bald. Ich aber fühlte mich wie im Himmel. Nun konnte ich das Schauspielerische verwenden, das ich inzwischen erlernt hatte, und mit dieser neuen Art des Tanzens kombinieren.

Schließlich erhielt ich meinen ersten Vertrag als vollwertiges Mitglied des Ballettensembles mit einer Gage von 60 Dollar. Als unser Theater in den Sommermonaten geschlossen war, führte ich mit meiner Freundin Greta im Corso-Theater Operetten auf. Sie machte die Choreographie, und ich tanzte und sang, was man mir gab. Keine großen Rollen. Im obersten Geschoß des Theatergebäudes war ein Nachtclub, und dort saß ich eines Abends mit Greta und ihrem Franzosen und betrachtete einen recht hübschen jungen Mann mit dicken, dunklen Brillengläsern, den eine lärmende Gästeschar umgab. Ich sah, wie der Star des Programms an seinen Tisch eilte und ihn umarmte und fragte mich, wer das wohl sei. Er war Tsche-

*Auftritt in einem
Tanzprogramm
(1916 oder 1917)*

*Nach drei Lehrjahren
wurde Lerya ein voll-
wertiges, bezahltes
Mitglied des Ballett-
ensembles.*

Im Corps de ballet (1916)

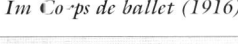

choslowake und einer der reichsten Männer
der Stadt. Gretas Freund kannte ihn, und nach
einer Weile stand er auf und setzte sich zu uns.
Seine Umgebung schien ihn zu langweilen,
und ihm gefiel jede meiner Bemerkungen über
seine lauten, saufenden Freunde. Am nächsten
Tag erhielt ich meine ersten Blumen, den er-
sten großen Strauß am Theater. Ich war ziemlich verlegen. Nach der
Vorstellung traf ich ihn im Nachtclub, bedankte mich und bat ihn,
keine Blumen mehr zu schicken. Und hier beginnt die altbekannte
Geschichte vom reichen Mann und dem armen Mädchen. Ständig
schickte er mir Geschenke und bat mich, zu ihm in seine Seevilla zu
ziehen, was ich auch tat – es war einfach zu verlockend. Ich wollte
wissen, wie es ist, alles zu haben, zum Theater chauffiert zu werden,
herrlichen Schmuck und keine Sorgen mehr zu haben. Ich wurde
fast ohnmächtig, als ich hinter das Geheimnis seiner schweren, dunklen Brille kam. Er hatte ein Schilddrüsenleiden, daher traten seine
Augen wie zwei halbvolle Seifenblasen hervor. Doch ich gewöhnte
mich daran ebenso wie an den plötzlichen Wohlstand. Bald aber
begann ich Frau Edelmanns Frühstücks-Glissando und meine
Spaziergänge am See entlang zum Theater zu vermissen und fühlte
mich einsam. Nur ungern verließ ich ihn, indem ich mich eines
Nachts wortlos davonschlich. Er war so gut zu mir, doch es gab
nichts, das ich hätte sagen können. Er schickte mir all meine Sachen

Lenyas Mutter mit ihrem zweiten Mann, Ernst Heinisch (um 1918)

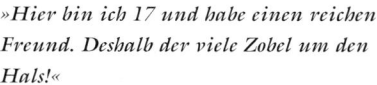

»Hier bin ich 17 und habe einen reichen Freund. Deshalb der viele Zobel um den Hals!«

Gegenüber: Als Hindu-Mädchen in Das Postamt *von Rabindranath Tagore am Züricher Schauspielhaus (1918)*

nach, und ein Jahr darauf bat er mich ein letztes Mal, zu ihm zurückzukehren. Ich wünschte ihm alles Gute und blieb bei Frau Edelmann. Greta hat nie verstanden, was mich zu einer solch törichten Entscheidung – wie sie sich ausdrückte – verleitete.

Meine Mutter begann 1916, in einem Lazarett in Meidling zu arbeiten, wo sie Ernst Heinisch begegnete. Meine Schwester, damals zehn, erinnert sich noch, wie meine Mutter eines Tages heimkam, ihr Sonntagskleid anzog und ›Palatschinken‹ machte, eine Wiener Art Crêpe Suzette. Woher sie in dieser furchtbaren Zeit der Knappheit all die Zutaten bekam, erfuhr von ihr niemand. Als meine Schwester sich bei meiner Mutter nach dem Anlaß erkundigte, antwortete sie ihr: »Ein Herr kommt auf Besuch und wird sehr wahrscheinlich für immer hierbleiben.« Bald klopfte es an der Tür, und Ernst trat herein. Mariedl blickte ihn kurz an und lief voller Bestürzung hinab zu ihrer Freundin, die ihn schon beim Betreten des Hauses gesehen hatte. Mariedl gestand ihrer Freundin: »Niemals werde ich ›Vater‹ zu ihm sagen«, und tat es auch nicht. Ernst verzehrte sämtliche Rationen, so daß für die beiden Kinder nichts übrigblieb. Nach der Schule ging Mariedl meist ins Lazarett zu Mutter, die ihr Essensreste gab. Ernst stieß sie unentwegt umher, doch Mutter nahm davon in ihrer Verblendung anscheinend keine Notiz.

Wenige Monate vor Kriegsende fuhr ich, diesmal meiner Rückfahrkarte gewiß, auf einen Kurzbesuch nach Wien. Aus dem glatten, wohlhabenden Zürich kommend, schockierten mich die ausgemergelten, sorgenvollen Gesichter. Ich hatte Pakete mit Essen, Kleidung und Geld geschickt, doch verteilt auf so viele war das wenig genug.

Zurück in Zürich, war ich emsiger denn je. Manchmal pendelte ich zwischen den Theatern: Zuerst um sieben als vorbeischlenderndes Mädchen im 1. Akt der *Meistersinger* ins Stadttheater, dann rasch per Taxi zum Schauspielhaus, um mich hastig zu schminken und mich in ein

Der Bildhauer Mario Petrucci, Lenyas erste ern-
sthafte Liebe (Zürich, um 1918)

Programm für die Aufführung von Wedekinds
Lulu im Züricher Pfauen-Theater am 27. Januar
1921. Lenya (aufgeführt als Caroline Blamauer)
spielte die Rolle des Gymnasiasten Hugenberg. Die
Regie führte Richard Révy, Lenyas Schauspiellehrer.
Foto: Stadtarchiv Zürich

Hindu-Mädchen in *Das Postamt* von Tagore zu verwandeln, dann
zurück ins Stadttheater, um bei Wagner einen Lehrbuben zu spielen. Damals erhielt ich die ersten Solotanzrollen, obwohl mein Vertrag nur für das Ensemble galt.

Mein damaliger Freund, der Bildhauer Mario Petrucci, mußte
nach Wien. Ich brachte ihn dazu, sich um einen Paß für meine Schwester Maria zu bemühen und sie für einen Besuch in einen Zug nach
Zürich zu setzen. Sie blieb ungefähr vier Monate, zuerst in der Pension Griese, dann in einem Erholungsheim in den Bergen.

Als der Krieg zu Ende war, wurde ich unruhig. Ich wußte
nicht, was ich wollte, doch ich hatte von Berlin gehört, hatte einige
herrliche Inszenierungen von Max Reinhardt gesehen und empfand
bei dem, was ich tat, eine Art Stillstand. Ich hatte schon gute Rollen
gehabt und kannte mich in Schauspiel und Tanz gut aus. Ich hatte
nie aufgehört, bei Révy zu studieren, und als er mir von seinen
Überlegungen berichtete, nach Berlin zu gehen, stand mein Ent-
schluß fest. Er würde mich tatkräftig unterstützen, falls ich mich für

Berlin entschied. Greta und ich
begannen, einen Ballettabend
zu erarbeiten, mit dem wir, wie
wir hofften, Berlin im Sturm er-
obern würden. Den ganzen
Sommer verbrachten wir jede
freie Minute in dem kleinen
Probenraum, und die Korepe-
titorin hieb in die Tasten. Révys
Frau nähte uns Kostüme, und
wir erdachten unsere eigene
Choreographie. In einer Num-
mer war ich ein Faun und Greta
eine Nymphe, in einer anderen
war ich Pierrot und sie die Co-
lumbine, in einer weiteren waren wir Schottenmädel, Greta
tanzte einen ungarischen Czardas und ich die Blaue Donau als
Solo à la Greta Wiesenthal. Alles
in allem ein abgedroschener
Ballett-Mischmasch aus Dal-
croze, Isadora und den Sa-
charows. Unsere Vorbereitungen zogen sich etwas dahin,
doch im Herbst 1921 waren wir
bereit, Zürich zu verlassen.[45]

KAPITEL 2

Hoppla! 1921-1935

Madame Lenya singt oder vielmehr schmachtet mit einer untadeligen Diktion, die bis in die hinterste Ecke jedes Saales reicht, und mit einer intensiven Dramatisierung und aufrichtigen Willenskraft, die ungemein bewegend sind. Überdies ist sie auf neue Art schön, wie dies bislang noch niemand verkörpert hat. (...) Ich stelle mir vor, daß es nicht mehr lange dauern wird, bis eine Filmbande sich ihrer bemächtigt und sie uns einflößt wie die Garbo.[61]

– VIRGIL THOMSON, amerikanischer Komponist und Kritiker

Lotte Reiniger schuf diesen Scherenschnitt während der Proben für Die Dreigroschenoper *(Berlin, 1928).*

Richard Révy lebte in einer Pension, als er in Berlin Arbeit suchte. Seine Frau hatte die beiden Kinder aufs Land zu ihrer Familie in die Nähe von München gebracht. Als Greta und ich Anfang Herbst 1921 in Berlin eintrafen, holte uns Révy am Bahnhof ab. Er quartierte mich in sein Logierhaus in der Lützowstraße ein, und Greta zog zu einer Verwandten ihrer Mutter. Als ich das finster wirkende Zimmer mit seiner einzelnen Glühbirne betrat, fühlte ich mich ziemlich deprimiert. Zürich war so eine saubere Stadt, und hier war ich nun in dem ärmlichen Berlin mit seiner täglich steigenden Inflation. Die ständigen Veränderungen mit dem Geld vermochte ich kaum zu verstehen, und das Essen war fast ungenießbar.

Als wir also nach Berlin kamen, suchte Révy Arbeit, und ich auch. Doch nichts passierte. Da saßen wir nun. Da wir keinen Agenten finden konnten, der sich für unseren Ballettabend interessierte, standen unsere Koffer mit den Kostümen in einer Ecke meines Zim-

Im Kostüm für ihren Ballettabend in Berlin
Anfang der 1920er Jahre.
Foto: Louise Hartung

mers, eine ständige Mahnung, warum wir nach Berlin gekommen waren. Wir konnten einzelne Jobs mit ein, zwei Tänzen in obskuren Nachtclubs bekommen, doch anfreunden konnten wir uns beide nicht damit. Greta war nur Tänzerin und interessierte sich für nichts anderes. Ich konnte sie nicht dazu bewegen, Stücke anzuschauen, herumzugehen und Stadtluft zu schnuppern. Als sie schließlich aus Elberfeld ein Angebot als Choreographin bekam, mußte ich sie nicht erst drängen. Ich hatte ja ausreichend Reserven, denn ich besaß noch meinen Schmuck, den ich verkaufen konnte.

Zu der Zeit hatte ich den Glauben an unser Projekt bereits verloren und war froh, als sie ging. Nun mußte ich nicht mehr täglich von einem dummen Agenten zum nächsten laufen und konnte mir alle großen Schauspieler ansehen. Meine Leidenschaft galt der Scala, dem größten Varietétheater Berlins. Dort sah ich Barbette, den Jongleur, und die Fratellinis auf dem Trapez hoch über dem Publikum. Dafür begeisterte ich mich, bis ich Berlin 1933 verließ. In einem Biergarten in Friedenau sah ich meine ersten Ringkämpfe – meist waren es polnische Kämpfer, die in einer langen Reihe durch den Garten zum Ring marschierten, begleitet von einer unglaublichen Blaskapelle, die den ›Einzug der Gladiatoren‹ spielte. Samstags ging ich gern bis zur Ecke Tauentzienstraße und KaDeWe. Dort gab es Mädchen in den merkwürdigsten Aufmachungen zu sehen, einige mit Peitschen in der Hand, manche in hohen, glänzenden Stiefeln, um anzudeuten, daß sie ausgerüstet waren, alle Arten der menschlichen Leidenschaft zu befriedigen.

Rechts: Die Scala-Girls vor dem
Varietétheater an der Lutherstraße (1929).
Foto: Herbert Hoffmann/Bildarchiv
Preußischer Kulturbesitz

Merkwürdig, daß die Leute jener Tage Berlin für ein sexuelles Paradies hielten bzw. für die Hölle. Doch außer der berühmten Ecke am KaDeWe und den belebten Gehsteigen der Friedrichstraße gab es noch andere Orte und Beschäftigungen. Die Leute gingen morgens zur Arbeit und kehrten abends zurück. Sie – manche zumindest – kämpften für die Dinge, auf die es ankommt.[45]

Nach Berlin kam ich von Zürich aus, aus einem Land, wo Milch und Honig fließen. Im Ersten Weltkrieg war dort nur Zucker rationiert: fünf Pfund pro Woche. 1921 ging ich dann nach Berlin. 1921/22 war die Inflation noch erträglich – Lebensmittel konnte man noch bekommen. Doch bereits 1923 war sie auf dem Höhepunkt. In den Änfangen der Inflation gab es viele kleine Theatergruppen, die meist von einem enthusiastischen, idealistischen Direktor organisiert wurden. Wir spielten Shakespeare in den Vorstädten; 36 Mal spielte ich dort die Julia Ich spielte in *Wie es euch gefällt* und die Maria in *Viel Lärm um nichts*. Ich besitze noch ein Zettelchen vom Theater, in

50-Millionen-Mark-Note, ausgegeben von der Reichsbank 1923 auf dem Höhepunkt der Inflation. (Joe Masteroff unterschrieb diesen Geldschein und schenkte ihn Lenya zur Erinnerung an ihren Auftritt 1966 in Cabaret.)

Ankündigung für die Zaubernacht, *eine »Pantomime für Kinder« von Kurt Weill und Wladimir Boritsch (1922). Lenya löste den bereits bestehenden Vertrag, nachdem ihr Lehrer, Richard Révy, nicht als Regisseur engagiert worden war.*

dem es heißt: Fräulein Lenyas Abendgage beträgt drei Milliarden Mark. Man mußte sein Geld in einen Koffer stopfen und rasch einkaufen gehen, denn eine Stunde später hätte es keinen Wert mehr. Keinen. Ich war immer schon verrückt. Warum, weiß ich nicht. Ich freute mich so, denn alles, das man wirklich schnell bekommen konnte (außer ein wenig zu essen), waren Kakteen. Ich besaß eine wahre Sammlung. Sie waren sehr billig, niemand wollte sie. Man wollte doch was zu essen![8, 16]

Eines Tages stieß Révy auf eine Zeitungsanzeige, in der man »junge Tänzer, Sänger« für das Ballett die *Zaubernacht* eines jungen Komponisten namens Kurt Weill suchte. Révy begleitete mich, denn auch er suchte Arbeit. Ich kam also zum Vorsingen und sah dort all die Bühnenmütter mit ihren Kindern. Kleine, Größere und so weiter. Es war einfach schrecklich.[45]

»Ich denke, sie verlangen nach dir.« Ich hörte nicht, wie sie mich aufriefen, denn ich war den neuen Namen, Lotte Lenya, noch nicht gewöhnt. Karoline Blamauer erschien mir zu lang für eine Bühnenkarriere. Dann gab mir der Produzent, ein Russe namens Boritsch, das Startzeichen. Ich muß völlig verloren gewirkt haben, bis ich aus dem Orchestergraben eine sanfte Stimme vernahm, die fragte: »Was soll ich für Sie spielen, Fräulein Lenya?« Boritsch drehte sich um und erläuterte: »Oh, das ist Herr Weill, unser Komponist.« Ich sah ihn kaum, er war halb unter dem Vorsprung des Orchestergrabens verborgen. Ich fragte ihn, ob er ›An der schönen blauen Donau‹ spielen könnte. In leicht amüsiertem Ton erwiderte er: »Ich denke schon.« Sobald ich zu dieser Melodie, die ich praktisch seit meiner Geburt gehört hatte, zu tanzen begann, waren alle meine Ängste verflogen. Nach einigen Minuten sagte der Produzent »Das reicht!« – mir erschien das zu kurz. Er fragte mich, was ich sonst noch zeigen könnte, und ich imitierte einen seiltanzenden Clown und sang, diesmal ohne musikalische Begleitung, das Lied einer Straßensängerin. Noch immer hatte ich den Komponisten nicht gesehen und würde ihm erst ein Jahr später, unter ganz anderen Bedingungen, wiederbegegnen.[45, 59]

Durch Révy lernte ich den berühmten expressionistischen Bühnenautor Georg Kaiser kennen. Da er wußte, daß ich Arbeit suchte, sagte er: »Lenya, warum kommst du nicht und bleibst einstweilen bei uns? Es wäre uns eine Freude.« So blieb ich zwei Jahre bei Georg Kaiser und tat nichts, außer mich ein wenig um die Kinder zu kümmern.[70]

Kaiser hatte eine Vorliebe für Boote. Sobald er ein wenig Geld hatte, kaufte er sich ein neues Boot; das war einer der Gründe für seine ständigen Schulden. Er war der widersprüchlichste Mann, den ich je gekannt habe. Er träumte davon, ein englischer Landedelmann oder Gutsherr zu sein und führte dennoch ein Leben, das zwischen gutbürgerlich und adlonisch elegant hin- und herpendelte.[46]

Die Kaisers hatten drei Kinder: Sybille, Anselm und Laurenz. Anselm war der Schöne, Laurenz der Proletarische und Sybille – so blond und blaue Augen und so ganz wie Zille – so ein Zillekind. (...) Der [Kaiser] hat nur gern Witze gemacht über die Kleine: »Sing mir mal das Lied ›Zieh an dein Dirndlkleid vom Tegernsee‹.« Und sie stand auf und sang, ganz unmusikalisch. Es war mitleiderregend, wie Kaiser sich über sie lustig machte. Als seine Frau einmal über Sybille frustriert war, da hat er gesagt: »Was ist denn jetzt wieder los? Tritt sie doch endgültig tot, Margarethe.« So etwas sagte er wirklich, wenn auch nur im Scherz.

Kaiser hatte immer Geliebte. Vor allem erinnere ich mich an Blanche Dergan. Ein untalentiertes Biest. Gräßlich. Für sie hat er *Die Flucht nach Venedig* geschrieben. Das war so eine Schauspielerin, die sich dauernd »gestoppt« hat auf der Bühne, damit sie nicht umfällt. Sie wohnte im Hotel Eden. Das hat ihm ungeheuer imponiert, dem Kaiser – das war so pseudo-mondän. Also hat er seinen Sohn angezogen mit dem Matrosenanzug und den blonden Locken. —— nein, im *Adlon* hat sie gewohnt. Dann haben sie dort Kuchen gegessen. Alles sehr merkwürdig.[72]

Damals schrieb Georg Kaiser gerade an dem Libretto für Kurt Weills *Der Protagonist*. An einem Sonntag morgen sagte er zu mir: »Lenya, da ist dieser junge Komponist, für den ich ein Libretto

Georg Kaiser (um 1925)

Beim Hüten der drei Kaiser-Kinder am Strand.
V.l.n.r.: Anselm, Lenya, Sibylle, Laurenz

Kurt Weill mit Musikerhut (um 1929). Foto: Thiele

Lenya mit Margarethe Kaiser auf dem Kaiserschen Grundstück im Berliner Vorort Grünheide (1923).

schreibe. Würdest du ihn vom Bahnhof abholen?« »Warum nicht?«, antwortete ich. Kaisers Haus lag direkt am See. Man konnte also entweder mit dem Ruderboot zum Bahnhof oder den viel längeren Weg durch den Wald nehmen. »Ich nehme das Ruderboot.« Kurt Weill war unschwer zu erkennen, denn am Sonntag morgen war sonst niemand auf diesem Bahnhof. Er fiel mir auf wie eine Fliege in der Milchflasche, mit seinem Borsalino, einem damals bei den Musikern beliebten Hut. Ich erinnere mich genau, was er anhatte, einen kleinen Binder, so etwas Blaues wie einen Bar-Mizwa-Anzug. Sehr hübsch, dachte ich. Überaus dicke Brillengläser. Ich fragte: »Sind Sie Herr Weill?« »Ja.« »Hätten Sie etwas dagegen, in dieses Vehikel hier einzusteigen?« Hatte er nicht. So begegneten wir uns.

Kaiser hatte in seinem Haus kein Arbeitszimmer. Niemand sah ihn je an einem Schreibtisch sitzen oder schreiben. Er hielt Haus und Theater völlig auseinander. Die wohl wichtigsten Gespräche führten Kurt und Kaiser am Nachmittag während ihrer Fahrradausflüge oder am Morgen draußen im Ruderboot – Margarethe und ich konnten sehen, wie das Boot langsam in der Ferne verschwand, während sie sich unterhielten. Auf langen Spaziergängen um den See gingen Kurt und Kaiser stets voraus, und ihr Sprechen und Lachen wehte zu uns herüber. Beide waren schüchtern, doch bei Kurt war es nur eine oberflächliche Schüchternheit; wenn man ihn näher kannte, war er ungemein direkt und warmherzig, obwohl er nur selten seine innersten Probleme mit irgend jemand besprach. Von Kaiser wußte man am ersten Tag so wenig oder so viel wie am letzten – eine ewig ausweichende, rätselhafte Persönlichkeit. Beide jedoch besaßen einen bezaubernden Witz – der von Kaiser war phantasievoller, Kurts dafür trockener –, und beide schätzten und respektierten einander. Damals machte ich erstmals mit einer von Kurts Arbeitsmethoden Bekanntschaft, an der er sein ganzes Leben festhielt. Während man ganz in einem Gespräch mit ihm aufging, schien er weiter zuzuhören, nahm jedoch plötzlich den Ausdruck eines Kindes an, das mit einem inneren Ohr zuhört. Beinahe verstohlen und verlegen griff er nun nach einem Stück Papier – Briefumschlag, Zeitungsecke, Papiertüte, egal was –, notierte ganz rasch und nur für ihn lesbar die fünf Notenlinien und einige Takte und ließ es in seine rechte Tasche gleiten. All seine Manteltaschen und Schreibtischschubladen waren mit solchen Notizen gefüllt.[45]

Er [Weill] hat mich zum Tee eingeladen und mir dabei den *Protagonisten* vorgespielt. »Hat es dir wirklich gefallen?«, fragte er. »Ich mag es sehr«, erwiderte ich und wies auf einige Dinge hin, die ihn sehr überraschten. Seine Brüder haben das Stück gehaßt und neckten ihn – Dachstubenkomponist haben sie ihn genannt.[72]

Bald nachdem wir zusammengezogen waren, überließen uns die Kaisers ihre Wohnung am Luisenplatz in Charlottenburg. Es war eine jener typischen Berliner Pensionen. Sie gaben uns zwei Zimmer und behielten eines für sich, um dort übernachten zu können. Ein winziges, schmales Schlafzimmer, und wir schliefen zusammen in einem winzigen Bett. Umdrehen mußten wir uns gemeinsam, denn sonst wären wir aus dem Bett gefallen.[59]

Wir hatten einen großen Freundeskreis. Da waren zwei Mädchen, die später unsere Trauzeugen wurden (Caña, eine Reichsangestellte, und Martha Gratenau), viele Busoni-Schüler – auch deren Sohn Rafaello, er war damals mit einem japanischen Mädchen verheiratet, und sie kochten immer exotische Gerichte –, der Pianist Walter Kaempfer (er wurde in der Nazizeit Priester), Philipp Jarnach, Maurice Abravanel, Heinz Jolles, Claudio Arrau, und natürlich die Kaisers, mit denen wir praktisch jedes Wochenende verbrachten. In dieser Zeit erhielt ich durch Kaiser auch einen Job als »Springer« für Grete Jacobson als Julia. Regisseur war Kaisers Freund Emil Lind, ein älterer, schwerhöriger Mann, doch ein zuverlässiger, konservativer Regisseur. (Die Jacobson stand so sehr unter dem Einfluß von Elisabeth Bergner, daß sie es nie wirklich packte, wobei sie stets behauptete, die Bergner würde sie imitieren.) Als die Jacobson ging, durfte ich in 60 Vorstellungen die Julia spielen. Das Wallnertheater in der Wallnerstraße in der Nähe vom Alexanderplatz war ein ›Volkstheater‹, also ein populäres Theater mit reduzierten Preisen. Kurt brachte mich jeden Abend dorthin, stets mit einer Flasche Maiwein, die ich mit den Kollegen teilte.[45]

Kurt mochte vor allem die Gedichte Zilles, den er über alles liebte. Und Ludwig Meidner war natürlich einer unserer engsten Freunde. Oft aßen wir bei Hindemiths. Kurt amüsierte sich immer über dessen Frau Gertrud.

Einmal aßen wir bei den Jarnachs. Philipps Frau, eine echte Bayerin, öffnete die Tür – sie hat Filzpantoffeln angehabt und uns zugeflüstert: »Pssst, der schafft für die Ewigkeit.« Innerlich krümmten wir beide uns vor Lachen.[72]

Wir lebten zwei Jahre in wilder Ehe zusammen. Geheiratet haben wir nur wegen der Nachbarn. »Sie ist gar nicht verheiratet.« Huch! Ich also: »Los Kurt, heiraten wir! Zum Teufel, was macht das schon!« Gesagt, getan.[70]

Kirchlich haben wir nicht geheiratet. Natürlich nicht, denn Kurt war Jude und ich nicht – doch das ist es nicht. Auf dem Standesamt waren keine Verwandten dabei, sondern nur zwei Trauzeugen – die Pianistin Martha Gratenau und noch eine Frau, beide lesbisch. Nur bei der Trauung erlebte ich bei Kurt eine Spur des Militärischen. Als der Standesbeamte uns das dumme Eheverspre-

[Brief von Weill an Lenya, Juli 1926?]

Mein Pummilein, jetzt vor vier Wochen saßen wir in Verona auf der Piazza Signori und fingen allmählich an zu merken, wie schön es da war. Jetzt, wenn ich daran zurückdenke, habe ich doch gehörig Sehnsucht nach Dir – also weg mit den Erinnerungen, übermorgen sehe ich Dich ja. Das war schon früher so: wenn ich mich nach Dir sehne, so denke ich am meisten an den Klang Deiner Stimme, den ich wie eine Naturkraft, wie ein Element liebe. In diesem Klang bist Du (für mich) ganz enthalten, alles andere ist nur ein Teil von Dir, und wenn ich mich in Deine Stimme einhülle, bist Du ganz bei mir. Ich kenne jede Nuance, jede Schwingung Deiner Stimme, und höre genau, was Du sagen würdest, wenn Du jetzt neben mir wärest – und wie Du es sagen würdest. Und plötzlich ist mir dieser Klang wieder ganz fremd und neu, und dann ist es höchste Seligkeit, zu wissen, wieviel streichelndes Liebkosen diese Stimme für mich hat – das ist dann wie in den ersten Wochen, als ich schon den Gedanken an Dich für Vermessenheit hielt. Das ist aber das Schöne: daß ich heute wie in der ersten Stunde eine Ehrfurcht vor Dir empfinde, die es mir fast unbegreiflich erscheinen läßt, daß Du zu mir gekommen bist, und daß es so schön geworden ist. Und jetzt, wo es wieder wie am ersten Tag ist, bin ich auch nicht mehr traurig darüber, daß da irgendwo Deine Stimme klingt – und ich sie nicht höre.[77]

Oben: Erste Seite eines handschriftlichen Briefs von Kurt Weill (Berlin) an Lenya, die sich in Leipzig bei seiner Familie aufhielt, geschrieben etwa sechs Monate nach ihrer Heirat.

chen abnehmen wollte, stand Kurt in Habachtstellung, schlug die Hacken zusammen und sagte: »Jawoll«. Er hat es wohl völlig ernst genommen und wollte ausdrücken, daß er sich für den Rest seines Lebens um mich kümmern würde.[52, 72]

Weills Eltern wußten rein gar nichts über meine Kindheit. Sie hatten nur etwas dagegen, daß ich keine Jüdin war. Meinen ersten Fehler machte ich, als ich sie in Leipzig zum ersten Mal traf. Ich deutete auf die Mesusa am Türpfosten und fragte: »Was ist denn das für ein kleiner Regenwurm?« Später wurde ich ihre Lieblings-Schwiegertochter. Ich weiß nicht, wie ich das schaffte, doch was ich sagte, wurde stets akzeptiert. Die übrigen Schwiegertöchter bedeuteten ihnen nicht besonders viel.

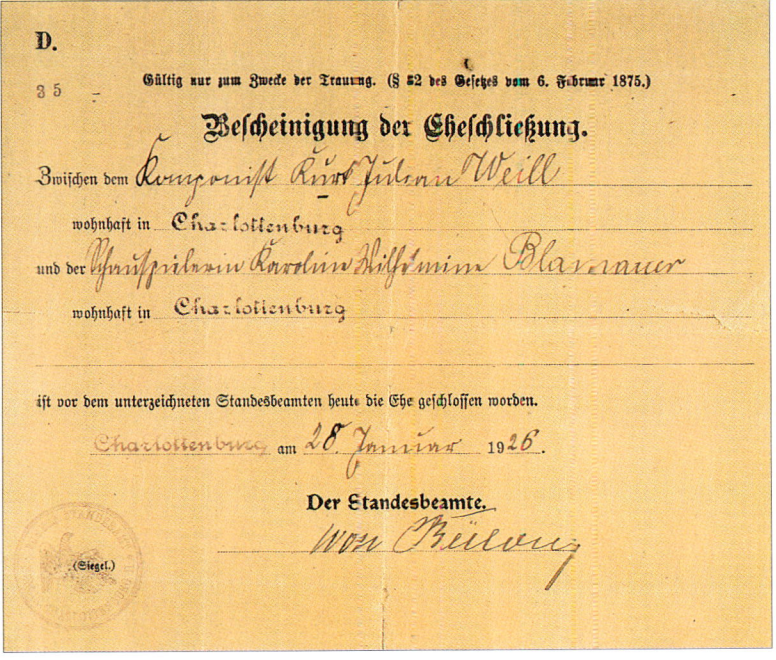

Heiratsurkunde vom 28. Januar 1926. Kurt Julian Weill und Karoline Wilhelmine Blamauer wurden im Charlottenburger Rathaus getraut.

Die Mutter mochte ich lieber als den Vater. Kurt dürfte seinen Vater, ein recht eigensinniger Mensch, nicht sonderlich gern gehabt haben, und ich auch nicht. Die Mutter fand ich sehr intelligent, und grundsätzlich hat sie mich auch verstanden. Seine beiden Brüder mochte ich überaus gern. Nathan, der Älteste, war Arzt und emigrierte nach Israel. Dann Hans, und seine Schwester Ruth, die irgendwie alles besser wußte. Sie stand Kurt wohl am nächsten, vertraute ihm ihre Probleme an, und Kurt spielte tatsächlich den großen Bruder.

Sein Vater war Kantor in der Synagoge, doch weder Kurt noch seine Brüder waren sehr religiös. Meist hielten sie sich an die Familientradition, den Sabbat zu achten und dergleichen. Später hat ihm Religion wohl nicht mehr viel bedeutet. Viel mehr interessierten ihn seine Libretti.[7,2]

Der Protagonist wirkte damals atonal, und vielleicht war er es auch. Bei heutigem Hören dagegen wirkt Kaisers Stakkato-Sprache schwer verständlich. Der neuen Sängergeneration erscheint die Musik überhaupt nicht mehr als atonal. Auch Schönberg findet man jetzt nicht mehr so schwer verständlich.[8]

Der Protagonist war ein überragender Erfolg an der Dresdner Oper, mit Fritz Busch als Dirigent. Kurt hatte nie geglaubt, daß die Oper so ankommen würde. Gleich danach ging er zum Orchester-

»Dies ist unser Hochzeitsfoto. Wir waren damals ziemlich arm. Kurt verdiente Geld mit Musik- und Theoriestunden. In der Tüte trägt er unser Essen, Hering in Aspik. Ich habe einige Herbstzweige dabei, um den Tisch damit zu dekorieren. Das war unser Hochzeitsmahl.« (Januar 1926)

Familie Weill am 15. August 1926. Hintere Reihe, v.l.n.r.: Ella (Hausmädchen), Albert (Kurts Vater), Nathan (Kurts Bruder), Kurt. Vordere Reihe, v.l.n.r.: Leni (Nathans Frau) mit Tochter Hannelore, Emma (Kurts Mutter) und Lenya mit Eva Sohn (Tochter von Kurts Schwester Ruth)

Für Lotte Lenja

3 ·

DER PROTAGONIST
Ein Akt Oper von Georg Kaiser

Kurt Weill, Op.15

Allegro con fuoco (immer die gleichen Achtel)

Weill widmete Lenya seine erste Oper Der Protagonist. *Premiere war am 27. März 1926 an der Dresdner Staatsoper. Abdruck mit freundlicher Genehmigung der European-American Music Corp.*

graben, um allen zu gratulieren. Doch man wartete darauf, daß er sich verbeugte. »Er ist ja schon klein, doch nun ist er ganz verschwunden!« Nun, schließlich fand man ihn. Damals nannte man Weill und Krenek die ›weißen Hoffnungen Deutschlands‹, zumindest auf musikalischem Gebiet.[17]

Brecht begegneten wir erstmals 1927 in einem Restaurant. Kurt machte eine Andeutung, daß er gern einige seiner Gedichte vertonen würde. Brecht meinte: »Wunderbar! Gute Idee.« Als er später zum ersten Mal zu uns kam, schaute ihn unsere Wirtin, wie er da vor der Tür stand, kurz an und sagte: »Nein. nein. Wir können heute nichts geben.« Sie hielt ihn tatsächlich für einen Bettler und schloß die Tür. Kurt vernahm seine Stimme und rief: »Moment mal, lassen Sie ihn doch herein!«[70]

Die private Zusammenarbeit zwischen Brecht und Weill fand immer in sehr guter Atmosphäre statt. Nur in der Öffentlichkeit wurde Brecht zu Brecht – ein echter Angeber. Kurt war genau das Gegenteil – ruhig.[72]

Als Brecht Kurts Mitarbeiter wurde, arbeiteten sie in Brechts Studio, einem Dachstudio mit großem Oberlicht, dicht bei der Kreuzung Am Knie. Wie gehabt eine Gitarre nach Wedekind'scher Art, keine Vorhänge, keine Teppiche oder Läufer, Schreibmaschine auf dem großen Tisch, viel umherfliegendes Papier, Rauchschwaden aus Brechts Stumpen, ein riesiges Sofa an der Wand und ein großer Eisenofen mit Rohr, denn dies war eine zugige Ecke. Wenn man die Treppe hochkam, gab es links ein winziges Schlafzimmer für seine sogenannte Sekretärin, auf der anderen Seite des Studios ein zweites winziges Schlafzimmer für Brecht, mit schmalem Bett unter schrä-

Weill, Lenya und Brecht bei den Proben für
Die Dreigroschenoper *(1928). Foto: Saeger*

gen Wänden. Oft kam ich mit Kurt dorthin, während *Mahagonny* und die *Dreigroschenoper* entstanden, und stets war Elisabeth Hauptmann da, seine Sekretärin, damals buchstäblich sein treu ergebener Schatten. Sie war damals noch so adrett wie eine Lehrerin, trotz ihrer sichtlichen Bemühungen, eine brechttypische Frau darzustellen, rosenwangig, mit leicht hervortretenden braunen Augen, rundlich mit einem Hintern à la Rubens, und mit der unterwürfigsten Imitation der manirierten Gestik und Sprache Brechts.

Brecht arbeitete am liebsten umgeben von seinen Schülern, um Ideen und Reaktionen zu erhalten, hier ein Wort, dort ein Gedanke, die Ohren ständig auf Empfang, ungezwungen, erbarmungslos; alle saßen, während Brecht herumschlenderte, anhielt und dies und das fragte. Auf einer großen Staffelei, die ebenfalls zur Standardausrüstung eines Brecht-Zimmers gehörte, stand die unvermeidliche Kohlezeichnung von Caspar Neher, Brechts wichtigstem Bühnenbildner, mit Ideen für Ausstattung, Kostüme oder Figuren. Brecht hatte oftmals extrem primitive Ideen für einen Song, ein paar Takte, die er zuvor auf seiner Gitarre ausprobiert hatte. Kurt nahm sie stets mit einem Lächeln entgegen und versprach, sie nach Möglichkeit einzuarbeiten. Natürlich wurden sie sofort vergessen. Oft warteten komplette Liedtexte darauf, daß Kurt sie mit nach Hause nahm. Wenn sehr ernsthafte Arbeiten anstanden, gingen Brechts Schüler (ausgenommen die Hauptmann, und auch ich blieb oft), und beide arbeiteten zügig und mit dem denkbar größten Respekt für die Meinung des anderen.[45]

Nie vergessen werde ich, daß eine große Weltkarte in Brechts Studio an der Wand hing. Brecht und Weill spielten das Namensspiel, indem sie blind auf die Karte tippten. So gelangte man zu Surabaya, Alabama und Bilbao. Sehr wichtig war natürlich auch der Klang der Namen.[68]

Für Brecht wurde ein Termin gemacht, damit er hören konnte, wie ich den ›Alabama-Song‹ singe. Kurt war wie üblich nervös wegen mir, nie wegen sich selbst. Wir hatten ein recht geräumiges Wohnzimmer mit einem schwedischen Kachelofen, pechschwarzen Holzmöbeln, einem Flügel, großem Schreibtisch, Sofa und einem unechten Perserteppich. Große, schreckliche Jagdgemälde mit wilden Hunden auf der Hatz zierten die Wände. Wir nannten es Grieneisen, nach dem berühmten Beerdigungsinstitut in Berlin. Hier also komponierte Weill. Brecht kam herein, sehr herzlich, sehr sanft gestimmt und sehr geduldig, so wie immer Frauen und Schauspielern gegenüber. Weill spielte etwas aus dem *Mahagonny Songspiel* und fragte: »Möchten Sie jetzt hören, wie Lenya den ›Alabama-Song‹ singt?« »Natürlich, aber ja. Kann sie denn singen?« Kurt antwortete: »Entscheiden Sie, ob sie singen kann oder nicht.« Ich begann im Takt zu gehen und stimmte an: »Oh show me the way to the next whisky bar«, und schaute ins Publikum, sprach es aber nicht an. Angekommen bei: »Oh moon of Alabama«, stand ich still mit hinter dem Rücken verschränkten Händen. Nun unterbrach Brecht: »Jetzt laßt uns richtig daran arbeiten.« Er zeigte mir, wie man alle Zuschauer einbezieht, sie bittet, mir bei der Suche nach der nächsten Whisky-Bar zu helfen, da sie in ihren Herzen wußten, warum sie nicht nach dem Grund fragen mußten.

Er wies mich an, beim Refrain das Publikum zu vergessen, dem Mond mein Herz auszuschütten (»We've lost our good old mama ...«) und die rechte Hand dem Mond entgegenzustrecken. Ich machte eine Geste, die ich für eine Ballettszene in *Aida* gelernt hatte. Er nahm meine Hand und sagte: »Hör' mal, Lenya, nicht so ägyptisch. Nur die Hand so drehen.« Ich begriff sofort, und natürlich mochte er es sehr. Am Nachmittag legte Brecht meine Gestik fest. Kurt lehrte mich den Gesangsstil, und Brecht die Bewegungen. Und ich sang die Rolle in Baden-Baden, ohne auch nur eine Note lesen zu können.[45, 59]

Brecht und Caspar Neher kamen beide aus Augsburg und sind vielleicht auch gemeinsam zur Schule gegangen. Zu Brechts Witzen

Brecht mit seiner Mitarbeiterin Elisabeth Hauptmann in seinem Berliner Studio (1927). »Brecht erledigte eine Frau nach der anderen, absolut.«
Foto: Bertolt-Brecht-Archiv, Akademie der Künste Berlin

*Rechts: Lenya in Weills
Studio in der Pension
Hassforth (1955). Seit
Weill hier Ende der
1920er Jahre lebte und
arbeitete, blieb es un-
verändert.*

*Unten: Titelblatt der Noten
zum ›Alabama-Song‹ aus
Mahagonny, ein Hit für
Weill und Lenya.
Abdruck mit freundlicher
Genehmigung der Euro-
pean-American Music Corp.*

KURT
WEILL

ALABAMA-SONG
AUS „MAHAGONNY"

GESANG UND KLAVIER

UNIVERSAL-
EDITION

№ 8900

machte Neher oft ein leidendes Gesicht, wandt sich wie verrückt
und sagte: »Das habe ich schon vor 15 Jahren gehört.« Neher war
blond, stets mit einer Haarsträhne in der Stirn, groß, leicht gebeugt,
mit langsamen Bewegungen, mit immerfort blinzelnden, prüfenden
Augen, nie die Fassung verlierend und alle Kämpfe um Brecht aus-
kostend, ohne je einzugreifen. Er liebte all die Spannungen zwischen Brechts Frauen und hätte sie am liebsten zum Weitermachen
angestachelt. Ein enormes Talent, bei weitem der originellste deutsche Bühnenbildner, häufig imitiert, und jegliches Mittelmaß verab-
scheuend. Sackleinen war seine Passion, er benutzte es in fast allen

Brecht: durchschnittliche Körpergröße, hager, mit der Zerbrechlichkeit eines zähen Herings. Schlanke, weiße, feminine und stets schmutzige Hände mit kurzen, dunklen Fingernägeln. Sehr präzise, rasche und elegante Bewegungen. Leicht hängende Schultern, sehniger Nacken, Tic beim Sprechen, der in seinem Kiefer begann, indem er die Oberlippe einzog, das Kinn vorschob, die sehnigen Nackenmuskeln anspannte und abwechselnd mit den Schultern zuckte. Hellbraunes Haar, geschnitten im russischen Proletarierstil. Sehr eng zusammenstehende, tiefliegende dunkelbraune Augen, nie still, permanent blinzelnd und stets auf Reaktionen achtend. Buschige Augenbrauen mit zwei tiefen Stirnfalten dazwischen. Schmale, leicht gebogene Nase, dünne Lippen mit braunem Speichel (von den unentwegt gerauchten Zigarren) in den Mundwinkeln. Miserable Zähne, viele auf schwarze Stummel reduziert. Stoppelbart. Lederschirmmütze im Winter, Leinenmütze im Sommer. Lederjacke, Rollkragenpullover oder Arbeiterhemd mit Lederkrawatte, nie ganz sauber.

Der bayerische Akzent verlieh seiner bedächtigen Sprechweise einen weichen Rhythmus, die beim Erfassen eines Gedankens jedoch scharf, grell und theatralisch wurde. Nun schritt er variantenreich gestikulierend umher und münzte alles Gesagte auf das Theater um.

Gute Manieren, berechnende Höflichkeit, schüchterner Salonlöwe, der jedoch in Fahrt geraten konnte, wenn es um die Verbreitung seiner Theatertheorien ging. Meist mußte man ihn aufsuchen, und er verkehrte am liebsten innerhalb seiner Anhängerschaft.

Liebte Gin mit Rum, amerikanische Filme, spielte bisweilen Balladen auf der Gitarre (stümperhaft) und sang für einen Amateur ganz passabel.

Hinter seinem Charme und all dem Posieren stand eine zermürbende Sorge um seinen eigenen Mythos und die stete Bewertung seiner Mitmenschen danach, was sie ihm geben konnten (und auch durchweg gaben).

Stummes Lachen konnte ihn erfassen, mit einer liebenswert bäuerlichen Art, sich auf die in verschlissenen Hosen steckenden dünnen Schenkel zu klopfen und sich wie ein schläfriges Kind mit dem Handrücken die Augen zu reiben mit dem wiederholten Kommentar: »Ja, das Leben ...«

Er fuhr ein Steyr-Cabriolet ebenso passioniert wie sprunghaft. Kein geborener Autofahrer, doch selbst als Fahrer konnte er nichts falsch machen.[45]

Foto: Porträt Bertolt Brechts von Konrad Ressler aus dem Jahr 1927, aufgenommen etwa zu der Zeit, als Lenya ihm erstmals begegnete.

Caspar Neher (1955)

Ensemble-Mitglieder entspannen sich zwischen den Proben für Mahagonny *auf dem Deutschen Kammermusikfest in Baden-Baden (1927). Weill, Brecht und Lenya jeweils ganz links in der oberen, mittleren und unteren Reihe.*

Bauten und besprühte es, damit es wie ein erlesener Stoff aussah. Er wußte, daß jeder deutsche Regisseur mit drapiertem Samt arbeitete, den er jedoch – wie alle kostbaren Materialien – haßte. War fasziniert von amerikanischen Filmen, vernarrt in Gloria Swanson und Pauline Frederick, verwendete für seine Kostüme, die jedoch ureigene Schöpfungen wurden, zahlreiche Hollywood-Kniffe. Bewegte sich mit der Anmut eines großen Tiers, trat nie mit seinen Ideen an andere heran, bedrängte einen niemals. Das meiste, das er zu sagen hatte, äußerte er vielmehr en passant, beiläufig. Als er bei den Proben zu *Mahagonny* einmal bemerkte, wie mich eine schreckliche Anspannung befiel, ging er langsam an mir vorbei, wandte den Kopf leicht ab und sagte: »Warum stellst du dich nicht auf den Leckt-mich-am-Arsch-Standpunkt?« Mit einem reizenden, für ihn typischen Kichern. Kurt lernte Neher als Brechts Bühnenbildner kennen; sie mochten einander sofort, und es entstand eine ganz enge Freundschaft, wie sie es zwischen Brecht und Kurt niemals gab. Erstmals zusammengearbeitet hatten sie beim *Mahagonny Songspiel* für das Musikfest in Baden-Baden im Jahr 1927. Kurt begegnete nie wieder einem Bühnenbildner, dessen Arbeit derart perfekt zu seiner Musik paßte. Am Samstag nachmittag konnte Kurt und Neher nichts davon abhalten, zu einer großen Tanzhalle in der Tauentzienstraße zu eilen, wo sie die Mädchen und ihre Kunden beobachteten. Brecht kam nie vorbei.[45]

Immer wollte ich Noten lesen lernen, doch Kurt sagte stets: »Das brauchst du nicht.« In Baden-Baden hatten alle Sänger bei der ersten Probe Notenblätter in der Hand, nur ich nicht. Alle machten sie einen Fehler, außer mir. Das stimmt wirklich. Keine Partitur. Hätte mir auch nichts genutzt. Klar, Weill strahlte.[72] Die andere Sängerin, Irene Eden, war eine Koloratursopranistin von der Berliner Oper, und ich war eine etwas andere Koloratursängerin![17]

Für ein Festival wie dieses war *Mahagonny* etwas ganz Neues, wirklich Avantgardistisches. Zu einem intellektuellen Festival wieder mit Melodien zu kommen, wo doch damals ein jeder atonale Musik schrieb, und hier war jemand, der singbare Melodien schrieb. Wie Verdi oder Puccini. Das war die große Sensation.[75]

Urplötzlich erschienen die Bühnenarbeiter und bauten mitten auf der Bühne einen Boxring auf. Dann erschienen vier Männer mit Bowler und Guys-and-Dolls-Anzügen im Ring. Die Mädchen – Brecht bezeichnete sie als Haie – trugen einen kleinen Anzug mit Strohhut wie Maurice Chevalier. Verglichen mit heutigen Filmen sahen wir nicht sehr sexy aus, doch jeder wußte, daß wir die Ware darstellen sollten.[68]

Alle waren schockiert, außer Otto Klemperer, der es als einziger verstand. Den Leuten gefiel es, wenn ich »Is here no telephone?« sang. Ich denke, es war einfach lustig. Auch Brecht hatte viel

Sinn für Humor. Er sagte: »Weißt du, sie werden uns auspfeifen. Ich weiß es einfach.« Also gab er uns kleine Trillerpfeifen und sagte: »Wenn sie beginnen, euch auszupfeifen, geht ihr einfach zum Rampenlicht und pfeift zurück.« Das taten wir auch. Wir waren ja alle noch jung. Und natürlich war es ein toller Erfolg. Nach der Vorstellung gingen wir alle in eine kleine Bar gegenüber dem Theater. Klemperer kam herein, fragte: »Is here no telephone?« und klopfte mir auf die Schulter. Ich fiel fast vom Stuhl, denn er hatte verstanden.

Ernst Josef Aufricht, ein junger Produzent, suchte 1928 nach einem Stück. Brecht sagte: »Ich habe da einen kleinen Entwurf nach John Gays *Beggar's Opera*, falls Sie ihn lesen mögen.« Aufricht war ganz begeistert. »Ganz wunderbar, ja, das würde ich gern machen.« Brecht schlug Weill für die Musik vor, doch Aufricht, der nur die atonale Musik aus *Royal Palace* und *Der Protagonist* kannte, sagte: »Oh nein, der ist bestimmt nicht der richtige Komponist dafür.« Brecht aber bestand darauf, daß Kurt die Musik komponieren solle. Hinter Kurts Rücken engagierte Aufricht einen kleinen Kapellmeister, Johann Pepuschs

Bühnenbild von Caspar Neher für Mahagonny *1927 in Baden-Baden. Ganz links Weill, Paul Hindemith 3. v.l.; Lenya und Irene Eden, die beiden Soubretten, sitzen auf den Seilen, Brecht steht ganz rechts.*
Foto: Kuhn & Hitz

Aus dem Finale von Mahagonny (1927). Jeder Sänger hält ein Plakat. Lenya, ganz rechts im Boxring, hält ein handgeschriebenes Plakat mit der Aufschrift »Für Weill«.
Foto: Kuhn & Hitz

Mahagonny

Ein Songspiel nach Texten von Bert Brecht
von Kurt Weill

Personen:

Jessie	Lotte Lenja
Bessie	Irene Eden
Charlie	Erik Wirl
Billy	Georg Ripperger
Bobby	Karl Giebel
Jimmy	Gerhard Pechner

Dirigent: Ernst Mehlich
Regie: Bert Brecht
Bühnenbilder: Caspar Neher
Kostüme entworfen von Caspar Neher, ausgeführt von Emilie Walut-Franz Droll
Musik. Einstudierung: Otto Besag
Orchesterbesetzung: 2 Violinen, 2 Klar., 2 Tromp. Saxophon, Posaune,
Klavier, Schlagzeug.

Kurt Weill, geb. 2.3.1900 in Dessau, badischer Abstammung. 1918 Hochschule in Berlin.
1919—1920 Theaterkapellmeister. 1921 Schüler Busonis. Weill lebt in Berlin.
Werke u. a. Streichquartett op.8. Quodlibet op. 9. Frauentanz Op. 10. „Recordare"
(a capella-Chorwerk) op. 11. Violinkonzet op. 12. „Der neue Orpheus" op 15.
Opern: „Der Protagonist," „Royal Palace."
In seinen neueren Werken bewegt sich Weill in der Richtung jener Künstler
aller Kunstgebiete, die die Liquidation der gesellschaftlichen Künste voraussagen. Das kleine epische Stück „Mahagonny" zieht lediglich die Konse-
quenz aus dem unaufhaltsamen Verfall der bestehenden Gesellschaftsschichten
Er wendet sich bereits an ein Publikum, das im Theater naiv seinen Spass
verlangt.

»Ich denke, Brecht war der gemeinste Mensch, dem ich je begegnet bin. Ich werde nie vergessen, wie er nach Weills großem Erfolg in Baden-Baden zu mir sagte: ›Der Weill muß sich daran gewöhnen, daß sein Name nicht auf dem Zettel steht‹. So war Brecht.«

Rechts: Am Strand in Südfrankreich (1928), wo Brecht und Weill an der Dreigroschenoper arbeiteten.

Originalmusik für den Fall der Fälle zu bearbeiten. Als er dann jedoch Weills erste Songs hörte, verstummte er. Der Rest ist Geschichte.

Weill und Brecht beschlossen, zum Schreiben an die französische Riviera zu fahren. Brecht fuhr voraus, er hatte eine wahre Leidenschaft für Autos. Brecht war kein großer Freund des Wassers, und ich werde nie vergessen, wie er mit hochgerollten Leinenhosen und Zigarre im Mittelmeer stand. Er wurde niemals naß, sondern stand einfach nur da. Weill und ich hingegen waren begeisterte Schwimmer.[70]

Die Kostümprobe für die *Dreigroschenoper* dauerte bis vier Uhr in der Früh. Es war fast vier, als ich heraustrat, um den ›Solomon-Song‹ zu proben, und sie riefen: »Nein, nein, der ist draußen!« Es brach mir das Herz, denn es war solch ein schöner Song für mich, doch ich mußte mich fügen.[17]

Kurt war wütend, als er entdeckte, daß mein Name nicht im Premierenprogramm aufgeführt war. Zum ersten Mal hörte ich nun seine Stimme – daß er überhaupt eine Stimme hatte, und zwar eine laute. Er war so aufgebracht und sagte: »Du machst mir nicht weiter.« Und ich: »Kurt, bitte, ich habe so lange auf eine Premiere in Berlin gewartet. Auch wenn sie mich jetzt nicht kennen, werden sie doch morgen wissen, wer ich bin.« Und richtig, denn dieser sehr berühmte Kritiker Alfred Kerr – er war ebenso berühmt wie Walter Kerr oder Brooks Atkinson in New York – schrieb: »Eines dieser Mädchen war gut, mehr als gut. Man sollte sie beobachten, denn sehr bald wird sie in der vordersten Reihe stehen.« Das wirkte. Und das steht in allen Büchern. Ich habe das nicht etwa erfunden.[59, 70]

Während der Proben meinten all die Schlaumeier, es würde nicht funktionieren. Bei der Premiere herrschte bis zum ›Kanonen-Song‹ vollkommene Stille. Dann ging's zu wie im Tollhaus.[18]

Man kann den Song ›Seeräuber-Jenny‹ nicht mit der Figur der Jenny in der *Dreigroschenoper* in Verbindung bringen. Beide haben nichts miteinander zu tun. Die Jenny singt diesen Song nur in der Blitzstein-Fassung. In der Urfassung von Brecht singt ihn statt dessen die Polly, und zwar in der Pferdestall-Szene, als Macheath fragt: »Kann nicht einer mal was singen? Was Ergötzliches?« Ja, ich weiß, es wurde mein Song, doch nur, weil ich ihn 1930 auf Schallplatte aufgenommen habe. Ursprünglich aber singt ihn die Polly zur Unterhaltung in einer Stallszene. Sie sagt: »Meine Herren, wenn keiner etwas vortragen will, dann will ich selber eine Kleinig-

keit zum besten geben, und zwar werde ich ein Mädchen nachma-
chen, das ich einmal in einer dieser kleinen Vier-Penny-Kneipen in
SoHo gesehen habe.« ›Seeräuber-Jenny‹ hat überhaupt nichts mit
Jennys Rache zu tun. Wir sollten Jenny besser in Ruhe lassen – sie
hat es in all den Jahren gut gemacht. Man sollte sie nicht rupfen wie
ein Huhn, bis nichts mehr übrigbleibt.[8]

Niemand glaubte, die *Dreigroschenoper* würde so erfolgreich
sein, wie sie es später wurde, denn die Premiere erfuhr kein einhel-
liges Echo. Es war kein durchschlagender Erfolg, sondern ein sehr
kontroverser Abend. Die Darstellerin der Frau Peachum erschien
am nächsten Tag nicht zur Schallplattenaufnahme. Ich sang ihren
Part eine Oktave tiefer, um ihn von meinem Part abzuheben. Auf
den Schallplatten sind nur drei Leute aus dem Originalensemble:
Kurt Gerron, Erich Ponto und ich selbst. Sonst nur Springer. Wenn
die Leute also von den Originalaufnahmen der *Dreigroschenoper*
sprechen, stimmt das gar nicht, denn die Originalbesetzung bestand
aus Harald Paulsen, Rosa Valetti, Kurt Gerron, Kate Kühl und mir
selbst.[79]

Reine Ironie ist langweilig, doch wenn sie subtil ist, hat man
wirklich etwas ungewöhnlich Interessantes. Die *Dreigroschenoper* lebt
vom Subtilen unterhalb des Offensichtlichen.[34]

Die *Dreigroschenoper* wird sich lange halten, weil sie von
Korruption und Armut handelt. Korruption hat, wie wir wissen,
immer eine Zukunft, und Gott weiß welche Vergangenheit![17]

Soweit es das Bühnenbild betrifft, war es Caspar Neher, der
den Brecht-Stil wirklich erfand. Die Plakate mit Brechts Hand-
schrift, die spärliche Dekoration, Kostüme und Aufmachung, der
kleine Vorhang mitten über der Bühne und unzählige andere Dinge
stammen alle von Neher.

Nicht daß Brecht selbst kein Genie war, doch Neher war ein
wichtiger Teil der Zusammenarbeit. Ich hatte verdammtes Glück, in
diese Bande hineinzukommen, zu überleben und meinen kleinen
Beitrag zu leisten.[79]

*Das »Dreigroschen-Fieber«, das Berlin erfaßt hatte, bescherte Lenya Bühnen-
auftritte an der Seite von Hilde Körber und Peter Lorre in Arbeiten von Dramatikern wie Frank Wedekind, Georg Büchner, Marieluise Fleißer, Paul
Kornfeld und Walentin Katajew am Berliner Staatstheater, am Theater am
Schiffbauerdamm, an der Volksbühne und am Theater am Kurfürstendamm.
G.W. Pabsts Verfilmung der* Dreigroschenoper *verbreitete Lenyas Image als
reservierte, rätselhafte Jenny in ganz Deutschland, so auch ihre Aufnahmen von
Weill-Songs. Die Aufnahmen bewahrten ihre zitternde, kindliche Stimme und
wurden im neuen Medium Radio oft gespielt. Weill kaufte sich einen flotten
neuen Fiat, und beide bezogen eine neue Wohnung in der Bayernallee (Westend).
Unklar bleibt, wie lange Lenya dort lebte, bevor beide sich trennten.*

Bordellszene aus der Dreigroschenoper. *Lenya (Jenny) steht in der
Mitte. Die Schauspielerin Elisabeth Bergner erinnert sich, wie sie
nach einer der Vorstellungen Lenya erstmals seit der gemeinsamen
Arbeit in Zürich wiedersieht: »Und ich muß immer die Lenya
anschauen, sie war so phantastisch gewesen als Seeräuber-Jenny.
Und sie muß es gemerkt haben, daß ich sie immer anschaue, und
schließlich sagt sie zu mir: ›Ja, ja, ich bin's, Sie irren sich nicht, ich
bin die Blamauer!‹ Und sie war's! Ich war sprachlos.«*

*Oben: Lenya (Lucy) und Hilde Körber (Polly) in der Urauffüh-
rung der* Dreigroschenoper. *Foto: Willy Saeger, Bildarchiv Preußischer Kulturbesitz*

Unten: Label der Telefunken-Aufnahme der Dreigroschenoper
*(1930). Vertreten waren nur drei Mitglieder des Originalensem-
bles: Erich Ponto, Kurt Gerron und Lenya. Theo Mackeben diri-
gierte die Lewis Ruth Band.*

Die Künstlerin Lotte Reininger fing die Atmosphäre der Schlußszene der **Dreigroschenoper** *in diesem Scherenschnitt ein.*

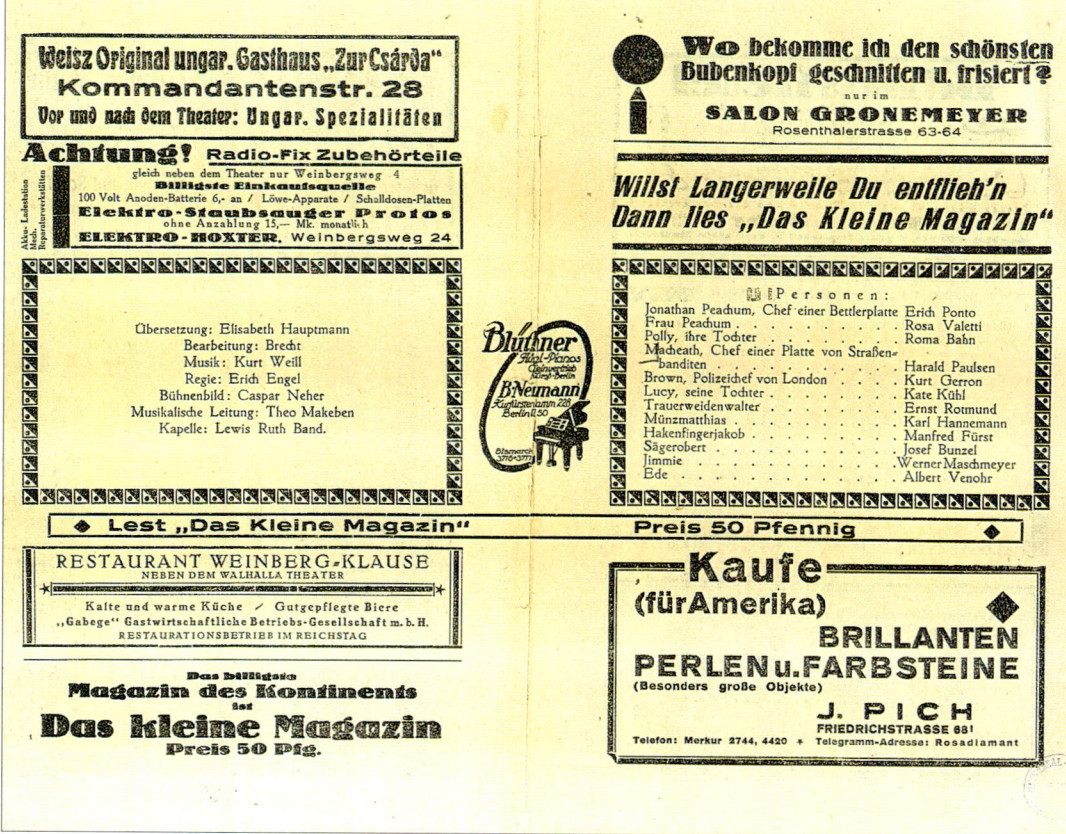

Programm der **Dreigroschenoper** *am Theater am Schiffbauerdamm in Berlin. Die Inszenierung lief mehrere Jahre an verschiedenen Berliner Theatern. Lenya ist im Premierenprogramm nicht aufgeführt. Foto: Universal Edition, Wien*

Nach *Dreigroschen* hatten wir etwas mehr Geld, und das machte schon etwas aus. Wir konnten öfter in die Oper gehen und auf besseren Plätzen sitzen, doch unser Leben veränderte sich kaum.[17]

Merkwürdigerweise sagte man mir in Berlin nach, ich sei ein faszinierendes Bündel Sinnlichkeit, ja, beim ›Barbara-Song‹. Privat aber bin ich überhaupt nicht sexy. Sicher, ich war der Vamp in all den Filmen, aber doch nur als Schauspielerin. Sex bedeutete mir nicht viel. Ich könnte auch ohne ihn leben. Damals konnte ich aber nicht ohne das Theater leben – es war mein Leben.

Mit Peter Lorre trat ich in *Dantons Tod* auf. Ich spielte die Lucile, die unter der Guillotine sitzt und verrückt wird. Und ich spielte in *Frühlings Erwachen* von Wedekind. Auch dort mit Lorre, nach dem *Dreigroschen*-Erfolg. In Berlin also blieben wir nicht jahrelang an derselben Sache kleben, sondern wechselten das Theater.

Lenya, porträtiert von der berühmten deutschen Fotografin
Lotte Jacobi (Berlin, um 1930).

Caspar Nehers Entwurf für die
Schlußszene der Dreigroschenoper.

Vorhergehende Seite: Caspar Nehers Plakat für die Uraufführ-
rung der Dreigroschenoper. Foto: Bertolt-Brecht-Archiv, Akademie der Künste, Berlin

Ich spielte eine Zeitlang Repertoiretheater und ging dann zurück
zur *Dreigroschen*. Diesmal jedoch nicht wieder als Jenny, sondern als
Lucy. So wechselte das. Auch Brecht wechselte immer wieder.[70]

Wahrhaft bestürzend ist, was Hollywood Peter Lorre antat. Er
war so ein guter Schauspieler. In New York fragte ich ihn einmal:
»Peter, wird man dir jemals etwas anderes geben als ›Mr. Moto Goes
to China‹?« oder was er sonst gerade drehte. Darauf er: »Nein. Mit
näselnder Stimme sprechen und Grimassen ziehen, mehr ist nicht.«[52]

Meine Mutter kam, um mich in einer herrlichen Inszenierung
von *Pioniere in Ingolstadt* von Marieluise Fleißer zu sehen. Sie hatte
einen Ehrenplatz, die Kaiserloge. Hinter der Bühne meinte sie nachher: »Ach, hast du denn noch nicht genug, den Leuten einen Wursch-
terl vorzumachen?« Dennoch kam sie dreimal. Angeblich lehnte sie
das Theater ja ab. Trotzdem war sie stolz auf mich. Und bestimmt

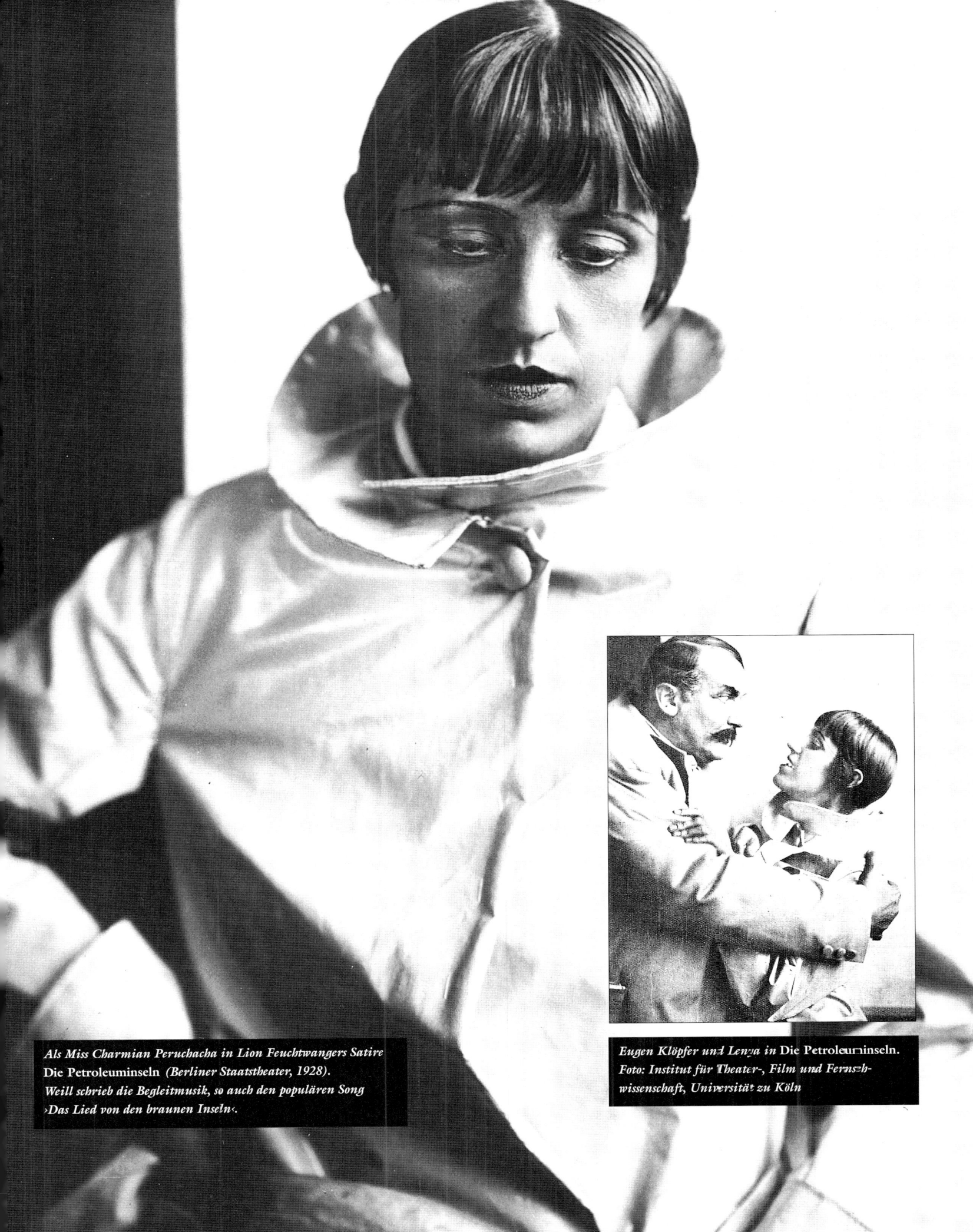

Als Miss Charmian Peruchacha in Lion Feuchtwangers Satire
Die Petroleuminseln *(Berliner Staatstheater, 1928).*
Weill schrieb die Begleitmusik, so auch den populären Song
›Das Lied von den braunen Inseln‹.

Eugen Klöpfer und Lenya in Die Petroleuminseln.
Foto: Institut für Theater-, Film und Fernseh-
wissenschaft, Universität zu Köln

hat sie das Stück verstanden, das von einem Dienstmädchen handelt.[72]

In *Frühlings Erwachen* spielte ich die Ilsa. Nachher erfuhr ich, daß Max Reinhardt all seine Schüler in die Aufführung bestellt hatte, damit sie sähen, wie der Part gespielt werden sollte.[17]

Ich konnte nicht zur Premiere von *Happy End* kommen, da ich in einem anderen Theater auftrat. Kurt sagte, nach dem zweiten Akt hätten Leute aus dem Publikum gemeint, dies werde ein größerer Erfolg als die *Dreigroschenoper*. Dann kam der dritte Akt. Helene Weigel, Brechts Geliebte und zukünftige Frau, zog mittendrin plötzlich ein Pamphlet hervor, das niemand zuvor gesehen hatte, und verlas es. Es war ein Angriff auf das Publikum, eine rein politische Schrift. Die Zuschauer waren unglaublich schockiert, denn sie waren ja nicht gekommen, um auf diese Art attackiert zu werden. Es war ein Desaster und zugleich das Ende von *Happy End*.[79]

Als Brecht und Kurt *Happy End* schrieben, mündete ihre Arbeitsbeziehung vorübergehend in eine Sackgasse, und beide mußten sich erst voneinander erholen. Brecht war immer stärker politisch involviert, so daß seine politischen Ansichten auf all seine Gedanken abfärbten; er wurde zunehmend eigensinniger und diktatorischer. All das hatte einen ungünstigen Einfluß auf *Happy End*. Schlecht war auch die Auseinandersetzung zwischen Carola Neher (als Lilian Holiday) und der Weigel. Die Neher besaß eine dünne, schrille Stimme, aber sie war sehr musikalisch, und ihre Songs ›Surabaya-

V.o.n.u.:
Zeitschriftenfoto mit Eleanora von Mendels-sohn (Antigone), Fritz Kortner (Ödipus) und Lenya (Ismene) in Leopold Jessners Inszenierung von Ödipus auf Kolonos *(Staatstheater, Berlin 1929). Foto: Zander & Lebleck/ Institut für Theater-, Film und Fernsehwissenschaft, Universität zu Köln*

V.l.n.r.: Franz Weilhammer, Lenya (Alma), Heinrich Mathies und Ludwig Stössel in Marieluise Fleißers Pioniere in Ingolstadt *(Theater am Schiffbauerdamm, Berlin 1929)*

Lenya als Lucile in Georg Büchners Dantons Tod *(Volksbühne, Berlin 1930)*

PR-Collage mit Lenya und Peter Lorre für die Inszenierung von Wedekinds Frühlings Erwachen *(Volksbühne, Berlin 1929)*

Johnny‹ und ›Und das Meer ist blau‹ erhielten kräftigen Applaus. Brecht jedoch hatte auch auf einem Song im zweiten Akt für die Weigel insistiert; dabei hatte sie so gut wie kein musikalisches Gehör. Kurt schrieb ihr eine Art Plapperlied, und sie bekam nicht mehr als höflichen Applaus. (Ich erlebte das in einer Aufführung für Schauspieler, denn ich wirkte selbst nicht mit.)

Carola Neher (Brechts damalige Geliebte) und Helene Weigel (seine ständige Geliebte und die Mutter seines Sohnes Stefan) spielten beide mit. Mit Elisabeth Hauptmann waren also drei Brecht-Frauen bei den Proben anwesend. Die Atmosphäre brodelte vor Eifersucht, doch Brecht beherrschte sie überlegen. Er war darauf bedacht, daß seine beiden Geliebten ebenbürtige Rollen bekamen. Beide waren natürlich vom Typ her vollkommen verschieden. Carola Neher war lebhaft, mit dunklen Kirschaugen, Knoten im kastanienbraunen Haar, gewellter Krummnase, der perfekte Soubretten-Typ und extrem talentiert. Sie hatte stets einen Bankier in der Hinterhand, der sie mit großem Luxus umgab, mit einer Wohnung und Perserteppichen, Bambuswänden, Ottomanen mit Satinkissen, alles topmodern, am Bayernplatz, einen Steinwurf von Kurts und meiner Wohnung entfernt. Sie besaß ein Packard-Cabrio, damals der Schick schlechthin, den sie in ihrer typischen zappeligen Art fuhr. Sie stammte aus der Münchener Mittelklasse, hatte Klavier studiert und dann den schüchternen, verschwiegenen und schwindsüchtigen Dichter Klabund geheiratet. Typische Schauspielerin, sehr eifersüchtig. Beschuldigte mich, ihren Stil zu kopieren. Viele Jahre später verschwand sie nach Rußland.

Helene Weigel war die Tochter eines galizischen Hausierers, klein und schlank, kräftiges Pferdegesicht, große gebleckte Zähne, zwei tiefe Grübchen, die erschienen, wenn sie lächelte. Wegen ihrer strengen Erscheinung stets älter wirkend, glatt zurückgekämmte Haare, nie geschminkt oder mit lackierten Nägeln. Äußerst gutherzig, die geborene Mutter, ohne daß sie danach aussah, bereit, sich für andere ein Bein auszureißen, Freunden treu ergeben, geradlinig und direkt. Ich habe sie nie für eine geborene Schauspielerin gehalten, doch mit ihrer großen Ausdauer und Entschlossenheit und mit Brechts tatkräftiger Hilfe wurde sie auf ihre eigene Art zu einer kompetenten Schauspielerin, intelligent, kontrolliert, mit unerschöpflicher Energie. Da waren nun also die drei Frauen: die Hauptmann als Schatten, die Neher, sexy und talentiert und fraglos eine Faszination für Brecht, und die Weigel, sehr in Brecht verliebt, ihn besser kennend als irgendwer sonst, und ihre Zeit abwartend. Als die Neher mit einem ihrer Bankiers nach London flog, heiratete Brecht dann auch die Weigel, und sie war in Sicherheit. Im Grunde seines

Carola Neher (nicht mit Caspar Neher verwandt) als Lilian Holiday in der Uraufführung von Happy End am Theater am Schiffbauerdamm (Berlin 1929). In diesem Stück schrieb Weill keinen Part für Lenya. Foto: Schmidt, Berlin

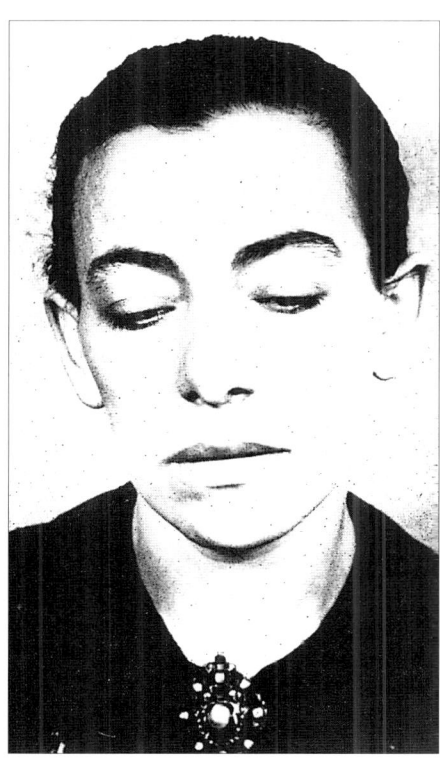

Brechts zweite Frau Helene Weigel (um 1933). Foto: Bertolt-Brecht-Archiv, Akademie der Künste, Berlin

Sonntag, den 9. März 1930 – Außer Anrecht – Uraufführung

Aufstieg und Fall der Stadt Mahagonny

Oper in drei Akten – Musik von Kurt Weill – Text von Bert Brecht
Bühnenbilder und Projektionen: Caspar Neher
Musikalische Leitung: Gustav Brecher – Spielleitung: Walther Brügmann

Lenya besuchte die Premiere von Aufstieg und Fall der Stadt Mahagonny *am 9. März 1930 am Neuen Theater in Leipzig. Auch diesmal hatte sie keinen Part, da das Stück für Opernsänger geschrieben ist.*

Unten: Darsteller aus Ferdinand Reyhers Harte Bandagen *(Staatstheater, Berlin 1930). Foto: Institut für Theater-, Film- und Fernsehwissenschaft, Universität zu Köln*

Gegenüber: Lenya und Hermann Speelmans mit geschwärzten Gesichtern in Michael Golds Revue Das Lied von Hoboken *(Volksbühne, Berlin 1930).*

Herzens ist Brecht ein Familienmensch, mit *zwei* Weihnachtsbäumen. Seine engsten Freunde und auch seine Kinder (nicht jedoch Kurt) nannten ihn Bidi.[45]

Brecht erledigte eine Frau nach der anderen, absolut. Ich glaube ernsthaft, daß er Ruth Berlau erledigt hat. Mit Sicherheit die Hauptmann, letztlich auch die Weigel, Isot Kilian und ein paar, die noch übrig sind. Viele der Affären waren kurzlebig, doch die mit der Hauptmann dauerte mehr als 20 Jahre, wirklich!

Mit Brecht zusammenzuarbeiten, bereitete allen einen Riesenspaß. Jeder wurde mit in seine Ideen einbezogen. So etwa fragte er mich: »Lenya, was sagt eins *dieser* Mädchen, wenn sie einem Kunden begegnet?« Ich antwortete: »Soll ich einen Schlüpfer darunter tragen?« Er übernahm das sofort. Verschiedene Leute steuerten einzelne Dialogteile bei. Immer saßen bei ihm viele Leute herum – Schüler, Geliebte oder sonst wer.

Premiere von *Aufstieg und Fall der Stadt Mahagonny* war in Leipzig. Der Vorhang öffnete sich, und alles lief prima. Mittendrin entstand jedoch ein gewaltiger Tumult, denn im Publikum saßen bereits viele Nazis. Während des Tumults begann mein Nebenmann gleichzeitig zu applaudieren und zu pfeifen! Pfeifen aber bedeutete Mißbilligung, so wie Buhrufe. Alle waren dermaßen verwirrt und wußten nicht, was in sie gefahren war. Und so entstand eine große Schlägerei. Am Tag darauf mußte man während der Vorstellung alle Lichter anlassen. An sämtlichen Ausgängen standen Polizeiwachen. Und draußen marschierten die Nazis und hatten sich vor der Oper postiert.[16, 79]

Man kann Brechts Theorie nicht auf die Oper anwenden. Es war nämlich Anti-Oper. Ich mag Opern, ebensosehr wie ich Brecht mag, und ich hoffe und weiß, daß die Oper trotz seiner Theorie überleben wird.

Kurt Weill stand Hindemith in Deutschland sehr nahe. Wir waren alle im gleichen Alter und sahen ihn recht häufig. Es war eine echte Freundschaft, die dann – nach der Emigration und ohne daß jemand schuld daran gewesen wäre – einfach auseinanderbrach. Verständlicherweise. Jeder mußte ja seinen Lebensunterhalt bestreiten. Man konnte nicht wählerisch sein.[8]

Wir machten ein Stück eines amerikanischen Autors, *Das Lied von Hoboken*, seinen Namen habe ich vergessen. Es war sehr lustig, denn es handelte von Negern, und ich spielte eine Mulattin. Als wir 1935 in dieses Land kamen, fuhren Kurt Weill und ich nach Hoboken, weil wir die Neger sehen wollten. Doch es hieß: »Da sind Sie in der falschen Stadt. Sie meinen wohl Harlem.« Da erfuhren wir also, wie verkehrt dieses Stück war. Damals wußte noch niemand, daß der Name falsch übersetzt worden war.[17]

Oben: Hilde Körber und Lenya (Frau Götz) in Paul Korn-
felds Jud Süß *(Theater am Schiffbauerdamm, Berlin 1930).*
Foto: Elli Marcus

Unten: Peter Lorre mit Lenya (Tanja) in Walentin Kata-
jews Die Quadratur des Kreises *(Theater am Schiffbauer-*
damm, Berlin 1930). Foto: Institut für Theater-, Film- und
Fernsehwissenschaft, Universität zu Köln

Marlene Dietrich traf ich zum ersten Mal, als sie kam, um für die Pabst-Verfilmung der *Dreigroschenoper* als Jenny vorzusprechen. Ihre Beine waren einfach viel zu schön, und groß war sie. Brechts weibliche Charaktere sind alle sehr klein und fragil. Deshalb engagierte man sie nicht.[71]

Der *Dreigroschen*-Film war ein großes Durcheinander, denn es gab einen Prozeß. Brechts Text wurde verändert und viel von Weills Musik weggelassen. Weill gewann seinen Prozeß, doch Brecht verlor, denn der Verstoß gegen seinen Text war nicht so drastisch wie der gegen die Musik. Der Pabst-Film war großartig, einfach enorm. Für mich aber entstand eine sehr heikle Situation, denn sie verklagten die Produzenten, und ich spielte die Jenny. Nein, es war wirklich nicht sehr angenehm.[8, 70]

Mit meinem zweiten Mann, George Davis, sah ich den Film 25 Jahre später noch einmal, als ich erstmals wieder in Berlin war. Ein merkwürdiges Gefühl, sich selbst zu sehen, nur um 25 Jahre jünger. Sehr schlank, mit ganz sanfter Stimme. Und das Publikum war so aufmerksam wie zuvor. George ergriff meine Hand und war tief bewegt. Ich nicht, denn ich war zu kritisch.[21]

Eines Tages rief der Theater- und Filmregisseur Erwin Piscator an, vor lauter Erregung mit noch höherer Stimme als gewöhnlich. Ob ich in einem Film mitwirken wolle, den er in Rußland drehen soll. Vorlage sei ein Roman von Anna Seghers, *Der Aufstand der Fischer von St. Barbara.* Es werde eine russische und eine deutsche Fassung geben, und ich solle die Matrosenhure Maria in der deutschen Fassung spielen. Die deutschen Schauspieler und Filmleute würden nach Moskau gehen. Dort würde sich Piscator das Drehbuch genehmigen lassen und russische Schauspieler und Filmleute engagieren. Der Film würde dann in Odessa gedreht. Ich sagte ihm, ich würde das mit Kurt besprechen und ihm rasch antworten. Ich hatte meine Zweifel, da ich weder besonders gern verreise, noch einen ausgeprägten politischen Glauben besitze. Nur bei der Lektüre von Dostojewski war ich leidenschaftlich slawophil. Ich nahm an, Kurt würde über das gesamte Vorhaben spotten und mit einem unmißverständlichen »Nein« reagieren.

Kurt aber überraschte mich mit einem nicht unbegründeten »Ja«. Dies war Piscators erster Film. Vielleicht machte er Geschichte, vielleicht würde es ein Flop. Doch damit mußte ich schließlich leben. Und mit solchen Rollen. Keine Starrolle, aber eine, die sich mit Hilfe von ein paar – den *richtigen* – kräftigen, eindringlichen Akzenten ausfüllen ließe. Vielleicht würde ich lange fort sein, doch ich hätte eine großartige Chance, Rußland, und vor allem die russischen Theater und Filme, aus der Nähe zu erleben.

Reklame-Collage für Pabsts Dreigroschenoper.
Foto: Casparius

Titelblatt des Illustrierten Film-Kuriers (1931) mit einer Anfangsszene aus G.W. Pabsts Film Die Dreigroschenoper. Ernst Busch (als Moritatensänger) singt ›Mackie Messer‹. Auf den Schautafeln sind Macheaths Verbrechen dargestellt.

Links: Originalprogramm für den von der deutschen Tobis und der amerikanischen Warner Bros. produzierten Pabst-Film Dreigroschenoper. Links, v.o n.u.: Rudolf Forster (Macheath), Carola Neher (Polly), Fritz Rasp (Peachum). Rechts, v.o.n.u.: Reinhold Schünzel (Tiger Brown), Valeska Gert (Frau Peachum), Lenya (Jenny)

In seiner luxuriösen, modernen Wohnung sprachen wir mit Piscator. In all dieser Grandeur à la Hollywood wirkte er leicht reumütig. Er hatte keine imposante Statur, strahlte jedoch eine große Autorität aus und redete mit überzeugender Inbrunst. Der Seghers-Roman war ideologisch korrekt, jedoch dürftig, nicht mehr als ein Aufhänger. Maria war instinktiv eine Lumpenproletarierin und wäre nicht minder wichtig als jeder andere Charakter in diesem Kollektivdrama. Piscator hatte es immer wieder verbessert, und bevor Kurt und ich gingen, waren wir uns einig, daß ich die Maria spiele.

Vor meiner Abreise bestand Kurt darauf, daß ich in Rußland ein Auto haben müsse. In Hamburg erstanden wir ein gebrauchtes Buick-Cabrio, das kurz nach mir in Rußland eintreffen sollte. Nun war ich bereit, nach Rußland zu gehen. Für unser Team aus Schauspielern, Technikern und Piscators Entourage war ein ganzer Schlafwagen reserviert worden. So begaben wir uns auf eine eintönige, schier endlose Reise. Keine Spiele, keine Karten, nur Theatergerede, Arbeit am Drehbuch, Besprechungen der Rollen. Schließlich waren wir ja *deutsche* Schauspieler!

In Moskau nahmen uns Leute von der Filmgesellschaft Mezhrabpom in Empfang und brachten uns zu den Unterkünften. Ich landete in einem kleinen, elenden Hotel gegenüber dem großen,

Unten: Lenya, im Pabst-Film ›Seeräuber-Jenny‹ singend.

Reproduktion einer Zeitschriften-Aufnahme. Foto: Ullstein

Berlin, um 1930. Foto: Ullstein

Berlin 1931. Foto: Gerty Simon

Berlin, um 1928

Berlin 1928. Foto: Gerty Simon

Wien 1931. Foto: Feldscharek

Gegenüber: Lenya 1928. Foto: Elli Marcus

Berlin, um 1930

luxuriösen Metropole. Das Zimmer wirkte passabel, doch der Stuhl brach unter dem Gewicht meiner Taschen zusammen, der Wasserhahn brach mir ab, und als ich mich aufs Bett legte, knallte die Fußplatte zu Boden. Doch mit meiner müden Stimmung ging es schlagartig bergauf: »Dostojewski, hier bin ich!« Die ersten beiden Wochen in Moskau fesselten mich. Meine einzige Tramfahrt in Moskau war ein Alptraum, doch ich ging stundenlang pausenlos durch die schmutzigen Straßen und versuchte, mich mit den grimmigen, schäbig gekleideten Menschen zu identifizieren. Zusammen mit wehklagenden Bäuerinnen wartete ich in einer Schlange, um Lenins Leichnam zu sehen. Ich sah eine bemerkenswerte Inszenierung von Georg Kaisers *Kolportage*, bei der die Szene im Schloß des senilen Aristokraten in Zeitlupe gespielt wurde. Alle sonstigen Stücke, die ich sah, waren neu, ungestüm antikapitalistisch, recht absurd, hervorragend gespielt und inszeniert und so stark besucht, daß Zuschauer in den Gängen saßen.

Wir blieben fünf Wochen in Moskau. Piscator, den wir nur selten sahen, blieb ruhig trotz des bürokratischen Schlendrians und all der Hindernisse. Einmal badeten wir in der Moskwa inmitten nackter Russen, doch das Wasser war schmutzig und voll gebrauchter Kondome. Ich dachte, es würde mich aufheitern, den Romanow-Schatz zu sehen – die goldbeschlagenen Kutschen, die prächtigen Gewänder, die fabelhaften Juwelen. »Warum verkaufen Sie das nicht alles?« fragte ich den Wärter, der Deutsch sprach. »Das könnten wir«, antwortete er kühl, »doch wir haben die Revolution nicht gemacht, um uns von Ihnen herumkommandieren zu lassen!«

Dann fuhren wir für die Dorfszenen nach Odessa. Für kurze Zeit sah das nach Arbeit aus. Piscator ließ uns die Felsen hinauf- und herabklettern, wobei uns die Kameras einfingen. Doch die Arbeit an den Bauten ging mit einer beinahe komischen Langsamkeit vonstatten – eine Türschwelle hier, ein Fenster dort. Nach einigen Tagen in brütender Hitze war alles Grün im Hotelgarten verwelkt, und wir unternahmen diese Spritztour immer seltener.

Russisch lernte ich bei einer dürren Lehrerin um die 40. Sie war zu Tode erschrocken, weil sie fürchtete, daß man sie verhören könnte, falls ich zu schnell Russisch lernte. Ich stellte mich also dumm, und sie schien erleichtert. Kurt schrieb gewissenhaft und schickte Pakete mit Ingwer, Pflaumen und Toblerone. Er und Caspar Neher steckten mitten in der Abfassung von *Die Bürgschaft*. Unser beliebtester abendlicher Zeitvertreib war russisches Billard an einem gewaltigen Tisch im Spielsalon. Wedekind hatte es mir vor Jahren in Zürich beigebracht, und alle staunten, wie gut ich spielte.

Eines Abends unterbrach mich jemand aus unserem Team beim Billard, um mir zu berichten, ein junger Towaritsch habe ihn gebeten, mich zu fragen, ob ich recht bald mit ihm spazierengehen wolle. Ich antwortete ja, vielleicht, doch nur, wenn er ein wenig Deutsch sprechen würde. Ich wußte, wer es war. Abend für Abend hatte er mich beobachtet – knöchern, vorzeitig ausgezehrt, wie ein asiatischer Heiliger aussehend. Ich sollte ihn in ungefähr zwei Wochen erwarten. Wir gingen zum Hafen, dann durch ein geisterhaftes Straßengewirr in absoluter Dunkelheit. Er muß jeden Schritt gekannt haben, denn er stolperte nie. Er sprach Deutsch mit breitem Akzent und sehr bedächtig, und hat es wohl bei einem Aufenthalt im Ausland gelernt. Er wisse, daß ich mit einem Kommunisten namens Kurt Weill verheiratet sei und fragte, ob ich beabsichtige, in Rußland zu bleiben. Ich erwiderte, daß ich bald nach Berlin zurückkehren, aber vielleicht wiederkommen würde. Er verfiel in Schweigen, während wir immer höher stiegen, allseits umgeben von einem widerwärtigen Kotgestank. Zuletzt sagte er noch: »Ich begreife nicht, wie ein intelligenter Mensch aus freien Stücken Kommunist werden kann.« Vielleicht war er aufrichtig, oder aber ein Agent. Wir Deutschen wurden permanent überwacht, das wußten wir.

Während meiner letzten Woche in Odessa traf der Buick ein. Grund für die Verzögerung war, daß die Reifen gestohlen worden waren und ersetzt werden mußten. Am nächsten Morgen brauchte ich den Wagen für die letzte Fahrt ins Studio, doch da ich ihn nirgends finden konnte, nahm ich die Tram. Auf halbem Wege überholte uns der Wagen, vollgestopft mit russischen Studioarbeitern, die wild gestikulierten, nachdem sie mich erblickt hatten. Ich schaffte es tatsächlich, das Auto für einen Tag selbst zu benutzen und fuhr mit Piscator zu einer entlegenen Landstraße, um ihm Fahrunterricht zu erteilen. Innerhalb von zwei Stunden war er soweit. Er schien ungebrochen gut gelaunt und blieb in Rußland, sicher, daß er den Film *In Ruhmes Pracht* abdrehen würde.

Zurück nach Moskau, morgens um sieben, kalter, grauer Oktoberregen. In meinem Hotel gab es für mich kein Zimmer mehr. Angesichts der Menschenmengen, die zum Tag der Roten Armee in die Hauptstadt strömten, stünden die Dinge in keinem anderen Hotel besser. Ich sollte es weiter versuchen, hieß es. Erst um ein Uhr morgens gelangte ich schließlich mit zwei schweren Taschen in ein winziges Dachzimmer mit einem Feldbett, Tisch und kleinem Waschbecken. Ich zog den Schlafanzug an und nahm einige Riegel Schokolade heraus, ließ mich auf das Feldbett fallen und schlief wie ein Toter. Als ich aufwachte, stellte ich fest, daß eine riesige Ratte die Schokolade verschlang. Der Pantoffel, den ich nach ihr warf, störte sie nicht weiter, und ich schlummerte wieder ein. Ein lautes Pochen an der Tür weckte mich aufs neue: Zimmer räumen. Keine Schokolade mehr auf dem Tisch, nicht einmal das Stanniol.

Weills und Lenyas letzter Berliner Wohnsitz Wissmann-
straße 7 (heute: Käthe-Kollwitz-Straße) im Westberliner
Vorort Kleinmachnow. Weill hatte das Haus 1931 als
Geschenk für Lenya erworben, die es jedoch wahrscheinlich
nie als Dauerwohnsitz nutzte. Weill bezog das Haus im
Februar 1932, und Lenya verkaufte es im November 1933,
acht Monate nach Weills Flucht aus Deutschland.

Tag der Roten Armee. Diejenigen von uns mit Passierschein
von Mezhrabpom fanden sich bis halb sieben auf dem Roten Platz
ein. Ein russischer Regisseur hatte unser deutsches Kontingent im
Schlepptau, und wir fanden unsere Plätze nicht weit von der hoch
aufragenden Plattform, wo Stalin und die sowjetischen Würdenträ-
ger sich aufhalten würden. Der ganze Platz lag im Nebel, der sich
schließlich wie ein gewaltiger Vorhang hob und an der turmhohen
Leninstatue zuerst die Füße und allmählich alles von ihm preisgab.
Endlose Soldatenbataillone begannen zu marschieren, Panzer roll-
ten vorbei, Flugzeuge dröhnten über unseren Köpfen. Als sich ge-
ballte Fäuste aus der gewaltigen Menschenmenge nach oben reck-
ten, sah ich viele von uns Deutschen mit hocherhobener Faust. Ich
war peinlich berührt.

Kurt hatte geschrieben, daß er mich an meinem Geburtstag
anrufen würde. Es war ein Wunder, das Gespräch kam prompt zustande. Mit einer Stimme, so deutlich wie aus dem Nebenraum, sagte er: »Liebling, ich habe dir ein Haus zum Geburtstag gekauft!«
Dieser Augenblick war so wunderbar und so irreal, daß ich nur
stammeln konnte: »Ja ... ja ..., wo ist das?« Es lag in Kleinmachnow,
ein modernes Haus mit kleinem Garten. »Lenya, Hausnummer sieben! Sieben! Unsere Glückszahl!« Er wartete, daß ich etwas sagte

und fragte: »Lenya, bist du unglücklich wegen des Hauses?« Ich hörte, wie ich mürrisch einwandte: »Ich denke nicht, daß jemand berechtigt ist, ein Haus zu besitzen.« Kurt lachte und meinte: »Du wirst deine Meinung schon ändern, wenn du nach Hause kommst.«

Die Ausreise aus Rußland gestaltete sich schwieriger als die Einreise. Mehrere Wochen lang hatte man uns in russischer Währung bezahlt, die wir nicht ausführen durften. Man riet mir, den Restbetrag auf der Bank zu deponieren. Das Sparbuch habe ich heute noch.

An einem strahlenden Novembertag trafen wir am späten Nachmittag mit dem Zug in Berlin ein. Ich hatte Schüttelfrost. Wir gingen sofort in unsere Wohnung, und erst zwei Wochen später konnte ich mich aufraffen, mir das neue Haus anzuschauen.

Nur die russische Fassung des Films *Der Aufstand der Fischer* wurde je fertiggestellt. Piscator machte weiter, und 1934 kam sie schließlich heraus. Ich habe sie nie gesehen, doch interessant war die Kritik aus Rußland. Piscators neue Kunstgriffe, die den Sowjetfilm revolutionieren sollten, vermochten nicht zu beeindrucken. Was er auch gemacht hatte, die russischen Regisseure hatten es besser gemacht. Hochgelobt wurden jedoch zwei Schauspielerinnen: Yudif Glizer als stoische Fischerin und eine gewisse Janukowa als Hafendirne.[45]

Die Zeit in Rußland hat mich stark geprägt. Ich hatte damals eine denkbar rote Gesinnung. Doch all das änderte sich ganz schnell, nachdem ich wieder zurück war.[52]

Als ich im Dezember 1931 in Berlin die Jenny in *Mahagonny* spielte, wunderte ich mich über das normale Publikum. Nichts passierte. Keine Tumulte, keine Pfiffe, überhaupt keine Störungen. Inszeniert wurde das Stück von dem hervorragenden Regisseur Ernst Josef Aufricht, der die *Dreigroschenoper* gemacht hatte und Regisseur und Besitzer jenes Theaters war, in dem heute das Berliner Ensemble spielt, Schiffbauerdamm. Eine tolle Inszenierung, mit Harald Paulsen in der Hauptrolle und dem ungeheuer berühmten Alexander Zemlinsky als Dirigent. Das Berliner Publikum zuckte nicht einmal mit der Wimper. Das war ein Jahr, nachdem die Oper in Leipzig Tumulte verursacht hatte, und politisch lief alles bereits ganz stark auf die Nazis zu. Dennoch kam es zu keinem Aufstand.[79]

Wissen Sie, auf Proben kann ich nie viel tun. Vor allem nicht, wenn mir diese Opernsänger zuhören. Zemlinsky sagte immer: »Lauter! Singst du jemals in den Proben richtig laut?« »Nein, nie.« »Ich muß dich

Karikatur von Linne (?) der »Typen« aus Aufstieg und Fall der Stadt Mahagonny (Theater am Kurfürstendamm, Berlin 1931). Links: Lenya als Jenny und Harald Paulsen als Jimmy

PR-Fotos für die Berliner Inszenierung von Aufstieg und Fall der Stadt Mahagonny *(1931).*
Oben: Lenya (Jenny) und Harald Paulsen (Jimmy).
Unten: Trude Hesterberg (Begbick) und Lenya.

aber hören können.« Das war in einem Probenraum. Ich sagte: »Hier kann ich das nicht. Doch ich zeige Ihnen auf der Bühne, was ich kann.« Und dann die erste Bühnenprobe. All die geschulten Opernsänger patzten, ich aber sang mich selbstverständlich ohne den geringsten Fehler durch die Partitur. Nun schaute er mich an und meinte: »Okay, ich weiß jetzt, was du machst.« Von da an ließ er mich in Frieden.[8]

Mit Brecht hatte ich nie Probleme. Manchmal zeigte er mir außerordentliche Dinge. So etwa, als wir das großartige *Mahagonny* in Berlin probten. Man zog für mich einen Strich über die Bühne, als ich ›Denn wie man sich bettet‹ sang. Und bei der Wiederaufnahme zeigte mir Brecht nur eine schlichte, doch ungeheuer bedeutsame Handbewegung. Wir verstanden einander sofort, ohne Diskussion. Brecht haßte gesprächige Schauspieler. »Rede nicht, zeig's mir. Wenn's gut ist, nehm' ich's.« Einem Schauspieler hörte er nie zu, es langweilte ihn. Doch er hatte eine unglaubliche Geduld mit ihnen, selbst mit den dümmsten.[72]

Als ich 1932 in Wien ein befristetes Engagement in *Mahagonny* hatte, gab der Verleger nach der Premiere eine kleine Party. Kurt konnte nicht kommen, denn er arbeitete gerade an seiner neuen Show in Berlin. Ich saß neben dem Komponisten Ernst Krenek, doch der schwieg. Ich sagte: »Offenbar hat es Ihnen nicht gefallen.« »Nein, ich hasse es. Tut mir leid, Lenya. Ich mochte Sie, doch ich hasse dieses Werk. Ich finde es roh und brutal.« Als wir ihn 1937 in New York wiedertrafen, fragte er mich: »Lenya, erinnerst du dich an den Abend nach *Mahagonny*? Nach der Premiere?« »Ja.« »Jetzt verstehe ich. Jetzt, da ich seit zwei Jahren in diesem Land lebe, begreife ich *Mahagonny* plötzlich viel besser als damals.« Und doch hat es nichts mit Amerika zu tun. Das ist das Komische. *Mahagonny* handelt nicht von Amerika, sondern vom Kapitalismus damals. Es hat viel weniger mit Amerika zu tun als mit dem Mann, der auf dem elektrischen Stuhl stirbt, weil er seinen Whisky nicht bezahlen kann. Sie verwendeten einen elektrischen Stuhl, weil damals, als sie *Mahagonny* schrieben, die erste Frau, die hingerichtet werden wollte, Snyder hieß – also machte der elektrische Stuhl einen ungeheuren Eindruck auf sie. Flexibel wie er ist, hat Brecht diesen Vorfall sofort aufgegriffen. Man könnte meinen, das Stück handle von Amerika, doch das tut es überhaupt nicht. China ginge genauso.[8]

Als Jenny in Berlin war meine Stimme nicht hoch genug für den ›Havanna-Song‹, und Kurt wollte ihn nicht transponieren. »Ich werde dir etwas anderes schreiben, einen anderen ›Havanna-Song‹, und der Chor singt, was bereits da ist.« So gelangte einer der schönsten Songs, die er je geschrieben hat, in *Mahagonny* hinein.[68]

Antisemitismus gab es in Deutschland schon immer. Mir persönlich war das zunächst nicht sonderlich bewußt, denn wenn man jung ist und vom Erfolg am Theater träumt, achtet man nicht so sehr auf die politische Lage. Blind war ich aber natürlich auch nicht, vor allem nicht nach *Mahagonny*. Ich erinnere mich, wie ich an einem Sonntag nachmittag mit der Künstlerin Lotte Reiniger und ihrem Mann Karl Koch, beide keine Juden, die Straße entlang ging. Ein Trupp junger Nazis ging hinter uns, und einer traf Karl mit einem Apfelputz im Nacken. An einem anderen Tag ging ich mit Kurt am Nachmittag ins Kino und hörte mit, wie einige typische deutsche Hausfrauen zu einigen Juden sagten: »Wenn es Euch hier nicht gefällt, warum geht Ihr nicht gleich zurück nach Palästina?« Die Juden ignorierten das einfach, weil sie keinen Tumult verursachen wollten.[17]

Es war Kurts Idee, Caspar Neher ein Opernlibretto schreiben zu lassen. Ich war in Rußland bei Dreharbeiten mit Piscator. Kurt war ein überaus eifriger Leser und suchte zusammen mit Neher intensiv nach einem Thema. Sie stießen auf eine Fabel von Herder und machten daraus *Die Bürgschaft*. Damals waren wir bereits eng mit Nehers befreundet. Kurt und ich mochten Erika sehr, und ihr kleiner Sohn Georg, ganz der Vater, bewunderte Kurt und nannte mich »Zwiebel«. Aus Rußland zurück, stellte ich fest, daß Kurt und Neher eine Passion für Wasser-Kakao entwickelt hatten, den Erika gleich literweise bereitete. Neher selbst würde sagen, daß Kurt wirklich am Text mitgearbeitet hat. Bei den Melodien bestand weitgehende Einigkeit. Neher war ein großer Freund der Oper (Brecht verabscheute sie) und schrieb große Arien und Chorgesänge, für die Kurt erhabene Melodien und verzweigte Chorsätze schrieb. Brecht kam nie zu den Proben, sondern schickte seine Spione, darunter Hanns Eisler: servil, ein geborener Speichellecker, geifernd und lispelnd, der zu

Die Ensemblemitglieder Maria Wetra, Harald Paulsen, Trude Hesterberg und Lenya bei der Lektüre der Kritiken von Mahagonny *(Berlin 1931). Das Foto wurde im Berliner* 12-Uhr-Blatt *erstmals abgedruckt.*

PR-Platte für das Berliner Mahagonny *von 1931, mit Tanzarrangements von ›Alabama-Song‹ und ›Wie man sich bettet‹ von Emil Roosz und seinem Künstler-Orchester. Die Platte bestand aus laminierter Pappe mit doppelseitigem Farbaufdruck.*

Skizze von Caspar Neher für Die Bürgschaft, *der während Lenyas Aufenthalt in Rußland von Weill nach einem Libretto von Neher komponierten Oper. Premiere war am 10. März 1932 an der Städtischen Oper Berlin.*

Unten: PR-Foto für die Wiener Inszenierung von Mahagonny *1932 am Raimundtheater. Dies ist offenbar das einzige Foto von Lenya und ihrem Geliebten, dem Tenor Otto Pasetti. Er spielte den Jimmy. Foto: Dietrich/ Bildarchiv und Porträtsammlung der Österreichischen Nationalbibliothek*

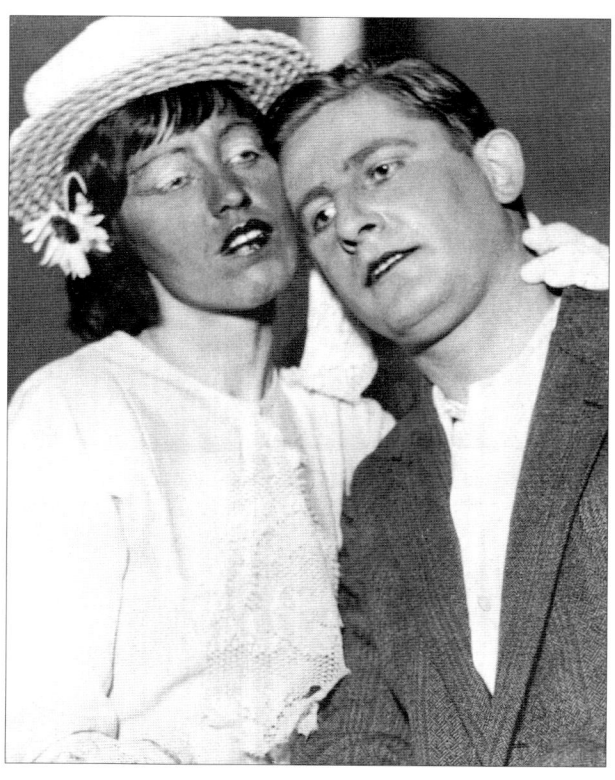

Brecht zurückeilte und berichtete, dies sei eher eine *Spießbürgerschaft* als eine *Bürgschaft*, was Brecht und seine Schüler mit schallendem Gelächter quittierten. Kurt und Neher hatten viel Spaß an der Arbeit, und Kurt fand es so herrlich, ins Reich der Oper vorzudringen. Dazu natürlich Nehers außergewöhnliches Bühnenbild.[45]

Die Tatsache, daß Weill nach seinem Fortgang nie über Deutschland redete, nie Deutsch sprechen mochte und nicht nach Deutschland zurückgehen wollte, nicht einmal für einen Tag, zeigte mir, wie sehr ihn die Zerstörung seiner Karriere verletzt hat. *Die Bürgschaft* bereitete ihm so viel Freude, daß er sagte: »Jetzt kann ich mich mal wieder ausmusizieren.« Er hatte die singenden Schauspieler so satt, so gut sie auch waren, da sie sein Schaffen hemmten. Er wollte ja wirklich Opern schreiben.[72]

Sich in Berlin eingeengt fühlend, nahm Lenya im April 1932 das Angebot an, am Wiener Raimundtheater in elf Vorstellungen als Jenny aufzutreten. Zu ihrem Partner, dem Tenor Otto Pasetti, entwickelte sich offenbar die erste ernsthafte Liebesbeziehung seit Weill. Belastet durch die steigende Popularität der Nationalsozialisten, erwartete Weill, daß Lenya nach Berlin zurückkehrte, doch sie blieb mit Pasetti in Wien. Lenya trat im Sommer mit einem Scheidungsvorschlag an Weill heran. Dieser war einverstanden, und man schaltete zwei Berliner Anwälte ein. Weill sorgte im Dezember 1932 dafür, daß Lenya und Pasetti in Paris in der Konzertfassung eines erweiterten Mahagonny-Songspiels auftreten konnten. Danach kehrten beide nach Wien zurück. Am 30. Januar 1933 wurde Hitler zum Reichskanzler ernannt. Lenya reiste nach Leipzig, um am 18. Februar 1933 mit Weill die Premiere seiner Oper Der Silbersee *zu besuchen. Sämtliche Vorstellungen wurden mit Wirkung zum 4. März offiziell untersagt. Über Lenyas Reisen zwischen 1932 und 1935 läßt sich im Detail wenig erfahren, da die entsprechenden Seiten in ihrem Paß sorgfältig herausgetrennt wurden, offenbar von ihr selbst.*

Weill war sehr eifersüchtig und hatte doch immer verdammt viel Verständnis für alles, was ich tat. Als ich 1931 mit diesem Otto Pasetti in Wien zusammenlebte, verstand er das. Dabei war ich nicht mal in diesen dummen Tenor verliebt. Ich weiß auch nicht, vielleicht war ich dieser ganzen Berliner Szene überdrüssig und mußte da weg. Wie auch immer, er verstand es.[72]

Kurts letzte Arbeit in Deutschland war *Der Silbersee*, den er gemeinsam mit Georg Kaiser geschrieben hatte. Premiere war an drei Theatern gleichzeitig. Dort gibt es eine Ballade, die ›Ballade von Cäsars Tod‹, die offenkundig Hitler porträtieren soll. Gleich am Tag darauf hat Goebbels alle weiteren Aufführungen verboten.[79]

Lenya erzählte ihren Interviewern unentwegt die Legende, wonach sie gemeinsam mit Weill aus Deutschland geflohen sei. Erst spät in ihrem Leben vertraute sie Gottfried Wagner (dem Urenkel Richard Wagners) einige Gründe für ihre Abwesenheit bei seiner Flucht an, und selbst da bedurfte es eines Anstoßes, damit

sie von ihrer wohleinstudierten Vorlage abwich. In Wahrheit hatte Hans Fallada,
bereits festgenommen, Weill über einen Mittelsmann aufgefordert, Berlin zu ver-
lassen und das Wahlergebnis in München abzuwarten. Während Weill in einem
Berliner Café wartete, trugen Lenya und die Fotografin Louise Hartung offen-
bar einige Gegenstände aus dem Haus in Kleinmachnow zusammen. Gemein-
sam fuhr man dann nach München.

Im März 1933 verließen Kurt und ich Berlin, um nach München zu gehen, wo all die Flüchtlinge den Ausgang der Hitlerwah-
len abwarteten, weil sie dachten, er würde unterliegen. Alle saßen sie
in dem berühmten Hotel »Vier Jahreszeiten« und warteten auf die
Ergebnisse, die sie recht bald erfuhren. Ich fuhr dann nach Wien,
um mich von meiner Mutter und meiner Schwester zu verabschie-
den. Kurt fuhr verrückterweise noch einmal zurück nach Berlin, um
einige Sachen herauszuschleusen, und dann fuhr ihn Caspar Neher
zur französischen Grenze und nach Paris, doch er hatte kaum etwas
dabei. Damals hätte man ihn schnappen können. Später fuhr ich
nach Berlin und versuchte, das Haus zu verkaufen und einige Dinge mitzunehmen. Die Scheidung war perfekt, und so konnte ich das
Geld bekommen. Danach sprach er nie mehr über Deutschland,
und nie wollte er dorthin zurück, nicht einmal für einen Tag.[72]

Ein aus den frühen 1950er Jahren stammender Brief an Caspar Neher bestätigt,
daß Lenya nicht wußte, was Weill erlebt hatte, nachdem er München verlassen
hatte. Über dieses Thema haben beide später wohl nie geredet.

Caspar und Erika Neher fuhren Weill am 22. März 1933
über die deutsche Grenze, zwei Tage, bevor der Reichstag das
sogenannte Ermächtigungsgesetz verabschiedete.
Foto: Reimann

Kurt und ich fuhren im
Wagen nach München im Jahre
1933. (Wann? Frühjahr?)
    Du hast uns noch eine
Thermosflasche mit Kaffee mit-
gegeben. Ich fuhr dann wieder
nach Wien und Kurt ging nach
Berlin zurück. Was geschah danach? (...) Ist er in das Haus in
Klein Machnow zurückgegan-
gen? Wann hat er sich entschlossen, B. [Berlin] zu verlassen?
Wer hat ihm dazu geraten?
Musste er weg? Was waren seine
Gedanken, als er wegfuhr? Was
hat er mitgenommen. Was hat er
angehabt. Was hat er für eine
Route genommen. Wo hat er

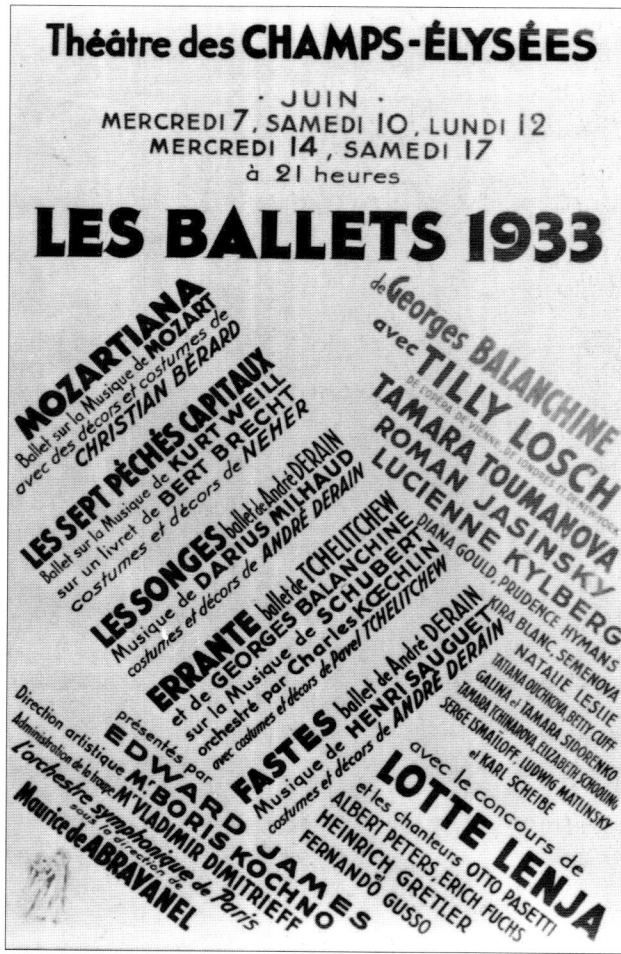

Plakat für Les Ballets 1933, *mit der Premiere von* Die sieben Todsünden *(Weill/Brecht), einem Ballett mit Songs, mit Lenya als Anna I. Das Stück wurde zuerst in Paris und anschließend in London aufgeführt. Der Kunstmäzen Edward James finanzierte das kurzlebige Ballettensemble, das für George Balanchine das Sprungbrett in die USA bedeutete.*

Gegenüber: Tilly Losch (Anna II tanzend) und Lenya (Anna I singend) in Die sieben Todsünden *(Paris 1933, Théâtre des Champs-Élysées). Foto: Studio-Iris, Paris*

die Grenze passiert. Warst Du mit ihm. Was wurde (falls Du mit-warst) auf der Reise gesprochen. War er deprimiert oder zuversicht-lich, über seine Zukunft.

Wie war die Geschichte, als er die Grenze (welche) passierte, als die Kinder eine Swastika [Hakenkreuz] in den Staub seines Wagens zeichneten und der Mann an der Grenze sagte: er soll es wegwischen die da drüben (welches Land, Italien oder Frankreich) haben das Zeichen nicht gerne. (...) Nachdem er die Grenze passiert hatte, wohin ist er gegangen.

Wie lange hat die Fahrt gedauert.

Hat er Bücher oder Noten mitgenommen.

Cas, ich gebe Dir nur ein paar Anhaltspunkte. Du wirst Dich wohl an viel mehr erinnern können. Alles ist von enormer Wichtig-keit. Lasse nichts aus. Gut oder schlecht (...).[50]

Weill, der seine Arbeit in Paris sogleich wieder aufnahm, wurde von Edward James mit der Komposition von Die sieben Todsünden *beauftragt. Er konnte Brecht für das Libretto und Neher für Bühnenbild und Kostüme gewinnen und lud Lenya und Pasetti als Darsteller ein. Nach Paris gastierte die Inszenierung zwei Wochen in London.*

Weill hatte bereits ein Jahr zuvor mit dem *Mahagonny Song-spiel* und *Der Jasager* großen Erfolg in Paris gehabt, doch als Flücht-ling war das nun viel schwerer. George Balanchine und Lincoln Kirstein gründeten ein Ensemble für die Pariser Tanzreihe ›Les Bal-lets 1933‹. Balanchine wollte *Die sieben Todsünden* machen – sehr mutig von ihm, muß ich sagen. Meine Partnerin war eine ganz berühmte Tänzerin, Tilly Losch. Auf den Proben ging's sehr lustig zu, denn Balanchine sprach nicht besonders gut Französisch und überhaupt kein Deutsch. Von der Handlung begriff er rein gar nichts, und alles mußte für ihn übersetzt werden: vom Deutschen ins Französische, und dann ins Russische. Dennoch machte er seine Sache hervorragend. Die Handlung ist folgende: Anna I (ich) gelei-tet ihre kleine Schwester durch alle sieben Todsünden. Ihre Familie in Louisiana schickt sie in die weite Welt hinaus, um Geld für einen Hausbau zu verdienen. Immer wenn die kleine Anna ein Verbrechen begeht, sieht man, wie es mit dem Haus vorangeht. Nach der sieb-ten Sünde schließlich hat das Haus ein Dach. Die Mädchen kehren völlig ausgelaugt heim, doch die Familie ist glücklich mit ihrem Haus. Die Franzosen mochten es nicht, vielleicht weil es auf Deutsch ge-sungen wurde. Sie waren damals sehr chauvinistisch.[17]

Der Modefotograf Hoyningen-Huene fotografierte Lenya als Anna I für die Pariser Vogue. *Lenya an Weill: »Die ›Vogue‹ hat Bilder von mir gemacht und ich habe sie [Edward] James eben gezeigt, er war so begeistert, daß er drei große für das Foyer (...) bestellte. (...) Außerdem sind die Bilder sehr schön. Sehr pariserisch. Aber gut.«*

[Brief an Weill vom 8. Mai 1933]

(...) Den Vertrag mit James finde ich wirklich gut. Ich habe ihm eben ein paar Zeilen geschrieben und ihn um den Vertrag gebeten. Ich bin doch dafür, diese Vertragsdinge rein geschäftlich zu nehmen. Ich bin wirklich sehr froh, dieses Geld zu verdienen und außerdem freue ich mich doch so auf die Arbeit. Pasetti macht sehr gerne mit. Es ist ja auch für ihn sehr gut, wieder ein bißchen zu singen. (...)

Ich habe mir schon ein schönes Kostüm für das praktische Mädchen [Anna I] aus Louisiana überlegt. Wird das schön werden wieder ein bischen Kokolores machen. Ich werde singen wie 3 Kolibris. Wie das ohne Weigel und Brecht was werden soll, ist mir allerdings ein Rätsel. Hast Du was von ihm gehört? Hoffentlich nicht. Manchmal habe ich nach Cäschen [Caspar Neher] Sehnsucht. Der ist doch immer gleich nett. Was er wohl macht. Ob auf seinem Hanomag nicht doch schon ein kleines nationales Fähnchen weht? (...)

[PS:] Ich habe von meinem Namen das Lotte weggelassen und will stattdessen so schreiben: L. Marie Lenja. Ist das nicht besser. Dieses Lotte ist so boschig.[77]

Das war ein richtiger Hinterfotziger, der Cas. Der war nicht ganz koscher. Als Kurt ihm den Job als Bühnenbildner der *Sieben Todsünden* beschafft hatte und er Weill in Paris traf, sagte er: »Weißt du, Kurt, das ist jetzt ganz schön, da auf dem Kurfürstendamm 'runterzugehn, und da sieht man also keine Juden mehr.« Glauben Sie, Kurt hätte irgendwas erwidert? Nein, er schaute ihn nur an. Und Neher fuhr fort: »Der Kurfürstendamm ist jetzt so *rein*, weißt du, was ich meine, Kurt?« Vielleicht meinte er es halb im Scherz, doch die Geschichte ist wahr. Vielleicht wollte er Kurt damit verletzen, wer weiß? Einerseits war er ungeheuer offen und ehrlich, und doch besaß er diese gehässige Ader. Ich bin mir fast sicher, daß er es nicht ganz so gemeint hat. Brecht pflegte über Neher zu sagen »Ach, dieser Ochse, der versteht doch gar nichts.«[72]

[Brief an Weill vom 23. Juni 1933]

(...) Bei *Mahagonny* waren wieder viel Leute. Nur die Marie Laur [de Noailles, eine von Weills Gönnerinnen in Paris] fehlte. (Ich glaube, gegen die stänkere ich sehr.) Ich glaube die 8. Todsünde bist viel eher Du selbst. Dafür war die Herzogin von Clermont-Tonnere in der Aufführung und diese nicht mehr ganz junge Dame war derart begeistert von *Mhg.* und mir, dass sie in die Garderobe kam und mich unbedingt sehen wollte. Den nächsten Morgen hatte sie schon angerufen und am Nach-

mittag war ich bei ihr zum Tee. Ganz allein und ohne Gesellschaft. Sie war wirklich reizend. Sie will einen Artikel über mich
schreiben. Dann hat sie mir ihr Haus gezeigt (das in der Rue du
Raynard liegt). Im Musikzimmer hat sie mir verraten, daß sie
»Flöte« spielt. Hi, hi, ich wollte schon sagen, wie der alte Fritz
und sicher auch so falsch. Aber ich habe mich beherrscht. (...)
Sie frug, was sie für mich in England tun kann. Heute hat sie
mir 2 Briefe für verschiedene Ladys in London geschickt. Da
soll ich hingehen. Na mit einem Wort, ich war bei einer Herzogin. Ich komme mir wirklich wie die Eliza Doolittle in *Pygma-
lion* vor. Das hat schon was davon. Aber die Leute waren wieder verrückt bei *Mahagonny*. Das macht mehr Spaß als alles
andere.

(...) Ich gehe nach London, bestimmt nach Klein Machnow. Ich halte es auch für richtig. Aber Weillchen, bitte denke
Du ja nicht daran, nach Deutschland zu gehen. Laß Dich nicht
von Cas verführen. Es ist bestimmt schrecklich. Von der Scheidung habe ich nichts gehört. Bevor ich abreise, rufe ich noch
den Strauss an. Ende August können wir uns treffen und dann
richten wir Dir eine Wohnung in Paris ein. Im Haus ist alles in
Ordnung. (...) Es war von Dir sehr richtig, gleich nach der
Première wegzufahren. Die Clique hier finde ich nämlich noch
viel schlimmer als in Berlin. In Berlin sagte doch mal ab und zu
einer die Wahrheit. Aber hier ist alles mit diesem Schleimpatzen
»merveilleuse« überzogen.[77]

Das gleiche Stück spielten wir auch in London – in einer
schrecklichen Übersetzung von Edward James, der das Stück
anfangs für seine Frau, Tilly Losch, in Auftrag gegeben hatte. Beide
lebten damals getrennt, und er hatte gehofft, dies würde sie beide
wieder zusammenbringen. Tat es natürlich nicht. Die Vorstellungen
fanden im Theater des Savoy Hotels statt, auch dort ein wahrer
Flop, schlimmer noch als in Paris.[17]

*Lenya kehrte Ende August 1933 nach Berlin zurück, um ihre und Weills Sachen
zusammenzupacken und das Haus in Kleinmachnow zu verkaufen. Das
Scheidungsverfahren wurde am 18. September abgeschlossen. Glaubt man ihrem
Brief vom 20. Oktober an Pasetti, so plante sie, in Berlin zu bleiben. (Dies ist die
einzige existierende Korrespondenz zwischen Lenya und Pasetti. Der Brief wurde
nach Lenyas Tod 1981 in ihrem Haus in New City, verborgen unter einer Ma-
tratze, entdeckt.)*

[Brief an Pasetti vom 20. Oktober 1933 (aus Berlin)]

wundere mich, daß es Dir möglich ist, so einen Unsinn mit soviel Ernst zu schreiben. Es ist wirklich komisch von einer Stadt wie Berlin zu behaupten, daß sie geistig nichts bietet. Diese Stadt die so voll von Zukunft ist. Aber wenn das Deine Meinung ist, gut aber versuche nicht in endlosen Briefen mir das aufzuzwingen. Ich finde es etwas anmaßend von meiner armen zerrissenen Seele zu reden. Ich glaube Dir ja, daß Du mich vermißt neben der Conti Gesellschaft aber schließlich hab ich gar keine Lust mich danach zu richten. Ich fühle mich hier so unendlich frei und all dem widerlichen entronnen und denke noch gar nicht daran zurückzukommen. Ich kann in Deinen Briefen die Zärtlichkeit und Liebe für meine arme Seele völlig entbehren wenn Du mir daneben schreibst wie ein Gymnasiast der vergebens nach einem Motiv für seinen Aufsatz sucht. Wenn Du mir nichts gescheiteres zu schreiben weißt, dann laß es lieber sein ich glaube bestimmt auch ohne Deine Ratschläge zu existieren. Du verlangst von mir Logik? Du scheinst den Sinn dieses Wortes nicht erfaßt zu haben wenn Du fertig bringst mir derartige Briefe zu schreiben. Ich gebe Dir gut Du kannst Dich noch besinnen. Ich würde Dir ja gerne mehr schreiben und könnte Dir von dieser geistig so nichts bietenden Stadt viel schönes und interessantes erzählen aber Du machst es mir wirklich unmöglich durch Deine Briefe.[53]

Wie ich Berlin im Oktober (ich glaube es war Oktober) endgültig verlassen habe, gab ich der Frau von Manfred Fuerst einen Koffer, voll mit Noten und Zeitungsausschnitten, Bildern etc. zur Aufbewahrung. Natürlich weiß ich gar nicht, ob sie überhaupt noch lebt und wo sie ist. Ich bezweifle sehr, daß in dieser vollkommen[en] Destruction [sic] ein einzelner Koffer in irgendeinem Keller in Berlin noch übrigblieb. Es wäre ein Wunder und da ich aufgehört habe, an Wunder zu glauben, wüßte ich nicht, wie ich ausfindig machen könnte, ob er, der Koffer, doch durch ein Wunder ... noch existiert.[50]

Ich beschaffte mir so viel Papiergeld wie möglich, in sehr großen Scheinen, und steckte die Scheine in einen Handschuh. Ich nahm den Wagen, denn ich hatte mich bereits für Monte Carlo entschieden. Jeder Cent, dessen ich habhaft werden konnte, war in diesem einen Handschuh. An der Grenze angekommen, war ich fest entschlossen, bei den geringsten Problemen gleich durchzustarten und mir den Grenzübertritt zu erzwingen. Zum Glück passierte nichts. Meine Papiere wurden kontrolliert, und man winkte mich durch. Und ab ging's zum Kasino.[2]

Ab Ende November 1933 verbrachten Lenya und Pasetti sechs Monate in den Kasinos von San Remo. Ihr Versuch, durch Experimentieren mit verschiedenen Systemen ein Vermögen zu erspielen, scheiterte. Pasetti reiste im Juni 1934 nach Wien und berichtete Lenya von »Paß-Problemen« und seinen erfolglosen Bemü-hungen, Weills Geld aus Österreich herauszuschmuggeln. Zweifelhaft ist, ob Lenya ihn je wiedersah.

[Brief an Weill vom 10. Juli 1934]

Jetzt habe ich den ganzen Tag wieder gewartet. Nichts. Gestern kam ein Eilbrief von Pasetti, Sonntag früh aufgegeben. Er ist annonym bei der Polizei wegen »politischer Umtriebe« angezeigt worden und darauf hat man ihm den Paß abgenommen. Er kann mir das nur mündlich erzählen. Er meint, es kann Tage dauern, bis er den Paß wiederbekommt und muß froh sein, daß man ihn frei herumlaufen läßt. Welches Schwein ihn da angezeigt hat, ist vorläufig nicht festzustellen. In San Remo meint er, müsse *er* die Anzeige machen, da das Geld auf seinen Namen bei der Bank lag und auch auf seinen Namen geführt wurde. Er schreibt, wenn sie weg sind, wird man nichts mehr bekommen, sind sie noch da ist noch Aussicht, auch daß sie dann eine zeitlang warten werden, bis sie mit dem Geld etwas unternehmen. Er ist ganz verzweifelt. Er schlägt mir vor, wenn er in dieser Woche nicht mehr wegkommt, nach Wien zu kommen, von dort die schriftliche Anzeige in San Remo machen, und dann bis zum Herbst in Wien zu bleiben, von dem Erlös der Antiquitäten die er schätzen ließ und für die man zirka 2 000 Schilling bekommt, zu leben und dann nach Paris zu gehen und die Markensammlung in Paris zu verkaufen. Von Peresleny bekommt man sicher Geld heraus, es wird nur noch etwas dauern! Ich will auf keinen Fall nach Wien. Das wäre für mich furchtbar. Ich habe ihm gestern ein Telegramm ge-schickt, daß ich ihn dringend hier [in San Remo] erwarte. Ich hoffe doch, daß er in den nächsten Tagen hier ankommt. Ich will jetzt nicht die Nerven verlieren, obwohl dieses Warten schrecklich ist. Ich schreibe Dir sofort, wie ich etwas von ihm höre. Wenn Du nicht wärst, ich wüßte wirklich nicht, was ich jetzt anfangen sollte. Aber dieses Pech muß doch bald auf-hören. Ich habe Vambery [Verfasser des Librettos von *A Kingdom for a Cow*] bis zum Marcusplatz begleitet, dann bin ich wieder zurück. Die Kabine habe ich aufgegeben, für mich allein brauche ich keine. Hoffentlich bist Du gut gereist und gut angekommen. Wenn Du nur Glück in London hast. Jetzt gehe ich den Brief aufgeben. Wenn nur morgen was käme.

Nun leb wohl Weilili mir kommen immer die Tränen wenn ich an Dich denke, weil Du so gut zu mir bist, wenn ich

CORSO

20 15 Täglich 22 45
Beginn   Ende

Sonntagnachmittag 3.30 h

OTTO
WALLBURG
der Komiker über den Hunderttausende lachen!

LOTTE LENJA
die „Jenny" aus dem Film „Drei-Groschen-Oper"

Edith Edwards • Franz Fiedler
in der
grossen Schwank-Operette

Lieber REICH aber
GLÜCKLICH

Text: Arnold und Bach • Musik: Walter Kollo

Tanzeinlagen des Corso-Balletts
Coreographie Trudy Schoop

Vorverkauf ab 10 h täglich • Tel. 46.846

Ankündigung für Lenyas letzten Vorkriegs-Bühnenauftritt in Europa am Corso-Theater in Zürich 1934 in der komischen Operette Lieber reich aber glücklich *mit Musik von Walter Kollo.*

Dir das nur alles einmal zurückgeben kann. Ich schreibe Dir gleich, wie ich was höre.[77]

Lenya hatte bis Oktober ein Engagement am Zürcher Corso-Theater in Lieber reich aber glücklich. *In Paris hatte sie dann eine kurze Affäre mit dem Maler Max Ernst. Im April 1935 fuhr Lenya nach London zu Weill, vermutlich um Englisch zu lernen, während er die Partitur für eine neue Operette,* A Kingdom for a Cow, *abschloß. Im Juli nach Paris zurückgekehrt, sandte er seine Briefe an sie zu Händen von Gerty Simon, einer Fotografin und Freundin aus Berliner Tagen.*

[Brief an Weill vom 23. Januar 1935]
Ich habe gestern um 5 h Deinen Wagen nach Louvec.[iennes] gebracht. Am Etoile flog die Stoßstange herunter und ich konnte sie mit Deinem Regenmantelgürtel, der rückwärts drinlag festbinden. Wie wir rauskamen, Moni [?], M. Ernst und ich, war Berton [Weills Hausbesorger] gerade dabei, sämtliche Stühle zu reparieren. M.E. [Max Ernst] fährt endgültig morgen weg. Gestern abend waren wir mit der Frau Sternheim und Mops bei [Paul] Strecker (dem Maler). Der hat sich sehr gefreut. War in Deutschland. Ich wollte ihn ein bißchen über Hindemith aushorchen, aber er war sehr vorsichtig. Furtwängler soll sich so blöd benehmen und zu Kreuz kriechen. Ist das alles ekelhaft. Deine Musik *Dreigroschenoper* wird ganz öffentlich überall gespielt, sagt Strecker. Kein Mensch sagt mehr beim Grüßen »Heil Hitler«. Aber er meint auch, daß dies

Rechts: Szenenfoto aus Lieber reich aber glücklich.

alles wenig nützt. Er war sehr nett. Das wäre das. Mehr hat sich nicht ereignet. Heute habe ich 200 fr. an meine Alte geschickt. Damit ich das los bin. Am 28. denke an Dein Linerl wo Du die Kleene mit einem kräftigen »Jawoll« geheiratet hast. Viele Küßchen für Dich.[77]

[Brief von Max Ernst an Lotte Lenya (1934?)]
Das ist jedesmal ein schöner Augenblick, wenn in der einsamen Wüste, die ich jetzt bewohne, ein Brief von Dir kommt. Ich komme mir etwa vor wie der greise Herr Beethoven mit seiner entfernten Geliebten. (...) Schreibe mir bitte oft; auch wenn »nichts« geschieht u. »nichts« zu berichten ist, so passiert doch immer noch mehr als hier, wo man manchmal an die 10 Kilometer machen kann, ohne was sterbliches anzutreffen.

Schade, Du müßtest jetzt hier sein, wo die Sonne so herrlich scheint, wohingegen nachts es wieder Stein und Bein friert. Leider ist auch die Wasserleitung eingefroren, das wird mir eine schöne Sündflut werden beim Tauwetter. – Fürchte bitte nicht für meine kleine »Sinnlichkeit«, die ich doch so viel »sublimiere«. Und überhaupt, ich glaube, Du übertreibst.[29]

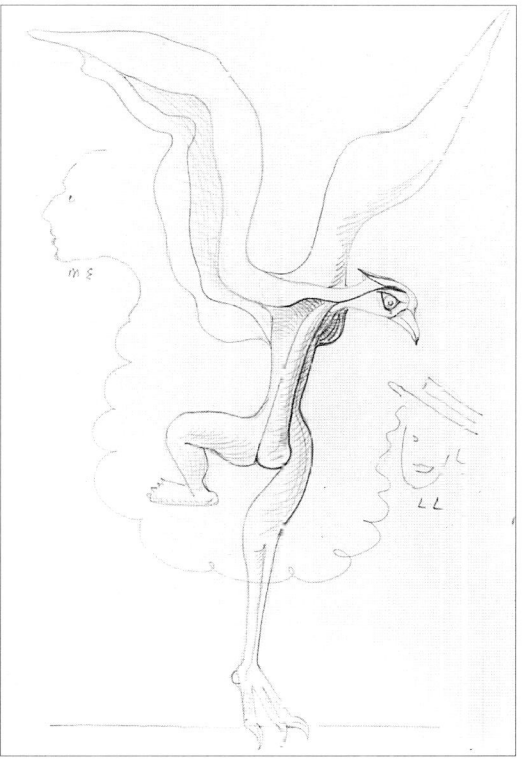

Bleistiftzeichnung von Max Ernst, der 1934–1935 eine kurze Affäre mit Lenya hatte. Links von dem Vogel er selbst, rechts Lenya. Abdruck mit freundlicher Genehmigung der Artists Rights Society (ARS), New York/ ADAGP, Paris

Erste Seite eines handschriftlichen Briefs von Lenya (Paris) an Weill (London) vom 10. Februar 1935. Weill hielt sich in London auf, um für seine Operette Der Kuhhandel *(Text: Robert Vambery) die Werbetrommel zu rühren, die im Sommer 1935 unter dem Titel* A Kingdom for a Cow *aufgeführt wurde. Lenya kommentiert eine verheerende Ausstrahlung der Dreigroschenoper im britischen Rundfunk, die von der englischen Kritik fast einhellig verrissen wurde.*
© *Kurt Weill Foundation for Music 1998*

[Brief an Weill vom 10. Februar 1935]
Eben kommt Dein lieber langer Brief. Es ist schon einfach furchtbar, daß die [britische Presse] jetzt erst da angelangt sind, die *3 Groschenoper* zu zerreißen. Ich bin sehr deprimiert. Mein armes Weili. Nun ist bei der *3 Groschenoper* doch immer ihre alte *Beggars Opera* an der sie scheinbar festhalten. Aber vielleicht kann ich da wirklich etwas nachhelfen durch meine Songs. Da wird es den Leuten doch schneller verständlicher. Nur muß man sehr aufpassen, daß es gut aufgezogen wird. Sonst ist es für mich wieder schwer aus einem Verriß herauszukommen. Cabarett ist nicht so gefährlich. Ich würde wahnsinnig gerne die Polly spielen. Theater liegt mir doch näher als Cabarett. Ich glaube bestimmt, daß ich Erfolg haben werde. Es ist doch noch immer gegangen.[77]

London 1934. Foto: Gerty Simon

[Brief an Weill vom 11. Februar 1935]
Vielleicht Weilchen ist doch zu überlegen, ob Du nicht nach England übersiedelst. Wir könnten uns das Leben da bestimmt billig einrichten. Wie gesagt, ich mache alles. Das bißchen Haushalt ist ja so schnell gemacht. Und Du bist ganz unabhängig. Ich störe Dich gar nicht. – Aber das weißt Du ja selbst. (...) Jetzt lese ich 6 englische Stücke, »Famous Plays of 1934«. Da ist eines immer schlechter als das andere. Unbeschreiblicher Mist. Das lese ich schon fast wie ein deutsches Stück. Du siehst, Weili, Deine Kleene sieht ja dämlich aus, ist es aber nicht. Ich freue mich schon sehr auf Dich. Meine Aufenthaltssache ist noch immer nicht da. Die haben das vergessen, glaube ich. Nun leb wohl mein Weilchen, viele Küßchen.[77]

Lenyas Paß, ausgestellt von der Deutschen Botschaft in London am 30. August 1935, nur fünf Tage, bevor sie mit Weill auf der SS Majestic in die USA aufbrach.

Entgegen dem Rat mehrerer Freunde forderte Weill Lenya auf, mit ihm nach New York zu gehen, wo er die Premiere von The Eternal Road, *einem von Max Reinhardt inszenierten biblischen Spektakel, vorbereiten sollte. Er hatte ihr sogar eine kleine Rolle in diesem Stück beschafft. Am 2. September 1935 traf Lenya bei Weill in Paris ein, eben noch rechtzeitig, um ein US-Besuchervisum zu erhalten, bevor beide am 4. September auf der SS Majestic abreisten, um am 10. September als Mr. und Mrs. Kurt Weill in New York Harbor einzutreffen.*

Sing Me Not a Ballad 1935-1951

Ein liebgewonnenes Porträt von Richard Ely.

Die Qualität der Lenya und aller außerordentlich befähigten Sängerinnen besteht darin, die äußerste Ernsthaftigkeit eines Songs anzunehmen. Sie spüren seine ultimative Tragweite und geben dem ganz und schutzlos nach, wodurch sie den Song schließlich bereichern. Es ist kaum eine Übertreibung zu sagen, daß jeder Song, der von einer solchen Künstlerin je gesungen wurde, zu ihrem eigenen wird – ihre Wiedergabe ist endgültig, alle früheren Fassungen bilden lediglich ein Gerüst und alle nachfolgenden allein eine Reminiszenz.[64]

– TERRY SOUTHERN in der Zeitschrift Glamour

Weill hoffte, daß ihm Theater und Film in Amerika ein Auskommen und eine Plattform für seine Musik bieten würden. Lenya erhoffte sich in den USA eine positivere Aufnahme als in Frankreich und England. Beide trafen voller Enthusiasmus ein, posierten gemeinsam für ihre ersten PR-Fotos und gaben sich als verheiratetes Paar aus. Die League of Composers hieß Weill mit einem besonderen Konzert willkommen, in dem Lenya mit Songs aus der Dreigroschenoper, Mahagonny *und* Marie galante *auftrat. In* Modern Music *kritisierte Marc Blitzstein Lenya als »ein zu spezielles Talent für das breite Interesse in Amerika; doch sie besitzt eine große Anziehungskraft und eine unverbildete, liebliche Stimme wie ein Knabensopran. Wegen der natürlichen Wärme wirken ihre stilisierten Gesten fremd, doch gerade in dieser Fremdheit liegt jenes kleine Rätsel, das ihren Charme ausmacht.«*

Weill und Lenya bei ihrer Ankunft in New York Harbor am 10. September 1935 gemeinsam mit Francesco und Eleanora von Mendelssohn und Meyer Weisgal.
Foto: UPI/Corbis-Bettmann

Wir hatten schon immer große Sehnsucht nach Amerika, denn wir kannten ja all die Filme. Als wir dann 1935 dort eintrafen und die berühmte Skyline von New York sahen, war das wie eine Heimkehr, denn wir hatten das schon in den Filmen gesehen und sämtliche amerikanische Literatur gelesen. Nachdem wir den Landungssteg verlassen hatten, nahmen wir unsere Koffer und gingen gleich ins Hotel St. Moritz. Es war sehr aufregend, mit dem Fahrstuhl in die 22. Etage zu fahren, denn damals gab es in Berlin noch keine Wolkenkratzer. Wir fühlten uns wie auf dem Mount Everest. Wir deponierten rasch unser Gepäck und gingen gleich hinunter zum Broadway. Er wirkte so vertraut wie der Kurfürstendamm in Berlin. Wir gingen ins Kino und sahen *The Dark Angel [Der dunkle Engel].*[16, 68]

In den USA mußte ich noch einmal Englisch lernen, da ich kaum etwas verstand. Ich war so stolz auf mein aufgeschnapptes Englisch, bis ich nach New York kam. Ich erinnere mich noch, wie ich eines Tages bei Saks Fifth Avenue einen Sweater kaufen wollte. Ich bat den Verkäufer: »Will you please rape it for me?« [rape = ver-

*Erstes PR-Foto von Weill und Lenya in
Amerika (1935).
Foto: Louise Dahl-Wolfe/Staley-Wise
Gallery, New York*

gewaltigen, anstatt wrap = einwickeln; Anm. d. Übers.] Der erwiderte: »Tut mir leid, meine Dame, der ist nicht mein Typ.«[8, 17]

Anfangs war das unheimlich schwer. Ungefähr ein Jahr lang
fragten die Produzenten »Wie buchstabiert man Ihren Namen?
W-E-E ...Wheel? Wheel [Rad]?« Für die ausländischen Schauspieler
und Autoren war es enorm schwierig, eine neue Sprache zu lernen.
Weill blickte nie zurück, sprach nur sehr selten Deutsch und weinte
der Vergangenheit nicht nach, vielleicht weil er so stark gekränkt
war. Deshalb war er auch erfolgreich.[36]

Schwierigkeiten mit der Produktion verzögerten die Premiere von The Eternal
Road *um ein volles Jahr, und Lenyas kleine Rolle fand bei den Kritikern kaum
Aufmerksamkeit. Angesichts eines Ensembles von 200 Personen und einer nahe-
zu ebenso großen Zahl von Bühnentechnikern wurde die Inszenierung nach 153
Vorstellungen mit immensen finanziellen Einbußen abgesetzt. Auf die Premiere
von* The Eternal Road *wartend, schrieb Weill mit Paul Green* Johnny Johnson

für das Group Theatre und nahm wieder Kontakt zu allen auf, die er in Deutschland gekannt oder getroffen hatte, so auch zu George und Ira Gershwin.

Kurt hatte große Teile von *The Eternal Road* irgendwo zwischen Paris, London und Salzburg komponiert. Franz Werfel begegnete ich erstmals in Amerika. Auf mich wirkte er nicht wie ein Schriftsteller, sondern wie ein Komponist. Er war klein, schlaff, mit schrecklichen Zähnen, Sabbermund, schütterem, fettigem Haar, stets den Tränen nahe, mit Wiener Butterstimme – alle Sorgen der Menschheit auf seinen Schultern und in seiner Stimme. Das meiste war wohl einstudiert. Mrs. Werfel besaß noch Spuren ihrer berühmten Schönheit: Sie war groß, blond, blauäugig, sinnlich, ganz wie die Opernsängerin Maria Jeritza. Sie war einmal Mrs. Gustav Mahler. Während sie Werfel unentwegt anschnauzte, ließen mich ihre Äußerungen stets spüren, daß sie stark antisemitisch, ja reaktionär eingestellt war (sie will Champagner getrunken haben, nachdem die Arbeiter in Wien niedergemäht worden waren). Überhaupt trank sie viel, und schon zum Frühstück Champagner.[45]

Max Reinhardt, Franz Werfel und Kurt Weill waren ja alle für die Inszenierung von *The Eternal Road* in die USA gekommen. Mit Ausnahme der Änderungen, die immer bei Proben vorgenommen werden, war das Stück fertig. Die Bühne des Manhattan Opera

Oben: Souvenirprogramm für The Eternal Road, *ein gewaltiges biblisches Spektakel unter der Regie von Max Reinhardt mit Musik von Weill und Libretto von Franz Werfel. Premiere war am 7. Januar 1937 am Manhattan Opera House, West 34. Straße.*

Rechts: Sklavenaufstand in Ägypten, 2. Akt, 1. Szene von The Eternal Road. *Foto: Lucas Pritchard/The Lucas-Monroe Collection, Museum of the City of New York*

Gegenüber: Der Fotograf George Platt Lynes nahm mit Lenya in der Zeit von The Eternal Road, *als sie versuchte, in den USA Fuß zu fassen, eine Reihe von PR-Fotos auf.*

Weill beschaffte Lenya kleine Rollen als Miriam und die Hexe von Endor in The Eternal Road.

House war nicht groß genug für Reinhardts ausladenden Inszenierstil, also mußten alle Kabel entfernt und die Bühne verbreitert werden. Bevor dann die Kulissen installiert werden konnten, mußte die gesamte Mechanik erneuert werden. Eines Tages trafen vier mächtige Säulen ein. Auf die Bühne gestellt, erwiesen sie sich als so schwer, daß sie in den Keller einbrachen. Also blieben sie dort. Dies ging so weiter und kostete eine Unmenge Geld. Die Show lag ungefähr dreimal am Boden, bis sie schließlich bühnenreif war und tatsächlich aufgeführt wurde. Das war ein gewaltiger Prestigeerfolg, doch mit 300 Leuten auf der Bühne konnte das unmöglich funktionieren. Man müßte ein Vanderbilt sein, um so etwas am Laufen zu halten.[79]

Sehr bald nach unserer Ankunft in New York sahen wir *Porgy and Bess*. Das zu sehen und zu hören, brach Kurt beinahe das Herz, denn so etwas wollte er unbedingt auch machen. Er wollte die Kraft seiner Musik nicht zurückhalten, nur weil er mit singenden Schauspielern, mich inbegriffen, arbeiten mußte. »Nun muß ich wirklich eine Oper schreiben«, sagte er. Als wir später einmal bei George Gershwin eingeladen waren, wollte Kurt, daß ich etwas für ihn sang. Ich sang also ›Seeräuber-Jenny‹, was natürlich sehr weit von dem entfernt war, was George machte. Der hörte sich das an und sagte: »Weißt du, Kurt, sie hat dieses ... – sie singt wie ein Hillbilly.« Damals wußte ich noch gar nicht, was das war, doch Kurt meinte: »Oh, tatsächlich?« Also ließen wir es und kamen deshalb nicht über die Hillbilly-Phase hinaus.[17]

Proben für The Eternal Road, *eingefangen von dem deutschen Karikaturisten B.F. Dolbin. Im Vordergrund (v.l.n.r.): Franz Werfel, Meyer Weisgal und Kurt Weill. Lotte Lenya hinten in der Mitte*

Die Begegnung zwischen Kurt und Paul Green hatte Cheryl Crawford arrangiert, die damals als Regisseurin am Group Theatre arbeitete. Kurt hatte mit ihr oft über die Möglichkeit einer Show diskutiert, und er dachte dabei an so etwas wie eine amerikanische Fassung von *Schweyk im Zweiten Weltkrieg*. Cheryl meinte, der ideale Mitarbeiter könnte Paul Green sein, der für das Group Theatre *In Abraham's Bosom* gemacht hatte. Cheryl und Kurt suchten Green in Chapel Hill auf, und aus den Diskussionen entwickelte sich dann *Johnny Johnson*. Das begann im Frühjahr 1936, und im Sommer darauf bezogen Kurt, Cheryl, Dorothy Patten und ich ein Haus in Trumbull in der Nähe des Sommercamps des Group Theatre. Paul Green besuchte uns häufig und blieb, während die Arbeit unter der strengen Aufsicht von Cheryl voranschritt. Dies war meine erste wirkliche Begegnung mit dem Südstaatenakzent. Ich konnte ihn nur sehr schwer verstehen. Green war groß, handfest, mit kastanienfarbenen Locken, blauen, ausweichenden Augen, weicher Südstaatenstimme, Bauernpranken, eine Art Gentleman-Farmer, im Gegensatz zu Clifford Odets (der so unverwechselbar meiner Vorstellung eines Intellektuellen entsprach, daß er Stammgast im Romanischen Café in Berlin gewesen sein könnte). Green war bisweilen etwas langsam für Kurts rasantes Tempo und hatte manchmal Probleme mit dem Text; seine Frau Elisabeth half ihm dabei. Kurt bezeichnete ihn als »hinterfotzig«, durchtrieben, nicht freimütig, verglich ihn mit einem Tiroler, kam jedoch insgesamt gut mit ihm aus. Die Szene mit den katholischen und protestantischen Geistlichen und den Schlachtfeldgebeten war Kurts Idee. Das Thema des Stücks lag Kurt sehr am Herzen, und so lieferte er eine seiner besten Partituren. Green war ein ausgezeichneter Tennisspieler. Nachdem der Sommer vorbei war, teilten wir uns mit Cheryl eine Wohnung in den East Fifties mit Blick auf den East River. Green kam dann und wann von Chapel Hill und stieg im Hotel Bristol ab. Kurt mußte drängen, antreiben, Green auf manches hinweisen, so wie bei den meisten seiner Mitarbeiter. Mit ihrer Einfühlsamkeit und ihrem Verständnis für Schriftsteller war Cheryl sehr hilfreich. Sie war eine der ersten in Amerika, die Kurts Musik zu schätzen wußten.[45]

Bevor wir hier in den USA ein zweites Mal heirateten, fragte ich ihn: »Kurt, hast du je daran gezweifelt, daß wir wieder zusammenkommen?« »Nein, nie.« Er sagte das so ruhig. »Nein, daran habe ich niemals gezweifelt.« Es war nicht immer eine leichte Ehe, doch sie war grundsätzlich einfach richtig.[72]

»Hillbilly«-Lenya, Pfeife rauchend auf den Hügeln oberhalb von Santa Monica (1939).

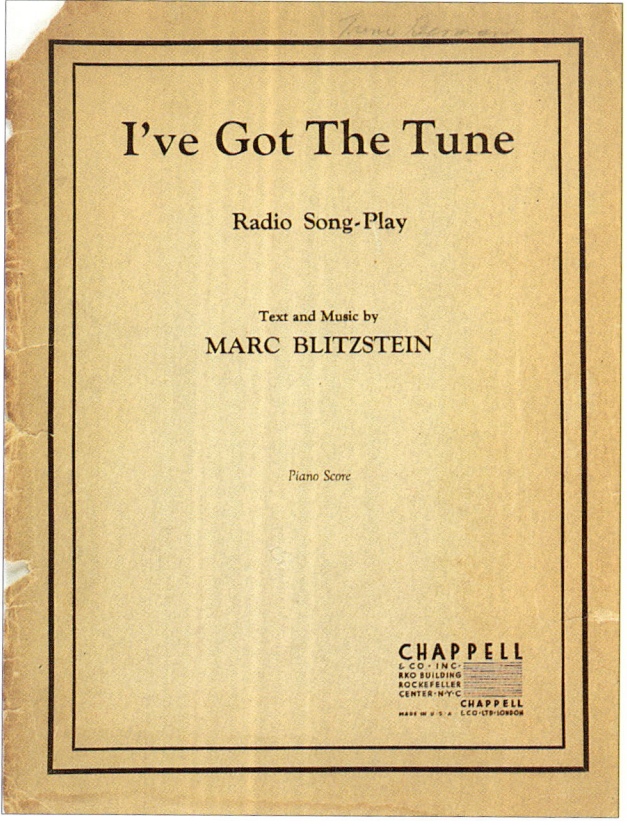

Urkunde der zweiten Eheschließung zwischen Weill und Lenya am 19. Januar 1937 (North Castle, New York)

Partitur (für Klavier und Gesang) von Marc Blitzsteins Radio-Songspiel I've Got the Tune mit Lenya in der Gesangsrolle von The Suicide. Abdruck mit freundlicher Genehmigung von Warner-Chappell Music. Text mit freundlicher Genehmigung entnommen aus dem Nachlaß von Marc Blitzstein.

Eine Woche nachdem beide eine zweite Ehe eingegangen waren, reiste Weill wegen einiger Filmprojekte erstmals nach Hollywood und hielt sich dort sechs Monate auf. Lenya blieb in New York und trat bis zur letzten Vorstellung im Mai in The Eternal Road auf. Sie erwog, sich die Zähne richten zu lassen, um ihren Marktwert in Hollywood zu steigern, doch Weill riet ihr dringend, damit zu warten, bis etwas Definitives feststehe. »Abgesehen von den Filmen weiß ich nicht einmal, ob das für dein Gesicht richtig wäre, denn so wie sie sind, verleihen die Zähne deinem Gesicht Charakter und verstärken auf der Bühne mit Sicherheit deine Persönlichkeit.« Lenya reiste Ende Mai mit ihrem damaligen Begleiter, Bill Jones, kurzentschlossen nach Texas.

Mit dem Geld, das Weill in Hollywood verdient hatte, wechselten beide von den Zimmern, die ihnen die Produzentin Cheryl Crawford zur Verfügung gestellt hatte, in ein eigenes Doppelapartment in der East 62. Straße. Marc Blitzstein fand Lenyas »Anziehungskraft« und »unverbildete, liebliche Stimme« offenbar verlockend genug, um sie in seinem Radio-Songspiel I've Got the Tune zu berücksichtigen, das im Oktober 1937 von CBS ausgestrahlt wurde. Lenya spielte in The Suicide eine junge Dame, die einen spöttischen Schmachtsong vorträgt, bevor sie sich von einem Dach in den Tod stürzt.

In dem Bemühen, in den USA Karriere zu machen, versuchte sich Lenya auch als Nachtclub-Sängerin. So fand sie Einlaß in das neueröffnete Le Ruban Bleu, 4 East 56. Straße. Herbert Jacoby war der Eigentümer dieses Clubs, den Harper's Bazaar als »unheimlich beliebt bei jenem internationalen Völkchen« beschrieb, »das auch in der gleichnamigen boîte in Paris verkehrte«. Dort sang sie ein abwechselndes Programm meist aus Weill-Songs wie ›Kanonen-Song‹, ›Seeräuber-Jenny‹, ›Surabaya-Johnny‹, ›Barbara-Song‹, ›Bilbao-Song‹ und ›The Right Guy‹, den Weill erst kurz zuvor für sein neustes Filmprojekt You and Me komponiert hatte. Besonders schätzte das Publikum offenbar den Song ›Few Little English‹, den Marc Blitzstein für ihren Auftritt geschrieben hatte und der nicht nur über ihr schlechtes Englisch mit deutschem Akzent spöttelt, sondern auch Weills Musik parodiert. Ein früher Textentwurf ist unter dem Titel ›Jimmy's Moll‹ erhalten [erste Strophe]:

When I first came over
on a boat from Dover
I was just a rover
but I knew every trick
on the boat it was funny
strangers called me honey
then they gave me money
I was rich in a week.
Then I meet Jimmy
and Jimmy said gimmie
and I gave him all I had
that was Chicago
and you know Chicago

Well-Jimmy is a Chicago lad
Jimmy is not in business
not exactly business
kind of irregular business
but he makes lots of cash
and I always like that
then he is suddenly flat
und we have to eat hash
I meet the landlord
and that's where my tricks come in
Plizz, I no good speak English
I speak only few little English
Since I am in this land
I no understand.

[Brief an Weill vom 19. April 1938]

Ich hatte eine nette Kritik in der Times (Sunday): engaging *young* Lady (auf die Lady lege ich keinen Wert). Jacoby strahlte. Gestern war es wieder so voll, daß man nicht atmen konnte. Ich bin jetzt richtig gut (nachdem mir Charlie [Alan] am Sonntag die Leviten gelesen hatte, was ich alles falsch machte – und recht hatte er auch). Den ›Right Guy‹ singe ich jetzt ganz leise und es ist jedesmal ein großer Erfolg. (...)

Dann sind wir alle in unseren Puff gegangen, der wieder bis zum letzten Platz voll war. Meyer Weisgal war da. Hat sich gefreut und war so stolz, als wenn er mich geboren hätte. Es ist sehr merkwürdig, wie sich das jetzt herauskristallisiert und die Leute einfach mitgehen, was immer ich auch mache. Sie lieben die deutschen Songs. ›Kanonen‹ ist immer ein großer Erfolg, sie sind mäuschenstill bei der ›Pirate ballad‹. Es ist eigentlich alles gut. Sie geben jetzt richtig an mit mir.

Du glaubst gar nicht, was alles für Leute kommen und *songs* verlangen. Gestern wollte einer den Anfangssong von *Anna-Anna [Die sieben Todsünden]* hören. Es macht mir jetzt Spaß und ich bin froh, daß ich es gemacht habe. Ich lerne sehr viel dabei. Ich weiß jetzt wie ein Audience [Publikum] zu nehmen [ist].

Gestern abend kam plötzlich Marlene [Dietrich]! Sie sah wunderbar aus und hat sich irrsinnig nett gegen mich benommen. Wie Jacoby mich ansagte (...) sagte sie ganz laut, »how wonderful« und applaudierte wie verrückt (was natürlich auf alle einen großen Eindruck machte, Jacoby eingeschlossen). Ich sang den ›Right Guy‹, ›Surabaya Jonny‹ [sic] (das habe ich für sie gemacht) und ›Pirate ballad‹. Sie hat mich an ihren Tisch geholt. Na du [sic] hättest müssen die anderen sehen. Die Fette ist fast zerplatzt. Aber ich fand es wirklich furchtbar nett wie sie sich mir gegenüber benahm. Und heute abend war Cole Porter drin. Er saß mit Horst, dem Photographen von der Vogue. Sie ließen mich als einzige an den Tisch kommen, was wieder gut war. Cole Porter habe ich sehr gefallen er sagte: ich hätte eine »wonderful diction«. Es ist ja ganz wurscht, aber so für die Leute ist es wichtig.[77]

Seitdem ich nicht mehr im Nachtclub auftrete, geht es mir gut. Es war höllisch schwer, jeden Abend die Trunkenbolde (mich inbegriffen) aufzuheitern.[37]

Nach dem Ende ihres Nachtclub-Engagements im Mai 1938 trat Lenya drei Jahre lang nicht mehr auf. All ihre Bemühungen vermochten die Tatsache nicht zu widerlegen, daß sie in Amerika als Kuriosum galt, dessen Talente das konventionelle Publikum nicht zu schätzen wußte. Sie wußte, daß ihr Akzent (dazu

BEGINNING THURSDAY APRIL 7th

LOTTE LENYA

WILL APPEAR NIGHTLY IN A REPERTOIRE

of **KURT WEILL SONGS**

at **LE RUBAN BLEU**

4 EAST 56th STREET   ELdorado 5-9787

Lenya versuchte, ab dem 7. April 1938 mit einem Auftritt im New Yorker Nachtclub Le Ruban Bleu in Amerika Fuß zu fassen.

noch ein deutscher) sie bestenfalls auf kleine Charakterrollen beschränken würde. Hollywood zeigte an ihr kein Interesse.

Nachdem Weill und Lenya sich mit dem Bühnenautor Maxwell Anderson, seiner Frau Mab und Burgess Meredith angefreundet hatten – alle lebten im nahegelegenen Rockland County nördlich von Manhattan –, bezogen sie dort ein angemietetes Cottage. Anderson war bereit, zusammen mit Weill Knickerbocker Holiday *zu schreiben, das im Oktober 1938 Premiere hatte. Weill arbeitete weiter an der Entwicklung von Film- und Bühnenprojekten wie* Railroads on Parade *für die New Yorker Weltausstellung 1939,* Ulysses Africanus *und* Ballad of Magna Carta *mit Anderson, Begleitmusik für Stücke von Sidney Howard und Elmer Rice und landete seinen ersten Broadway-Hit mit* Lady in the Dark *(Buch von Moss Hart, Liedtexte von Ira Gershwin). Da nun Weill so oft im Rampenlicht stand, muß sich Lenya als die wirkliche »Frau im Dunkeln« gefühlt haben. Mit dem Erlös aus dem Verkauf der Filmrechte kauften die Weills Brook House, jenes Heim an der South Mountain Road in New City, an dem Lenya für den Rest ihres Lebens festhalten sollte. Hier suchte sie ihr Glück im Führen des Haushalts und Aufnahme in einem geschwätzigen »Kränzchen« aus Frauen, die mit kreativen Männern verheiratet waren.*

Damals hatte noch kaum jemand von ›Seeräuber-Jenny‹ und *Dreigroschenoper* gehört. Für mich gab es wirklich nichts zu tun – außer meinen Mann nach besten Kräften zu unterstützen. Ich blieb daheim und hielt den Haushalt in Ordnung, damit er arbeiten konnte. Oh, und wie er arbeitete.[26]

Das erste ernstzunehmende Stück, das wir in New York sahen, war Maxwell Andersons *Winterset*. Es hat Kurt sehr beeindruckt. Helen Deutsch, die Presseagentin, machte uns auf einer Cocktailparty, die sie für ihn und Mab gab, miteinander bekannt. Kurt war ganz ungeduldig, Max zu treffen, denn er hatte nicht nur *Winterset*, sondern auch *What Price Glory? [Rivalen]* in Berlin gesehen und fühlte, daß er genau der Mann war, den wir uns vorgestellt hatten – groß, durchdringender Blick, ruhig, sich stets von den Massen fernhaltend, doch eine gewichtige Persönlichkeit verkörpernd. Beim nächsten Mal fuhr uns Helen Deutsch zu einem Essen bei Max. Sie lebte damals gleich gegenüber der Einfahrt zu Max' Grundstück in einer umgebauten roten Scheune. Als wir vorfuhren, arbeitete Mab gerade im Garten, in einem knappen Badeanzug, mit breitkrempigem Strohhut und Gartenhandschuhen, sehr schön mit ihren tief violetten Augen – und entschuldigte sich für ihre Aufmachung. Wir aßen zusammen mit Helen Deutsch und den Andersons und redeten viel über das Theater. Nachher sang ich, von Kurt begleitet, ›Seeräuber-Jenny‹ auf Deutsch. Ihre Tochter Hesper war damals noch sehr klein, etwa vier, wie eine Feenprinzessin, zerbrechlich, mit langem blonden Haar. Max schrieb damals an *High Tor*, und am Abend las Mab eine Szene daraus vor, die Szene mit der Sandschippe. Kurt bedauerte sehr, daß wir Max nicht schon eher begegnet waren, denn *High Tor* erschien ihm als ideales Thema für ein Musikstück, und er glaubte immer daran, es eines Tages in ein Mu-

Gegenüber: PR-Foto für Le Ruban Bleu (1938)

sical verwandeln zu können. Sie müssen sich rasch miteinander angefreundet haben, denn dies war nicht lange vor *Knickerbocker Holiday*.[45]

Für den Sommer mieteten wir ein kleines Haus, während Kurt mit Maxwell Anderson an *Knickerbocker Holiday* arbeitete. Oft ging ich die South Mountain Road auf und ab. Mich faszinierte dort ein bestimmtes Haus, »Brook House«. Ich klopfte an. Wie sich herausstellte, wohnte dort der Schauspieler Rollo Peters. Nachdem wir uns ein wenig über seine Karriere unterhalten hatten, fragte ich: »Haben Sie je daran gedacht, dieses Haus zu verkaufen?« Darauf er: »Ich würde jede andere Immobilie verkaufen, nicht aber dieses Haus. Es liegt mir einfach am Herzen.« Und ich: »Falls Sie sich doch zum Verkauf entschließen sollten, würden Sie mich dann als erste anrufen?« »Ja, das kann ich Ihnen versprechen.« 1941, als Kurt mit *Lady in the Dark* seinen großen Erfolg hatte, meldete sich Rollo: »Sind Sie noch an dem Haus interessiert?« »Ob ich interessiert bin? Aber ja, unbedingt!« Also gingen wir eines Nachmittags zu ihm und schlossen den Kaufvertrag ab. Wir zahlten 16 000 $ dafür, ein echtes Schnäppchen. Und ein schönes Haus mit 18 Acres [72 Hektar].[17]

Zum ersten Mal bin ich hier in einem Stück aufgetreten, das Maxwell Anderson für Helen Hayes geschrieben hatte, *Candle in the Wind*. Als kleines österreichisches Dienstmädchen. Tolle Sache. Mit drei Jahren hätte man mich nachts um drei aufwecken können, und ich hätte diesen Part spielen können. Proben mußte ich nicht. Während der Proben für die Show – die Regie hatte Alfred Lunt – gab es einen lustigen Zwischenfall. Lynn Fontanne saß immer im Zuschauerraum. Da gab es eine Szene, in der ich einen Stuhl unter den Türknauf klemmen mußte, damit die Nazis nicht hineinkamen. Gibt viel Sicherheit, nicht wahr? Eines Tages kam ich zu den Proben, und Lunt sagte: »Darling, es ist schrecklich, aber ich muß es dir sagen. Wir müssen mit diesem Türknauf und dem Stuhl von der linken auf die rechte Seite wechseln.« »Okay«, sagte ich. Und er: »Gut, laß uns das proben.« Ich: »Alfred, das müssen wir nicht proben. Ich muß doch nur über die Bühne und den Stuhl gegen die andere Tür stellen. Das kann ich, ohne zu proben.« Alfred drehte sich um zu Lynn und sagte: »Lynn, ist sie nicht ein Genie?« Ich war so verlegen, daß ich glaubte, sterben zu müssen.[17]

Lenya als österreichisches Dienstmädchen (Cissie) mit Evelyn Varden (Maisie Tompkins) in Maxwell Andersons Candle in the Wind. *Premiere war am 22. Oktober 1941 am Shubert Theater. 94 Vorstellungen wurden gegeben. Foto: Vandamm Collection, Billy Rose Theatre Collection, The New York Public Library for the Performing Arts, Astor, Lenox and Tilden Foundations*

Die japanischen Bomben auf Pearl Harbor am 7. Dezember 1941 hielten das Ensemble von Candle in the Wind *nicht davon ab, von Januar bis Mai 1942 auf Tournee zu gehen. Lenyas Part gab kaum Anlaß zur Zufriedenheit, doch so konnte sie das Landesinnere der USA kennenlernen. Die Tournee führte sie durch Pennsylvania, New York, Ohio, Indiana, Missouri, Wisconsin, Michigan,*

Lenyas Einbürgerungsurkunde vom 5. Mai 1944. Weill hatte seine Staatsbürgerschaft bereits im August 1943 erhalten. Sein Antrag war vorgezogen worden, um ihm während des Kriegs eine größere Rolle zu verschaffen. Bei Lenyas Anhörung stellte ihr der Richter nur die eine Frage nach dem Namen des ersten Präsidenten der USA. Lenyas Antwort – Abraham Lincoln – genügte ihm. Lenyas Freundin, die Schauspielerin Dolores Sutton, berichtet, Lenya habe ihr Jahre darauf erzählt: »Mit dieser Frage hatte ich Glück. Würde er mich etwas anderes über die Präsidenten gefragt haben, hätte ich etwas Falsches geantwortet.«

Lenya und Mab Anderson im Beobachtungsturm der zivilen Luftverteidigung (Rockland County, New York)

Gegenüber: PR-Aufnahme (1942).
Foto: George Hoyningen-Huene/Frederick R. Koch Collection, The Harvard Theatre Collection, The Houghton Library

Illinois, Kentucky, Florida, Tennessee, Georgia, Alabama, Mississippi, Texas, Arkansas, Oklahoma, Kansas und Iowa.

Glücklich über ihren Auftritt, nahm Lenya sechs Weill-Songs für Bost Records auf. Weill und Lenya beteiligten sich an einigen Kriegshilfe-Programmen, und Weill steuerte Kompositionen zu We Will Never Die bei, einem szenischen Stück, das auf die Notlage der Juden in Europa aufmerksam machen sollte. Im weiteren Verlauf des Jahres 1943 wurde Weills One Touch of Venus mit Mary Martin in der Hauptrolle zum Broadway-Hit.

Wir machten einige Aufnahmen für die Kriegshilfe – Voice of America, wissen Sie? Ich sang: ›How Much Longer?‹ für die amerikanischen Boys, natürlich eine Attacke gegen Hitler.[17]

Ein weiterer kleiner Kriegsbeitrag bestand darin, daß wir in Rockland County in einem Turm Flugabwehrwache versahen. Meist spielten wir Canasta. Nun ja, ich habe versucht herauszufinden, von wo die Flugzeuge wohl kämen. Bis ich die einzelnen Himmelsrichtungen heraushatte, hätten wir den Krieg leicht verlieren können![13]

Brecht kam mit seiner dänischen Freundin Ruth Berlau einmal in unser Landhaus in New City, New York. Ich brachte sie ins Gästezimmer, einem schmalen, niedrigen im Early-American-Stil eingerichteten Zimmer. In der Zeit, die ich brauchte, um frische Handtücher zu holen, hatte Brecht alles komplett geändert: die weißen Organdy-Vorhänge abgenommen, die Betten in die Ecke gerückt, Tisch mit Schreibmaschine in die Mitte gestellt und eine chinesische Leinenschriftrolle an die Wand geheftet. In Nullkommanichts standen überall Teller mit Zigarrenstummeln herum. Der Geruch aus Schweiß, Leder und Stumpen hielt sich, bis er wieder abreiste.[45]

Weill schuf einige Spezialarrangements für Lenyas US-Debütaufnahme mit ›Lost in the Stars‹, ›Lover Man‹, ›J'attends un navire‹, ›Complainte de la Seine‹, ›Soerabaya [sic] Johnny‹ und ›Wie man sich bettet‹.

Rechts: In einem pro-amerikanischen Konzert deutscher Exilkünstler sang Lenya die ›Moritat von Mackie Messer‹, ›Surabaya-Johnny‹, ›Seeräuber-Jenny‹ und ›Und was bekam des Soldaten Weib?‹ (mit Kurt Weill am Piano). Programm mit Autogrammen der Ensemblemitglieder.

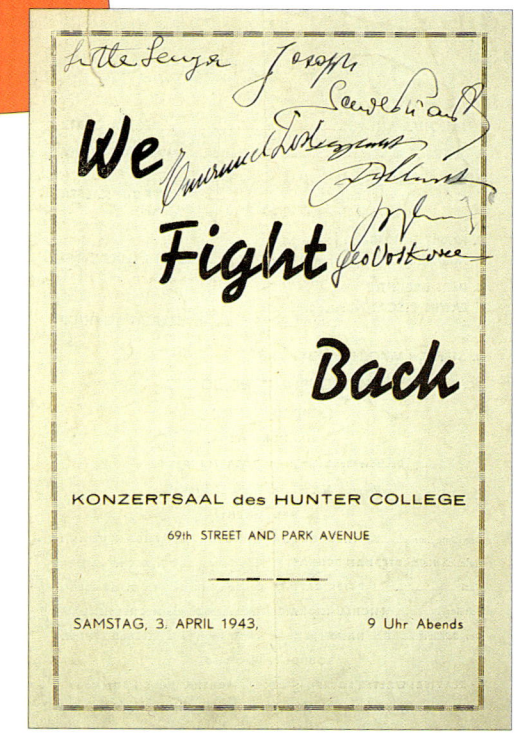

Dieser Cartoon von William V. Madison aus den 1980er Jahren zeigt Brecht bei einem Besuch in Brook House im Mai 1943. Brecht hatte gehofft, Weill für die gemeinsame Erarbeitung musikalischer Fassungen von Schwejk im Zweiten Weltkrieg und Der gute Mensch von Sezuan gewinnen zu können.

Weill schrieb in The Firebrand of Florence *einen Part für Lenya, doch es kostete einige Mühe, Produzent und Co-Autoren (Ira Gershwin und Edwin Justus Mayer) zu überzeugen, sie als Herzogin an der Seite von Melville Cooper einzusetzen. Für ihre PR-Fotos versuchte Lenya eine nicht überzeugende Wandlung zum Hollywood-Starlet, doch der Kunstgriff fiel auf: Sie wirkte weder sexy noch lustig, und zahlreiche Kritiker hielten sie für eine Fehlbesetzung. Lenyas spezieller Song ›Sing Me Not a Ballad‹ wurde später zu einer ihrer beliebtesten Konzertnummern. Insgesamt gab es ausgesprochen mäßige bis negative Kritiken, und die Aufführungen wurden mangels Erfolg eingestellt. Lenya sollte nun zu Weills Lebzeiten nie mehr öffentlich auftreten.*

The Firebrand of Florence: tolle Musik. Nun, die Rolle des Herzogs war für Walter Slezak geschrieben, und mit mir als Herzogin hätten wir ein wunderbares Gespann abgegeben. Walter war jedoch aus irgendeinem Grund verhindert. Er hatte wohl einen Schnupfen, ein Engagement in Hollywood oder was weiß ich. Slezak war also draußen und Melville Cooper drinnen. Ich hing dadurch völlig in der Luft, denn wir beide haben niemals harmoniert. Doch nicht allein deshalb. Die während der Proben noch leichtfüßige Inszenierung von John Murray Anderson wurde durch schwere, zementartige Kostüme gehemmt. In Florenz spielend, hätte das leicht und fließend sein müssen. Doch es war zäh wie Leim, falls sich da überhaupt etwas bewegt.[70]

Kurt pflegte zu sagen: »*Firebrand* war mein erster durchschlagender Flop.« Stimmt. Von da an sagte ich: »Nein, Kurt, hör' mal. Das war das letzte Mal, daß du versuchst, in diesem Land etwas für mich zu schreiben. Vergiß mich einfach. Ich werde alles tun, was du zum Wohlfühlen brauchst.« Das tat ich dann auch fünf Jahre lang. Ich putzte sein Zimmer, immer schön vorsichtig um die Partituren herum, damit ja nichts passierte. Meine Auftritte vermißte ich nicht, ich hatte ja welche – und so wunderbare – gehabt, was ich nie erwartet hätte, als ich damals noch in dem kleinen Zirkus war. Also habe ich gar nichts bereut.

The Firebrand of Florence. *Die Operette hatte am 22. März 1945 am Alvin Theatre Premiere und wurde nach nur 43 Vorstellungen abgesetzt.*
Oben: Lenya (als Herzogin) und Melville Cooper (als Herzog)
Mitte: Lenya mit Earl Wrightson (als Cellini)
Links: Einzug der Herzogin (1. Akt).
Fotos: Lucas-Pritchard/The John Bennevitz Collection, Museum of the City of New York

V.l.n.r.: Alan Jay Lerner, Rita Weill (Kurts Schwägerin), Lenya und ein unbekanntes Kind auf dem Anwesen von Brook House (späte 1940er Jahre)

Im Mai feierten Weill und Lenya das Kriegsende in Europa. Während Lenya mit ihren Freundinnen von der South Mountain Road Karten spielte und mit verschiedenen männlichen Bewunderern Kontakt pflegte, schrieb und orchestrierte Weill in beinahe jeder Spielzeit etwas Neues: Street Scene *mit Elmer Rice und Langston Hughes (1946),* Love Life *mit Alan Jay Lerner (1948),* Down in the Valley, *eine Schuloper mit Arnold Sundgaard (1948) und* Lost in the Stars *mit Maxwell Anderson (1949).*

Lerner war wohlerzogen und charmant und sehr verliebt in seine Frau, die Schauspielerin Marion Bell. Sie war lesbisch und voller ausschweifender Phantasien. Alan sah aus wie ein Oberschüler, schlau, aufgeweckt, mit einem unproportioniert großen Kopf. Er hatte einen ansehnlichen, schlanken Körper und einen sinnlichen Mund. Seine Haare wuchsen so rasch, daß er wie ein Dichter aus dem 19. Jahrhundert aussah. Damals besuchte Lerner einen schwulen ungarischen Psychoanalytiker, der gern mit mir den Czardas tanzte. Kurt mochte Alan, weil er flexibel, begeisterungsfähig und ein wunderbarer Zuhörer war. Meistens arbeiteten sie drüben im Haus von Henry Varnum Poor.

Als wir zur Premiere von *Down in the Valley* nach Indiana fuhren, waren Alan und Marion so relaxt, daß man nie an eine Premiere gedacht hätte. Ich zitterte natürlich tagelang.[45]

Gegenüber: PR-Aufnahme (1945)
Foto: Marcus Blechman

Die Erfolge, die Weill in Amerika hatte, waren nie so aufregend wie die in Berlin. Das konnten sie auch nicht, denn Berlin stand ja am Anfang. Hier war er bereits etabliert, und er konnte beinahe voraussagen, welche Show ein Erfolg würde und welche nicht. Die Atmosphäre am Broadway war ruhiger, aber auch glücklicher. Brecht stand ebenfalls draußen.[72]

Im Frühsommer 1948 schrieb mir meine Schwester Mariedl, Mutter habe plötzlich angekündigt, sie wolle Linnerls Haus in Amerika sehen. Nicht mich, sondern mein Haus. Sie warteten bereits darauf, daß wir den Flug von Wien nach New York klarmachten. Zusammen mit Kurt holte ich sie in LaGuardia ab. Mariedl und ich fielen uns in Tränen aufgelöst in die Arme, doch Mutter begrüßte uns mit gefaßtem Lächeln. Sie war 80 und wirkte nicht älter als 60. Die tiefliegenden Augen von unerschrockener Klarheit, das noch dichte Haar eisengrau, ihr Gang rasch und zielstrebig. Mariedl war fülliger, und ihr längliches, sanftes österreichisches Gesicht zeigte die Entbehrungen der letzten Jahre, doch nun glühte sie vor freudiger Erregung. Ich sagte ihnen, daß wir gleich zurück aufs Land führen, damit sie sich hinlegen und ausruhen können. Mutter lachte und meinte, Mariedl bräuchte vielleicht eine Rast, sie selbst aber sei kein bißchen müde. Sie hatte nur den einen Wunsch, daß wir auf dem Weg bei einer Kirche anhielten, damit sie Gott für ihre wohlbehaltene Ankunft danken könnten.

St. Patrick war die einzige Kirche, die uns kurzfristig einfiel; also fuhren wir nach Manhattan. Kurt wartete im Auto, während ich Mutter und Mariedl in das Gotteshaus führte. Als wir dann auf der 57. Straße nach Westen fuhren, starrte Mutter gespannt aus dem Fenster. Bevor wir nach Norden auf den West Side Highway abbogen, mußte sie ihren ersten und bedeutendsten Kommentar über Amerika loswerden: »Alle amerikanischen Männer gehen mit den Händen in den Hosentaschen.« Einen Augenblick später rief sie »Schau', Mariedl, die Donau!« Ich sagte ihr, daß sie die Donau auf der anderen Seite des Atlantiks zurückgelassen hätten und daß dies ein amerikanischer Fluß sei, der Hudson. Mutter starrte weiter aus dem Fenster und wiederholte mit gelassenem Starrsinn: »Die Donau, Mariedl, es ist die Donau.« Mariedl lehnte sich nach vorn und flüsterte: »Siehst du, wie störrisch sie sein kann?« Vielleicht war es so, vielleicht aber war es auch österreichische Logik: Solch ein großer und prächtiger Fluß, wo auch immer, konnte nur die Donau sein.

Zu Hause angekommen, inspizierte Mutter das gesamte Haus. Wie ein emsiger Vogel hüpfte sie die Stufen hinauf, huschte von einem Raum zum anderen. »Wie gefällt es dir, Mutter?« erkundigte ich mich. »Schön für dich, Linnerl, nicht für mich«, antwortete sie. Damit war sie wohl bereit – Auftrag erledigt –, nach Wien zurückzufliegen.

An jenem Abend fragte ich Mutter, ob sie sich an das alte Tiroler Gedicht »Frau Hütt« erinnere, als Kind eines meiner liebsten Gedichte. Sie kannte es noch ganz auswendig, erhob sich von ihrem Stuhl und gab sie zum besten, die ganze grausige Geschichte vom Fluch der an Hunger sterbenden Bettlerin, die die stolze Frau Hütt in einen Stein verwandelt, mit einfach perfekter Gestik und Intonation. Später durchlebten wir nochmals einige der düsteren Dramen, die sich in den beiden von Mutter noch immer bewohnten Zimmern zugetragen hatten und erinnerten uns, daß die Nachbarn meinen betrunkenen, brutalen Vater respektierten, weil er einen Fiaker lenkte. Mutter war wieder auf den Beinen mit der Schilderung ihrer Fehlgeburt; die traurigen kleinen Überreste wurden in einen Schuhkarton gegeben, doch die Kirche verweigerte eine Bestattung. Während sie die Szene beschrieb, erstarrte ihr winziger Körper, die Augen loderten, und sie schien den Pfarrer hier und jetzt anzusprechen: »Sie können nicht einen Sproß von Herrn Blamauer abweisen!« Der Schuhkarton wurde in geweihter Erde bestattet. Mutters gellende Stimme vernehmend und ihr majestätisches Auftreten beobachtend, ahnten wir, daß nicht allein der Name »Blamauer« den Ausschlag gegeben hatte. Kurt krümmte sich vor Lachen, als Mutter sich wieder hinsetzte. Später sagte er, nun habe er die eigentümliche Qualität meines Talents begriffen.

Als Mutter zu Beginn ihres Besuchs ihre silberne Brille zum Stricken aufsetzte, bemerkte ich, daß das rechte Glas fehlte, doch sie wollte es nicht ersetzt haben. »Laß es, wie es ist, ich habe genug von der Welt gesehen.« Für die Sehenswürdigkeiten, die wir ihr zeigten, interessierte sie sich kaum. Radio City langweilte sie sichtlich. Ich durfte ihr nur ein Kleid kaufen, das sie mit raschem, unfehlbarem Griff selbst aussuchte, ein königsblaues Strickkleid, teuer und schlicht. Alles, das Kurt und ich ihr über unser Leben in Amerika, Kurts Karriere und unsere Bekannten erzählten, hörte sie sich mit Interesse an, ohne jedoch selbst Fragen zu stellen. Mir erschien sie als die am wunderbarsten angepaßte Frau, die ich je gekannt habe: bescheiden in ihren Wünschen, auf niemanden neidisch, am Ende eines langen, harten Lebens angekommen und ohne jeglichen Anflug von Selbstmitleid. Sie war froh, daß alle Kinder aus dem Haus und sie mit ihrem zweiten Mann allein war.

Mab Anderson gab für Mutter und Mariedl eine kleine Abschiedsparty, an der auch unsere Freunde von der South Mountain Road teilnahmen. Mariedl redete unentwegt und verbarg so ihre Gefühle. Mutter indes saß fast den ganzen Abend schweigend da und lächelte auf die drei roten Rosen hinab, die Mab für sie im Garten geschnitten hatte. Steif, doch mit edler Grazie hielt sie sie in den Händen. Als es Zeit war, zum Flughafen LaGuardia zu fahren,

Lenyas Mutter und Schwester zu Besuch in New York (1948).
Vorne (v.l.n.r.): Johanna Heinisch (Lenyas Mutter), Lenya, Maria Hubek (Lenyas Schwester)
Hinten (v.l.n.r.): Mab Anderson, Rita Weill

Lenya mit ihrer Mutter in der Küche von Brook House (New City, New York 1948).

eilte sie zum Auto, ohne ihrer Umgebung einen letzten Blick zu schenken. »Warum weinst du jetzt?«, fragte sie Mariedl grob. »Wir hatten doch sechs herrliche Wochen.« Am Flughafen schüttelte sie Kurt die Hände und sagte ganz förmlich: »Danke, Herr Weill.« Auf meine Frage, ob sie gern noch einmal käme, sagte sie: »*Aber ja!*« Für eine flüchtige Sekunde begegneten sich unsere Blicke zum Abschied zwischen einer Mutter und einer Tochter, die sich nie wiedersehen sollten. Wir umarmten einander, und fort waren sie.

Mariedl schrieb in ihrem ersten Brief, daß ich Mutter in der ersten Woche nach ihrer Rückkehr nicht wiedererkannt hätte. Stundenlang schwärmte sie von dem Flug, den New Yorker Wolkenkratzern, dem Haus von ihrem Linnerl und der Bedeutung ihres Schwiegersohns in Amerika. Alles natürlich in Hörweite ihres Mannes. Und kein Wort über den Hudson.

Meine Mutter starb fast drei Jahre später nach einem Herzinfarkt im Rochus-Hospital. Mariedl kennt nicht einmal die Leute, die jetzt in der alten Wohnung leben. Sollte ich je wieder nach Wien kommen, werde ich sie bitten, einen Augenblick in der Küche stehen zu dürfen, wo ich als Kind geschlafen habe, und im Schlafzimmer meiner Mutter, mit Blick auf die vergoldete Kuppel des Steinhofs. Mehr brauche ich nicht.[45]

Am 17. März 1950 erlitt Weill in Brook House einen Herzinfarkt. Während der Genesung im Krankenhaus begann er mit der Bearbeitung einiger Songs für sein nächstes Projekt, Huck Finn.

Kurt geht es immer besser. Ich habe nur die Sorge, daß er, je besser er sich fühlt, zu rasch und ruhelos wieder an die Arbeit geht. Er muß noch weitere vier Wochen im Krankenhaus bleiben. Bedenkt man die Ernsthaftigkeit seiner Erkrankung, ist das sehr wenig.[76]

Lenya kannte Weill nur allzu gut, und ihre Sorgen waren berechtigt: Weill starb vier Tage später, am 3. April 1950, im Alter von 50 Jahren. Freunde scharten sich um Lenya, während Weill in Brook House aufgebahrt lag. Das schlichte Begräbniszeremoniell zwei Tage darauf bestand lediglich aus einem kurzen Nachruf von Maxwell Anderson. Er enthielt eine Passage aus Lost in the Stars, *die Lenya auch für Weills Grabstein ausgewählt hatte:*

> *A bird of passage out of night*
> *Flies in at a lighted door,*
> *Flies through and on in its darkened flight*
> *And then is seen no more.*
> *This is the life of men on earth:*
> *Out of darkness we come at birth*
> *Into a lamp-lit room, and then*
> *Go forward into dark again.*[5]

KURT WEILL DEAD; COMPOSER, WAS 50

Wrote Music for 'One Touch of Venus,' 'Lady in the Dark' and Other Broadway Hits

ALSO TURNED OUT OPERAS

'Der Protagonist' and 'Tsar Has Himself Photographed' His Best-Known Works

Kurt Weill, the composer, died at o'clock last night in the Fifth Avenue Hospital, after an illness of two weeks. He was 50 years old.

Mr. Weill, whose melodies like "September Song" and "Speak Low" won the plaudits of Broadway, and whose more serious musical achievements were hailed in

KURT WEILL

In 1926, collaborating with Georg Kaiser, he wrote the opera "Der Protagonist," which was produced by the Dresden State Opera.

After composing two other operas, "Royal Palace," with Ivan Goll, and "The Tsar Has Himself Photographed," again with Herr

KURT WEILL IS BURIED

Maxwell Anderson Speaks at Rites for Noted Composer

Special to THE NEW YORK TIMES.

NEW CITY, N. Y., April 5— Kurt Weill, composer, was buried this afternoon in Mount Repose Cemetery at near-by Haverstraw after a brief ceremony by his friends at his home here on South Mountain Road.

There was no religious service. Maxwell Anderson spoke. He is a next-door neighbor and had been a collaborator with Mr. Weill in several Broadway shows. Mr. Anderson told of Mr. Weill's career and their close association.

Leo Sohn, a brother-in-law, also spoke. Mr. Weill's parents and brother are in Palestine and Mrs. Sohn, the former Ruth Weill, was the only close relative here.

Among those at the burial were Mrs Maxwell Anderson, Mr. and Mrs. Rouben Mamoulian, Mr. and Mrs. Max Dreyfus, Robert Sherwood, Mr. and Mrs. Elmer Rice, Mrs. Walter Huston, Mark Blitzstein, Charles MacArthur, Arthur Schwartz, Mr. and Mrs. Milton Caniff and Marc Connelly.

Kurt Weill — Musiker des epischen Theaters

Von Theodor W. Adorno

Die Figur des Komponisten, der in Amerika starb, wird vom Begriff des Komponisten kaum recht getroffen. Seine Begabung wie seine Wirkung beruhte weit weniger auf der musikalischen Leistung als solcher, auf Gebilden, die nach Substanz und Faktur für sich selbst

Zusammenarbeit von Dichter und Musiker ist bis heute unerreicht geblieben. An den Stücken und Songs hat Weill aktiv mitgeholfen; und manche der berühmt gewordenen Melodien gehen auf Brecht zurück. Die schlagendsten Ergebnisse waren „Mahagonny" — besonders

Kurts Wesen konnte man nur sehr schwer erfassen. Als er da zwei Tage lang in unserem Haus in New City aufgebahrt lag, stellte ich mich vor ihn und sagte: »Weißt du, Kurt, erst seit einer Woche verstehe ich dich.« Ich hatte das Gefühl, ihn nie wirklich gekannt zu haben. Zugleich kannte ich ihn und kannte ihn nicht.[72]

Ich möchte mich nur kurz bei Ihnen [dem Musikkritiker Olin Downes] für Ihren wunderbaren Artikel in der *Times* vom letzten Sonntag [10. April 1950] bedanken. Kurt hätte nichts besser gefallen, als ein »Volkskomponist« genannt zu werden, denn nichts anderes war er und wollte er sein.[24]

Fünf Wochen sind nun vergangen seit Kurt starb und ich bin noch keinen Schritt weiter gekommen. Das einzige was mich hier zurückhält ist seine Musik und der einzige Wunsch den ich habe, alles was ich in den letzten 25 Jahren durch ihn gelernt habe, diese Musik zu verteidigen, sie am Leben zu erhalten, was immer in meiner Macht steht alles dafür zu tun. Wirklich wenige wissen von seiner Bedeutung, besonders hier, wo man ja nur einen Teil seiner Werke kennt. Und ich glaube darin werde ich meine Lebensaufgabe finden, diese Musik bekannt zu machen. Alles ist noch sehr verschwommen und ich weiß noch gar nicht wo anfangen. Aber das ist der einzige Gedanke der klar aus meinem verworrenen Selbst immer wieder auftaucht; seine Musik – überlasse es [sic] niemand, niemand soll in seinen Werken herumwühlen. Das ist das einzige, was mich am Leben erhält. Und immer wieder fällt mir die letzte Zeile vom *Silbersee* (...) ein:

Wer weiter muß –
den trägt der Silbersee.[33]

Ich hatte die Hoffnung bereits aufgegeben, die von zahlreichen Freunden in ihren unzähligen Briefen gestellte Frage: »Warum hast du zugelassen, daß er so viel arbeitet und ihn nicht davon abgehalten, ein Stück nach dem anderen zu komponieren?« richtig beantworten zu können. Und es gibt nur die eine Antwort, die Sie [Olin Downes] gaben, als Sie sagten: »Er war dazu bestimmt, genau das zu tun, was er tat, und stetig und erfolgreich auf ein modernes, künstlerisches Musiktheater hinzuarbeiten«. Niemand zuvor hat dies so deutlich und mit soviel Verständnis und Kenntnis seines Werks und seiner Zielsetzungen formuliert. Sie wissen so gut wie ich, daß das Komponieren sein Leben war und es ihm existenziell darum ging, ständig nach neuen Formen des Musiktheaters zu suchen. Ich werde nie vergessen, welche Bestürzung wir 1927 auf dem

Musikfest in Baden-Baden verursachten, als er plötzlich aufgehört hatte, atonal zu komponieren und die erste Kurzfassung von *Mahagonny* schrieb. Ich sehe noch, wie seine Kollegen nach der Aufführung zu ihm stürmten und beinahe schrien: »Weill, wissen Sie eigentlich, was Sie da tun? Sie schreiben in G-Dur!« Kurt lächelte und sagte ganz gelassen: »Ich weiß, was daran verkehrt ist. Es ist keine neue Erfindung.«

Für Kurt war es nicht einfach, ganz von vorn zu beginnen, doch ich sah ihn nie auch nur einen Moment zaudern oder zurückblicken. Er war allein daran interessiert, in diesem Land zu vollenden, was er in Europa begonnen hatte. Kurz vor seiner Erkrankung sagte er zu mir: »Es gibt noch zwei Dinge, die ich unbedingt machen will, und zwar *Huck Finn* und *Moby Dick* als Oper. Und dann, das verspreche ich, werde ich mich ein wenig ausruhen.«[24]

Ich werde zur Premiere von *Lost in the Stars* am 7. August in San Francisco sein. Wir kommen mit dem Zug. Erst dachte ich, ich könne selbst fahren, doch ich bin für solch eine lange Fahrt zu müde. Ich weiß nicht, was der nächste Tag bringt. Und nach dem Konzert, das schließlich – um zwei Tage verschoben – stattfand und

Mab Anderson, Lenya und Maxwell Anderson am 10. Juli 1950 im New Yorker Lewisohn Stadium bei einem Gedenkkonzert für Kurt Weill, auf dem Anderson eine kurze Würdigung verlas. Foto: Institut für Theater-, Film- und Fernsehwissenschaft, Universität zu Köln

ein großer Erfolg war, brach ich vollkommen zusammen. Ich muß einfach in den Tag hineinleben. Manchmal habe ich es sehr schwer, und das Weiterleben erscheint ohne Hoffnung und Sinn. Ich möchte es nicht einmal mehr versuchen, denn ich hatte solch ein herrliches Leben mit Kurt, daß ich keinen Grund sehe, weiterzumachen und zu versuchen – was eigentlich?[1]

Kurt erschien mir neulich in einem merkwürdigen Traum. Er lag in einer Art Bett, und sein Kopf war von den Kissen fortgerutscht. Ich schichtete unentwegt seine Kissen aufeinander, damit er es bequem hatte. Wann immer ich mich umwandte, war er wieder abgeglitten. Ich wachte tränenüberströmt auf, war tagelang unglücklich und dennoch glücklich, daß ich ihn zumindest lebend gesehen habe.[21]

Legenden: Über Kurt Weill

Weill-Porträt von Karsh (1946)

Sie ist eine miserable Hausfrau, aber eine sehr gute Schauspielerin.

Sie kann keine Noten lesen, aber wenn sie singt, dann hören die Leute zu wie bei Caruso. (Übrigens kann mir jeder Komponist leid tun, dessen Frau Noten lesen kann.)

Sie kümmert sich nicht um meine Arbeit. (Das ist einer ihrer größten Vorzüge.) Aber sie wäre sehr böse, wenn ich mich nicht für ihre Arbeit interessieren würde.

Sie hat stets einige Freunde, was sie damit begründet, daß sie sich mit Frauen so schlecht verträgt. (Vielleicht verträgt sie sich aber auch mit Frauen darum so schlecht, weil sie stets einige Freunde hat.)

Sie hat mich geheiratet, weil sie gern das Gruseln lernen wollte, und sie behauptet, dieser Wunsch sei ihr in ausreichendem Maße in Erfüllung gegangen.

Meine Frau heißt Lotte Lenja.[74]

– KURT WEILL (1929)

Weill war sehr klein, unglaublich schüchtern, mit einem merkwürdig kindlichen Lächeln und einem kalten Blick voller Ironie.

Sein Bruder Hans kam nach der mütterlichen Linie, doch Kurt, Ruth und Nathan ähnelten mehr dem Vater: hohe Wangenknochen, braune Augen, gewelltes dunkelbraunes Haar, feingliedrige Handgelenke und Fesseln, insgesamt anfällig wirkend, obwohl sie alle sehr gesund waren. Väterlicherseits hatten sie hohen Blutdruck geerbt.

Die spannungsreiche Beziehung
kommt in diesem berühmtem
Doppelporträt (Berlin 1929) gut
zum Ausdruck.
Foto: Röhnert

Kurt Weill mit Bobtail Wooly, einem Geschenk von Moss Hart,
in Brook House (Mitte der 1940er Jahre).

Kurt hatte bemerkenswerte Ohren: klein, eng anliegend, wohl-
geformt, rund wie Muscheln, ohne Ohrläppchen und berührungs-
empfindlich – besonders haßte er es, wenn ein Friseur sie berührte.

Sehr zarte, schlanke Hände, nach außen hin schmaler werdende Finger, markante Handlinien. Genau einsneunundfünfzig groß,
Schuhgröße 41/42, breiter Brustkorb (wohl zum Teil durch
Schwimmen erworben), schmale Hüften, kräftiges Kinn, großer, angenehm sinnlicher Mund, wie Charles Boyer. Schmale, gerade Nase,
markante Augenbrauen, perfekte Zähne, dominierende hohe Stirn.

Sprach mit sanfter Stimme, leicht spöttelnd, weshalb ihn die
Leute oftmals für arrogant und sarkastisch hielten. Wußte stets, was
er sagen wollte und wie.

Im Zorn wurde seine Stimme nahezu unhörbar, kalt und direkt, messerscharf. Offen für rein professionelle Kritik.

Er konnte lustig und humorvoll, ironisch und satirisch sein,
jedoch nicht bösartig.

Er schlief mit offenen Händen und leicht eingerollten Daumen,
die Hände auf Schulterhöhe – von der Kindheit bis zum Lebensende.

Stets penibel und adrett, wie die gesamte Familie, sehr eigen
mit seiner Kleidung, mochte nicht, daß andere etwas, was er besaß,
berührten, konnte Knitter und Flecken nicht ausstehen.

Liebte einfarbige Krawatten, Socken und Pullover. Begeisterte
sich für amerikanische Freizeitkleidung und Lederjacken.

Liebte Spaziergänge und schwamm gerne.

Verabscheute Gewalt in jeder Form, sah jedoch gern Joe Louis, er mochte dessen pirschende Bewegungsweise.

Beim Gehen pflegte er sich unvermittelt die Hosen mit den Unterarmen hochzuziehen. In Gedanken versunken, rieb er sich mit dem rechten Zeigefinger über den Nasenflügel.[45]

Einige Leute hielten Kurt für arrogant, doch das war er überhaupt nicht. Er war einfach furchtbar schüchtern, und diese Schüchternheit hielt die Menschen wie eine Mauer von ihm ab. Niemand kannte Kurt Weill wirklich. Bisweilen frage ich mich, ob ich ihn überhaupt kannte. Ich war 24 Jahre mit ihm verheiratet, und wir lebten zwei Jahre unverheiratet zusammen; insgesamt also 26 Jahre. Als er starb, betrachtete ich ihn und war mir nicht sicher, ob ich ihn wirklich kannte.[3]

Alle Weill-Kinder brachten nach der Schule und an den Wochenenden Freunde mit nach Hause. In der Wohnung herrschte stets reges Treiben, denn sie lag im gleichen Gebäude wie das jüdische Gemeindezentrum. Alle Weill-Kinder spielten in den Stücken mit, die man dort aufführte, und bei Bedarf wählte Kurt die Musik aus und setzte sich ans Klavier.

Nach der Schule, die von acht bis eins dauerte, kamen die Kinder heim zum Mittagessen. Kurt äffte immer seine Lehrer nach. Er wählte höhere Mathematik anstatt Latein und hatte zweimal in der Woche Musikunterricht bei Albert Bing.

Die vier Weill-Kinder (um 1910). V.l.n.r.: Ruth Nathan, Kurt und Hans
Foto: P. Clasen

Jeden Nachmittag um halb sechs unternahmen die Teenager einen Bummel. Kurt verpaßte ihn nie, so intensiv er auch mit anderen Dingen beschäftigt sein mochte. Er sprang auf, wusch sich Hände und Gesicht, feuchtete seine Haare an und ging fort mit Hans, dem Ladykiller in der Familie.[45]

Busoni hatte wirklich etwas übrig für Kurt mit seiner Bescheidenheit und seinem Talent. Er wußte, daß da etwas Außergewöhnliches geschehen würde. Gleichzeitig war er auch sehr fair. Einmal veranstaltete er in seiner Meisterklasse einen kleinen Wettstreit. Wladimir Vogel war eindeutig der Beste und erhielt den Preis, sehr zu Kurts Bestürzung. Er war sehr ehrgeizig, und wie! Eifersüchtig und ehrgeizig.[72]

Viele behaupten, Kurt sei kalt gewesen, doch er war genau das Gegenteil. Die Leute verwechseln die Intensität seines Schaffens mit Kälte. Nach der *Dreigroschenoper* sagte er mir einmal einen wunderbaren Satz über diese vollkommene Konzentration. Er kam zum Frühstück herunter. Ich saß allein da, oft ziemlich allein, und fragte ihn: »Sag mir, Kurt, werde ich dich von nun an nur noch zum Frühstück sehen?« Er sah mich mit seinen großen Augen an und erwiderte: »Aber Liebling, du kommst doch gleich nach meiner Musik.« So war das also. Trotz seiner Liebe. Gott sei Dank verstand ich das. Es hätte mich kränken können, doch ich sagte: »Schon gut so.«

Ferruccio Busoni (sitzend, Mitte) mit seinen Meisterschülern (Berlin, um 1921). V.l.n.r.: Weill, Walther Geiser, Luc Balmer, Wladimir Vogel

Kurt vertraute meinem Urteil sehr, wenn etwa die erste Orchesterprobe anstand. Niemand außer mir durfte anwesend sein. Er wollte mich dort haben, denn für ihn war ich bereits das Publikum. Mit meinem sogenannten ungeschulten Gehör, das er hochmusikalisch nannte. Darauf vertraute er völlig. Merkwürdig, nicht wahr? Nie durfte ich Noten lesen lernen. »Nein, laß das, du bist musikalisch genug. Das brauchst du nicht. Es würde dich verderben.«

Als Komponist war Weill, ganz ähnlich wie Schubert, ein großer Romantiker. Brecht auch. Die deutsche Romantik steckt in beiden. Dies heute zu sagen, grenzt an ein Sakrileg, denn die Leute kennen Brecht nur von seiner – angeblich – zynischen Seite, was sehr irreführend ist, denn er ist überhaupt nicht zynisch.

Kurt war nicht sonderlich politisch. Worauf es ihm in seinem Leben vor allem ankam, war ein gutes Libretto und das Komponieren. Natürlich sollte es schon ein intelligentes Libretto sein, doch kein durchweg politisches.

Wer macht Brecht zum großen Musikexperten? Was ist in der Musik richtig und was nicht? Kurt Weill war Musiker, Vollblutmusiker. Brecht jedoch, das muß ich sagen, versuchte seine Komponisten so weit zu beschneiden, daß die Musik allein seinen Bedürfnissen als Dramatiker diente, nicht mehr. Er hatte diese Vorstellung, sich vom »kulinarischen« Theater zu entfernen, wo die Leute nur dasitzen und genießen. Beide konnten deshalb nie richtig miteinander harmonieren. Als Weill unabhängig von Brecht arbeitete, blieben sie Freunde, aus gutem Grund. Als Weill *Die Bürgschaft* komponierte – seine große, dreiaktige Oper –, mußte er das einfach tun. Er sagte: »Bisher habe ich für singende Schauspieler komponiert: *Dreigroschenoper*, *Happy End* und *Der Jasager* war für ungeschulte Stimmen. Jetzt ist es an der Zeit, loszulassen. Unbedingt. Sonst werde ich platzen.«[8]

Weill war in jeder Hinsicht schüchtern, nicht aber mit seiner Musik. Wenn er sich ans Klavier setzte, versteinerte er urplötzlich – vor allem, wenn er *Die Bürgschaft* spielte. Die ganze Umgebung, seine Stimme, einfach alles bebte. Ich denke, daß all seine sexuellen Erfahrungen und Emotionen in sein Spiel eingeflossen sind. Es fröstelte einen – diese Kraft aus dem schmächtigen Körper und diesen zarten Händen, all das mit einer einfach faszinierenden Leidenschaft. Für mich war das immer ein überaus spannendes Erlebnis.

Auf Angriffe gegen seine Musik in den Nazi-Zeitungen hat Weill niemals sonderlich reagiert. Er las sie einfach und schwieg, behielt alles für sich. Ich war da viel emotionaler, doch ich war ja keine Jüdin. Nach der tausendjährigen Verfolgung muß sich bei ihm eine Art Immunität entwickelt haben, eine Schutzkapsel.

Dieses Lieblingsfoto stand auf Weills Schreibtisch.

*Seite aus dem Katalog der Naziausstellung »Entartete Kunst« 1938
in Düsseldorf. Wie berichtet wurde, mußten die Exponate über die
Musik zur* Dreigroschenoper *wegen ihrer zu großen Popularität
von den Nazis wieder entfernt werden. Das musikalische Zitat aus
»Die Ballade vom angenehmen Leben« soll Weill als Sympathisanten
der reichen Müßiggänger ausweisen.*

Auf die wichtigen Dinge reagierte er nie mit Gefühlen, war
sehr selbstbeherrscht. Zweifel begrub er einfach. Sichtlich wütend
wurde er nur bei Belanglosigkeiten, so etwa, wenn seine Bleistifte
nicht ordentlich angespitzt waren.[72]

Es gibt nur einen Weill. Es gibt keinen amerikanischen und
keinen deutschen Weill, sondern nur einen einzigen. Das Dümmste
ist, wenn die Deutschen sagen: »Selbstverständlich war unser Weill
viel besser. Er hat sich dann an den Broadway verkauft.« So oft
konnte man das hören. Dabei wissen die nicht, daß unser ganzes
Theater am Broadway stattfindet. Einen anderen Ort haben wir
nicht. Musik gibt es dort, Dramen, einfach alles. Er hat sich also
angeblich an den Broadway verkauft. Was soll das heißen?[59]

Für mich ist *The Eternal Road* noch eng mit seinem europäischen Background verknüpft. Ich kann den Kurt Weill von 1924
nicht von dem Kurt Weill des Jahres 1950 und an seinem Todestag
trennen, denn in seiner Musik gibt es eine ganz deutliche Entwicklung. Viele Leute meinen, Weill sei hier in den USA weicher geworden. Nein, ich halte seine Entwicklung für sehr stimmig.[52]

Weill hatte am Broadway andere Themen als in der *Dreigroschenoper*. Hier gab es schließlich auch andere Probleme. Die
Dummen meinen daher, daß *er* sich verändert habe. Hat er aber
nicht. Er stieß auf sehr gute Literatur, etwa von Maxwell Anderson
oder Ogden Nash. All diese sehr erfolgreichen Musicals. Und *Lost
in the Stars*? Mein Gott, mit den Schwarzen in Johannesburg ist das
fast so aggressiv wie die *Dreigroschenoper*. Ich will Ihnen von einem
Vorkommnis bei *Knickerbocker Holiday* erzählen. Nun, dieses Stück
bedeutete eine große Abkehr von den üblichen amerikanischen Musicals, was das Libretto betrifft. Larry Hart saß bei der Premiere vor
uns. An einer Stelle drehte er sich um zu Kurt und sagte »Kurt, von
nun an brauchen wir wohl andere Librettisten.« Er wußte also, daß
da etwas Neues stattfand. Ich denke, Kurt Weill hatte in diesem
Land extrem viel Glück. Natürlich hat das auch etwas mit seinem
Talent zu tun. Aber er hat es geschafft. Wenn man bedenkt, daß er
nur 15 Jahre hatte – von 1935 bis 1950. Schauen Sie, wie er ein völlig neues Medium nutzte. Und welchen Einfluß er in diesen 15 Jahren ausübte.[70]

›Seeräuber-Jenny‹ ist ein Rachelied, der Song der ewig Unter-
legenen. Da träumt sie nun von dem Tag, da sie es all den Ratten
heimzahlen kann, die sie so schlecht behandelt haben. ›Trouble
Man‹ ist der Schmachtsong einer verliebten Frau, die – egal, er ist
viel enger mit ›Surabaya-Johnny‹ verwandt, ja?[8]

Das Problem ist dieses: Deutsche Kritiker akzeptieren alles, was aus Amerika kommt, sofern es einen amerikanischen Komponisten hat. (Ich weiß, Fritz Loewe ist Wiener, doch er war nie ein deutscher Komponist vom Range Weills.) Von Kurt erwarten sie etwas anderes; wie gut auch seine amerikanischen Musicals waren, sie würden sie doch nicht akzeptieren. In jeder deutschen Zeitung kannst Du nachlesen, daß er billig wurde, broadwaymäßig, und all den Unsinn. Das sagte man sogar von *Lost in the Stars*.[67]

Kurt konnte Adorno nicht ausstehen. Kurt würde ich fast einen Bauern nennen – ein sehr einfacher Mann, überhaupt nicht kompliziert. Er wollte nichts mit diesen hochtrabenden Dingen zu tun haben. Er verstand sie, *wollte* sie aber nicht verstehen. Er war auf ein schlichteres Leben aus, nicht auf solch ein Leben.

Sicher hat es Weill deprimiert, daß er mißverstanden wurde, doch kein Kritiker konnte ihn je verunsichern. Er war sich seiner Sache immer absolut sicher. Nur manchmal wollte er eben etwas Angenehmeres lesen als etwa damals, als sein Violinkonzert in Dessau gespielt wurde. Ein dummer Kritiker hatte geschrieben: »Eine werdende Mutter saß in der ersten Reihe: Hoffentlich wird ihr die Milch nicht sauer, wenn sie das hört.«[72]

Maxwell Anderson, Lenya und Weill in Brook House (1949) während der Entstehung von Weills letztem Musical, Lost in the Stars *(nach dem Roman* Cry, the Beloved Country *von Alan Paton). In den USA war Anderson Weills engster Freund und, so Lenya, sein engster Mitarbeiter. »Rein arbeitstechnisch bedeutete Max für Kurt wohl ebensoviel wie Brecht; und natürlich mochte Kurt Max als Person.«*

Kurt Weill bei der Arbeit (1943). »In seiner Arbeitsweise war er der penibelste Mensch überhaupt, und sehr auf tägliches Arbeiten bedacht. Er hat immer für seine Musik gelebt.«
Foto: Vandamm Collection, Billy Rose Theatre Collection, The New York Public Library for the Performing Arts, Astor, Lenox and Tilden Foundations

Gegenüber: Lenya zusammen mit Weill – ihr Lieblingsfoto

*Erika Neher, die Ehefrau Caspar, hier mit Weill, in den
frühen 1930er Jahren*

Ich will Ihnen sagen, wie das mit Kurt war: Er hatte nicht so
viele, wohl aber recht ernsthafte Affären, denn Kurt war sehr emotional und aufrichtig in seiner Liebe. Er war sehr verliebt in Erika,
die Frau von Caspar Neher. Das war eine feine Affäre. Sie liebte ihn,
doch nichts sollte stören – diese Mauer habe ich nicht angerührt.
Natürlich war ich damals in Wien mit meinem *Fliegenden Holländer*
[Pasetti]. Er erzählte mir nie davon. Erika hatte noch weitere
Affären, so etwa mit Johannes Küpper, auch er ein Freund von
Caspar. Sie war wie ein kleines sexy Pony – blond, robust und
gewitzt. Ob Cas das wohl je erfahren hat?

Kurt konnte wirklich lachen. Vor lauter Lachen konnte er nie
einen Witz zu Ende bringen – die Tränen liefen ihm übers Gesicht.
Einmal gingen wir wegen einer Oper von Rossini, es war wohl der
Barbier, in die alte Met. Als wir wieder draußen waren, gingen zwei
wahre Matronen hinter uns. Sagte die eine zur anderen: »Wußtest
du, daß Rossini im Bett lag, als er die erste Ouvertüre komponierte? Das Fenster war offen, und ein Windstoß fegte die Noten aus
dem Fenster. Anstatt aufzustehen und sie zurückzuholen, komponierte er einfach eine neue!« Darauf die andere: »Priiima.« Wie sie
das sagte, einfach dumm. Nie werde ich vergessen, wie Kurt sich, an
die Wand gelehnt, krümmte vor Lachen.
Ein anderes Mal saßen wir bei *Suor Angelica* in der Galerie,
und er langweilte sich sehr. Dann beugte er sich herüber und flüsterte mir zu: »All diese Nonnen und kein Schwanz in der Nähe.«
In den nächsten fünf Minuten hatte ich keine Ohren für die Musik.
Wir hatten viel Spaß zusammen, wirklich. Das war eine glückliche
Zeit.[72]
Soviel Unsinn wurde über Weill und mich verbreitet. Wenn ich
mich über alles aufregen würde, bekäme ich einen Nervenzusam-
menbruch. Das ist die Sache nicht wert.[49]

KAPITEL 4

Die Saga der Seeräuber-Jenny 1951-1960

Gemälde von Arbis Blatas – Lenya als Jenny –, inspiriert durch die Inszenierung von The Threepenny Opera *am Theater de Lys (New York 1954).*

Wenn Lenya im zweiten Akt nach vorn auf die Bühne trat, um ›Seeräuber-Jenny‹ zu singen, weiteten sich die engen Grenzen des Theaters und wurden durch eine ausgreifende Arena echter Gefühle ersetzt. Denn das ist es, was Kunst vermag und was der Künstler leistet.[38]

– JAY HARRISON, *New York Herald Tribune*

Erschüttert durch Weills Tod, weigerte sich Lenya wochenlang, alleine in Brook House zu schlafen. Ein langjähriger Freund, der ihre Einsamkeit linderte, war George Davis, der in Vanity Fair *und* Harper's Bazaar *Unterhaltungsliteratur schrieb. Davis hatte seine Karriere als Schriftsteller begonnen und 1931 während seines Parisaufenthalts seinen einzigen Roman* The Opening of a Door *veröffentlicht. Nach Amerika zurückgekehrt, beeinflußte er den populären Literaturbetrieb maßgeblich durch die Entdeckung von Schriftstellern wie Truman Capote und Carson McCullers. In den 1940er Jahren leitete er eine »Hauskommune mit Künstlern« in Brooklyn, die einem Zirkel einflußreicher Freunde, darunter Gypsy Rose Lee, Benjamin Britten, Peter Pears und W. H. Auden eine vorübergehende Bleibe bot.*

Nach Kurts Tod sank ich wirklich auf den Grund des Ozeans. George Davis, mit dem wir befreundet waren, seit er uns 1936 für *Harper's Bazaar* fotografiert hatte, rief mich an und fragte: »Lenya, kann ich dir irgendwie helfen?« Und so begannen wir, uns dann und wann zu treffen. Er hat mich wohl aus Freundschaft geheiratet,

Rechts: PR-Aufnahme (1951).
Foto: Louise Dahl-Wolfe/
Staley-Wise Gallery, New York

Lenyas zweiter Mann, George Davis, verwandelte sie in
eine unermüdliche Förderin der Musik Weills
(New York 1952).

damit ich nicht allein bin. Für meine zweite Karriere ist nur er verantwortlich. Ich sträubte mich vehement und haßte ihn dafür.[17]

Wir gaben ein Weill-Konzert in der Town Hall, ich sang. Ich
erinnere mich noch, wie meine Stimme am Abend vor dem Konzert
einfach verschwand. Ich sagte: »Mein Gott, was soll ich nur tun?«
Dann ging der Vorhang auf, und ich mußte hinaus. Ich sah das voll
besetzte Haus und sagte zu mir: »Na los, Lenya, er wäre glücklich
darüber gewesen, also tu' was.« Und tatsächlich, die Stimme kam
von allein zurück. Es reichte der Gedanke, wie sehr es ihm gefallen
hätte, all die Leute zu sehen, die gekommen waren, um seine Musik
zu hören. Meine Stimme war nie klarer gewesen, und seit jenem
Abend begann ich wieder aufzutreten. Das Konzert war so erfolgreich, daß wir es dreimal wiederholen mußten.[28, 70]

Plakat für Lenyas zweites Kurt-Weill-Konzert am 23. Februar 1952. Lenyas erstes Konzert in der Town Hall hatte 1951 stattgefunden. Einer der Organisatoren, Ernst Josef Aufricht, hatte die Uraufführung der Dreigroschenoper *1928 in Berlin produziert.*

Programm für die Premiere von Maxwell Andersons Barefoot in Athens *am Martin Beck Theatre, 31. Oktober 1951. Das Stück über das Leben Sokrates lief nur enttäuschende 30 Vorstellungen. Lenya spielte die Xanthippe, Sokrates' zänkisches Weib. Trotz Lenyas positiver Kritiken während der Testaufführungen ersetzten die Produzenten sie durch eine akzentfrei sprechende Schauspielerin. Bei der Broadway-Premiere war sie dann wieder dabei.*

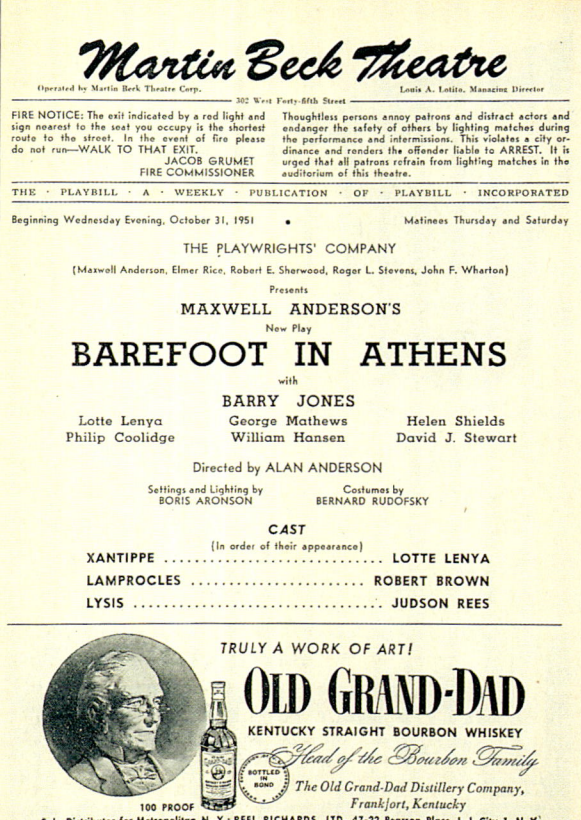

Mit dem lieben »Biddi« [Brecht] habe ich Probleme. Der unterschreibt Kontrakte für mich, wozu er kein Recht hat und ich muß mich hier rumschlagen, um es wieder in Ordnung zu bringen. Der hält wahrscheinlich noch immer fest an seiner alten Philosophie, »daß es nichts gibt, woran man sich halten kann« (womit er ja nicht ganz unrecht hat).[50]

Lenny Bernstein war sehr an einer konzertanten Aufführung der *Dreigroschenoper* interessiert. 1952 kam sie dann in Brandeis auf die Bühne, mit Marc Blitzstein als Erzähler und Lenny als Dirigent. Ein toller Erfolg. Was für ein herrlicher Anblick, während der Proben aus dem Fenster zu schauen und zu sehen, wie die herumsitzenden Studenten zuhörten und manche sogar schon die ›Moritat‹ sangen. Diese Musik werde ich wohl nie mehr so schön interpretiert hören wie von Lenny, so magisch und mühelos.

Tags darauf kamen einige wichtige amerikanische Produzenten auf mich zu und sagten: »Wir möchten das machen.« Ich antwortete: »Na wunderbar. Wie wollen Sie es machen?« Einer meinte: »Nun, es soll in San Francisco spielen.« »Warum in San Francisco? Wenn Brecht nicht an San Francisco gedacht hat, warum dann Sie?« »Es ist mir einfach danach.« Und ich: »Na dann, schönen Dank.« Der andere kam und sagte: »Ich würde das liebend gern machen, doch zuerst müssen wir diese kitschige Orchestrierung loswerden.« »Na dann, schönen Dank. Nein.« Darauf er: »Wenn Sie sich so anstellen, können sie ewig warten.« »Dann warte ich eben.«

Nun, ich mußte nicht ewig warten. Schließlich kamen zwei junge, völlig unbekannte Regisseure, Carmen Capalbo und Stanley Chase, und sagten: »Miss Lenya, wir würden gern die *Threepenny Opera* machen. Wir haben keinen Background, nichts, wir lieben dieses Stück einfach und möchten es inszenieren.« »Würden Sie es so aufführen, wie es geschrieben steht?« »Ja, genau so, wir werden nichts ändern.« »Nehmt es, und fangt an.« Premiere war 1954, und die Inszenierung lief sechs Jahre und neun Monate.

Niemand ahnte, daß *The Threepenny Opera* ein solcher Erfolg würde. Wir mußten nach drei Monaten aufhören, denn das Theater war im Sommer bereits für ein anderes Stück gebucht. Brooks Atkinson war dafür verantwortlich, daß das Stück wieder auf den Spielplan kam. Seine Kritiken pflegte er abzuschließen mit den Sätzen »Bringt *The Threepenny Opera* zurück. Sie war noch nie so gut.« Im September war das Theater wieder frei, und das Stück lief weiter. Der Rest ist Geschichte.

Inzwischen ist *Threepenny* ein großer Erfolg. Darüber bin ich sehr glücklich, am glücklichsten aber bin ich über die wunderbaren Kurzkritiken für Kurts Musik. Man macht mit mir eine Fernsehshow nach der anderen, alles aus Werbegründen, doch es lohnt sich. Momentan bin ich reichlich erschöpft, doch das scheint niemanden zu kümmern. Also mache ich weiter.[21]

Die einzige größere Änderung, die wir in *Threepenny* vornahmen war, daß in der Stallszene Polly statt der ›Pirate Ballad‹ den ›Bilbao-Song‹ singt, und Jenny in der Bordellszene die ›Pirate Ballad‹, wobei ein paar in die Songs einführende Zeilen hinzukamen. Das funktionierte toll, und ich habe mit dem Song an dieser Stelle erheblich zum Erfolg der Produktion beigetragen. Das übrige blieb ziemlich gleich.[39]

Leonard Bernstein rief The Threepenny Opera *mit einer konzertanten Aufführung der Blitzstein-Fassung an der Brandeis University im Juli 1952 wieder ins Leben, mit Lenya als Jenny.*
Foto: Zachery Freyman

Zusammenkunft der »Köpfe« von The Threepenny Opera *(um 1954). V.l.n.r.: Marc Blitzstein, Stanley Chase, Lenya, Carmen Capalbo*

Das Theater de Lys (Christopher Street, Greenwich Village) mit seinen 299 Plätzen beherbergte The Threepenny Opera
sieben Jahre lang. Foto: Friedman-Abeles

Plakat für The Threepenny Opera am Theater de Lys, geze-
ichnet von David Stone Martin

Marc Blitzsteins Fassung der *Dreigroschenoper* ist ein Meister-werk, denn seine Änderungen fallen kaum ins Gewicht. Alle meinen, die Übersetzung wirke verhalten. Meiner Ansicht nach ist das jedoch rein sprachlich bedingt, denn das Deutsche klingt härter als das Englische – das kann man nicht ändern. Selbst Auden und Kallmans Übersetzung von *Die sieben Todsünden*, die Brecht denk-bar nahe kommt, klingt weicher als das deutsche Original.

Brecht ist nie vulgär. Niemals. Der Rat, den er in der ›Tango-Ballade‹ den beiden Menschen gibt, ist für mich beinahe ein Lehrstück. Er sagt nur: »Störe keine Schwangerschaft«, mehr nicht. Wer schmutzige Gedanken hat, kann sagen, das sei schmutzig. Für mich ist das rein.

Es wäre ein ganz schlechtes Zeichen, wenn Weills Werke allein durch meine Anwesenheit überleben könnten. Als ich *The Three-penny Opera* schließlich nach zwei Jahren verließ, waren alle untröst-lich und entsetzt. »Schauen Sie, Miss Lenya, wir werden aufhören müssen.« »Das werdet Ihr nicht. Seid doch nicht dumm. Das ist ein wunderbares Werk, und es wäre ein ganz schlechtes Zeichen für Brecht und Weill, wenn sein Erfolg von einer Nebenrolle abhinge. Wenn die Jenny jemals zur Hauptrolle würde, liefe in der ganzen Inszenierung irgendetwas verdammt falsch.«[8]

Während sie Weills künstlerisches Vermächtnis übernahm, wurde Lenya automatisch auch seine Nachlaßverwalterin. Weill hatte stets direkt mit seinen Verlegern verhandelt, seine eigenen Belange meist selbst vertreten und nur bei größeren Verträgen auf Agenten und Anwälte zurückgegriffen. Aufgrund der Zwangsemigration blieben die Musikrechte auf drei Verleger in zwei Kontinenten und zwischen Verlegern »ernster« Musik (Universal Edition) und populärer Musik (Chappell & Co.) verteilt. Im Laufe der Jahre von verschiedenen Beratern assistiert, sollte Lenya für den Rest ihres Lebens in Vertragsstreitigkeiten und Auseinandersetzungen mit Verlegern verwickelt sein, die weitgehend daran interessiert waren, Weills Musik zu verwerten, ohne in Druck, PR, Vertrieb und Wahrung der Urheberrechte zu investieren. In den beiden kommenden Jahrzehnten würde sie überdies einen unrühmlichen »Witwenkrieg« mit Brechts Frau, Helene Weigel, führen. Sie versuchte, die gut geölte ostdeutsche Brecht-Maschinerie davon abzuhalten, Änderungen an Weills Kompositionen vorzunehmen. Lenya hinterließ ganze Aktenschränke voller Briefe wie die beiden folgenden. Viele von ihnen hatten George Davis oder David Drew für sie verfaßt.

Oben und gegenüber: Lenya bei der Vorbereitung auf einen Auftritt als Jenny in The Threepenny Opera *(1954). Großes Foto: Gena Jackson*

Scott Merrill (Macheath) und Lenya (Jenny) in The Threepenny Opera, *Theater de Lys 1954. Foto: Neil Fujita*

[Brief an Alfred Schlee, Universal Edition]
Bevor ich Ihnen antworten konnte, wegen des neuen Verteilungsschlüssels des Ladenpreises, wollte ich erst M. Blitzstein's Antwort abwarten. Nun hat mich sein Agent (der auch der meinige ist – was die Dinge etwas compliziert) wissen lassen, das [sic] M. Blitzstein 5 % für seine Bearbeitung verlangt. Ich verstehe Ihr Problem sehr gut, 18 % ist ein hoher Prozentsatz. Ihr Vorschlag den Satz auf 15 % runterzubringen, ist mehr wie verständlich. Ich kann nur nicht sehen, warum ich allein ein Opfer bringen muß. Es ist in diesem Falle Brecht's Problem, sich mit seinem Übersetzer zu einigen. Ich bin bereit, auf 10 % herunterzukommen. Wie Sie wohl wis-

Unten: Diverse Bettler und Huren in einer Szene aus The Threepenny Opera *(Theater de Lys 1954). Ganz rechts: Lenya*
Foto: Neil Fujita

Rechts: Lenya (2. v.l.)
in der Bordellszene

sen lieber Herr Schlee, hat Brecht Kurt Weill's Gutmütigkeit in einer Weise ausgenützt, das [sic] mir schlecht wird bei dem Gedanken, daß das nun immer so weitergehen soll. Ich mußte mich mit allem einverstanden erklären, was die *3G.O.* betrifft, da der Vertrag der *3G.O.* evidently nicht geändert werden kann. Niemand hätte hier daran gedacht, die *3G.O.* nur wegen Brecht herauszubringen. Es war Kurt Weills popularity and meine unermüdlichen Bemühungen, das [sic] es so erfolgreich war. Die Schallplatten haben wunderbare Kritiken bekommen und das [sic] M.G.M. jetzt eine *Mahagonny* Suite macht, ist das Resultat des Erfolges der *3G.O.* Production. Und ich habe das Gefühl, es ist nur gerecht, daß ich jetzt auf mein [sic] Recht bestehe. Und das [sic] ich von 13 % auf 10 % herunterkomme, tue ich nicht aus Liebe zu Herrn Brecht. Ich will Ihnen, als [sic] weit als es mir möglich ist, entgegen kommen. Das [sic] Brecht nie auf Briefe antwortet, ist ein alter, erprobter Trick. Aber ich habe herausgefunden, daß er, vor ein Ultimatum gestellt, sehr rasch antworten kann. Er hat denselben Trick mit der hiesigen Production of *3G.O.* versucht, wo er nie auf Fragen antwortete, bis ich ihn wissen ließ, wenn er nicht zu einem gewissen Datum antwortet, das ganze Project ins Wasser fällt. Die Antwort war in einigen Tagen hier … Vielleicht liegt ihm nichts daran, daß die Englische Version gedruckt wird und vielleicht denkt er, daß ja dann noch immer die Bentley Bearbeitung (zu der ich nie meine Einwilligung geben würde) vorhanden ist und den er mit einem netten Brief wahrscheinlich abfinden würde. Aber lassen Sie ihn wissen, daß Blitzstein 5 % verlangt (unter uns – Blitzstein liegt sehr viel daran, daß seine Bearbeitung gedruckt wird und richtig presentiert [sic] – würde sich auch mit viel weniger einverstanden erklären – 2 %. Kommt auf einen Versuch an …). Sobald Sie Blitzstein's Einverständniß [sic] haben, geben Sie Brecht eine Zeitbegrenzung und sehen, ob er darauf reagiert. Wir alle können keine Rockefeller fortune verdienen mit dem Verkauf des Klavierauszuges. Aber in meinem Falle ist es diesmal eine Sache auf Princip [sic]. Eines verstehe ich nicht. Warum müssen Sie Brecht's Einverständniß [sic] haben, wenn zum Beispiel jemand in Mexico *3G.O.* machen will? Ich weiß, daß die Bühnenrechte nicht geklärt sind, aber was kann er denn schon dagegen haben. Ich habe den alten Felix Bloch Erben contract hier und sobald ich etwas Zeit habe, werde ich mich mit meinem Anwalt in Verbindung setzen und sehen, ob die Rechte nicht geklärt werden können. Ist es für die Universal Edition nicht möglich, den Fall aufzuklären? Brecht rechnet sein ganzes Leben damit, daß Leute vor ihm Angst haben und damit macht er sein bestes Geschäft. Aber schließlich existiert ja doch noch so was wie Gesetz. Und es muß möglich sein herauszu finden [sic], ob die Büh-

Die Bordellszene, eine von mehreren Lithographien von Arbit Blatas mit Szenen aus The Threepenny Opera *(nach der Inszenierung am Theater de Lys).*

Unten: Die Kunde vom Erfolg der Threepenny Opera *in New York gelangte bis nach Ostdeutschland, wo die Zeitschrift* Theater der Zeit *in ihrer Ausgabe vom September 1956, einen Monat nach Brechts Tod, einen Leitartikel brachte.*

nenrechte wieder, nach Auflösung des Bloch-Erben Vertrages an die U.E. zurückfielen. Ich wäre viel glücklicher, wenn das der Fall wäre.

[Brief an Alfred Kalmus, Universal Edition]
Es war sehr freundlich von Ihnen mir eine Kopie des Briefes an Brecht zu schicken. Wie, so frage ich mich, wird er wohl darauf reagieren, daß ein Earl und ein Viscount seine Bettler und Huren am englischen Theater sponsern möchten? Recht friedlich, denke ich! Inzwischen würde ich gern einige meiner eigenen Reaktionen auf die von der English Stage Society geplante Inszenierung festhalten.

Erstens die zu verwendende englische Fassung. Ich nehme an, mit der Vorkriegsfassung ist die von Eric Bentley und Desmond Vesey gemeint (die für die erste amerikanische Produktion verwendete Fassung war nach allgemeiner Auffassung kläglich unzureichend). Die Bentley-Vesey-Fassung wurde hier veröffentlicht und bereits ein paar Mal von College- und Amateur-Gruppen aufgeführt. Mr. Bentley hatte gehofft, Kurt würde ihr seinen Segen geben. Selbstverständlich jedoch weigerte er sich. Kurt hielt ihre Fassung für schal und gestelzt, die Texte für nicht singbar und die

Partitur für ziemlich entstellt. Letzten Winter gab es in Chicago einige nicht genehmigte Aufführungen mit sehr schlechten Kritiken. Trotzdem hat Mr. Bentley für die Blitzstein-Fassung kein gutes Wort übrig, die er beim Schreiben zurückhaltend und im Privaten ungehemmt attackiert.

Die Blitzstein-Fassung entstand hauptsächlich für Aufführungen in Amerika, so daß der amerikanische Slang selbstverständlich bewußt eingesetzt wird. Der große Erfolg beim Theaterpublikum und bei den Kritikern wiederholt sich derzeit bei den zahlreichen Schallplattenfans und -kritikern. Vor allem ist sie hervorragend singbar, vermutlich weil Marc ebenfalls Komponist ist, und dramaturgisch äußerst effektiv, da Marc über eine lange Theatererfahrung verfügte. Deshalb und weil diese Qualitäten allen früheren Fassungen vollständig fehlten, bereitet mir eine neue Fassung Sorge. Gibt es denn keine Möglichkeit, Marcs Fassung in England zu verwenden? Ich weiß, daß alle Amerikanismen notwendigerweise wegfallen müßten und gebe zu, daß ich nicht beurteilen kann, ob sie in seiner Fassung unentbehrlich sind oder nur eine Art Beiwerk verkörpern. Könnte jemand wie Wolf Mankowitz dafür in Frage kommen, oder würde er auf einer reinen Originalfassung bestehen? Falls ja, könnte man ihn bitten, zunächst seine eigenen Fassungen der ›Moritat‹, ›Seeräuber-Jenny‹ und vielleicht noch von ›Wovon lebt der Mensch?‹ zu erarbeiten.

Möglicherweise besitzt Mankowitz ja, wie Marc Blitzstein, ganz eigene Qualitäten, wodurch er für eine englische Inszenierung perfekt geeignet wäre. Sein Name sagt mir nichts; mein Mann sagt, er kenne seinen Namen, aber nicht seine Arbeiten. Hat er etwas verfaßt, was man mir schicken könnte?

Übrigens habe ich nichts von dem mit Marc Blitzstein besprochen. Er könnte sich sehr dagegen wehren, seine Fassung in irgendeiner Weise angerührt zu sehen. Im Vertrauen: Wie Mr. Bentley wollte auch Marc, daß seine Version zur einzig autorisierten englischsprachigen Fassung würde. Damit wäre ich nicht einverstanden, trotz meiner Bewunderung für seine Arbeit und meines Gefühls, daß keine andere bestehende Fassung eine Ahnung von Brechts Poesie und Kraft vermittelt. Ich bezweifle, daß er seine Enttäuschung gut verkraftet hat, doch die momentane Diskussion über die Inszenierung der English Stage Society wäre nicht möglich gewesen, wenn ich einen solchen Schritt unternommen hätte! Unterdessen könnte dies alles auch den Druck der Blitzstein-Fassung durch die Universal Edition betreffen – oder nicht? Was meinen Sie?[69]

Oben: Die Aufnahme von The Threepenny Opera *mit dem ursprünglichen Off-Broadway-Ensemble wurde 1954 von MGM Records produziert und veröffentlicht.*
Unten: Plakat für Martin Vales Stück The Two Mrs. Carrolls, *inszeniert im Juli 1954 am Lakeside Summer Theatre in Lake Hopatcong (New Jersey) mit Lenya als Mrs. Carroll und Scott Merrill als Denis Pennington.*

George Davis verhandelte mit MGM Records über die Erstaufnahme von Kurt Weills Violinkonzert und der Ensemble-Aufnahme der amerikanischen Threepenny Opera, *gefolgt von Lenyas berühmten und vielfach neu aufgelegten Aufnahmen in Deutschland für Philips und Columbia. Oft ließ sie die Musik mit Blick auf ihr Alter und die tiefere Stimme transponieren oder umarrangieren, was sie vor der Presse zu verheimlichen suchte. Lenya und Davis unternahmen zwischen 1955 und 1958 zahlreiche Reisen über den Atlantik für Schallplattenaufnahmen oder den Besuch der Premieren wichtiger Inszenierungen von Weills Bühnenwerken.*

Oben: Studium der Partitur in Vorbereitung auf die Erstaufnahme von Weills Violinkonzert auf MGM Records. V.l.n.r.: Die Violinistin Anahid Ajemian, der Dirigent Izler Solomon, Lenya und der Produzent Ed Cole (März 1955)

Rechts: George Davis und Lenya treffen 1955 in Hamburg ein zur ersten von zahlreichen Schallplattenaufnahmen in Europa, die Davis mit Columbia und Philips Records arrangiert hatte.
Foto: Klaus Kallmorgen

Erstmals kam ich 1955 wieder nach Berlin, um Schallplatten für Columbia aufzunehmen, und fand meine geliebte Stadt vollkommen zerstört vor. Ich wollte gleich wieder heimreisen. Da sah ich nun jene Stadt, die ich wirklich geliebt hatte, in der ich Kurt Weill begegnet war, in der wir glücklich und erfolgreich waren. Ich blieb wegen der Schallplattenaufnahmen. Als ich nach drei Tagen durch die zerstörte Stadt ging, ließ mich das gänzlich ungerührt. Es war wie ein Spaziergang durch Pompeji. Es war mir so entrückt, weil es überhaupt nicht mehr dem glich, was es einst war.[16]

Blick auf die Ruinen Berlins während ihres ersten Nachkriegsbesuchs 1955.

Bahnübergang in Berlin (1955)

Inzwischen sind wir an die Trümmer gewöhnt, die man mit religiöser Inbrunst forträumt.
Welch eine Entschlossenheit, wieder nach ganz
oben zu kommen. Man könnte das bewundern,
müßte man nicht befürchten, irgendwo könnte ein
zweiter Hitler lauern. In Deutschland findet man
keinen einzigen Nazi! Niemand war dabei. Alles
nur ein Traum.[21]

Ich habe Ihnen [Elisabeth Hauptmann]
eben wegen der deutschen Texte für eine Schallplatte telegrafiert, die ich in Hamburg für Columbia aufgenommen habe. Ich konnte sie überreden,
Brechts Texte auf Deutsch auf dem Plattencover
abzudrucken. Sie sind so wunderbar, und ich
möchte sie auf dem Cover haben, zusammen mit
einer literarischen Übersetzung ins Englische, die
George und ich auf dem Schiff angefertigt haben.
Sagen Sie doch Brecht. daß ich außer ›Seeräuber‹,
›Surabaya‹, ›Barbara‹, ›Moritat‹ etc. auch ›Die
Ballade vom ertrunkenen Mädchen‹ aufgenommen habe – mit zwei summenden Männerstim-
men, einer Gitarre und meinem Gesang. Es wurde
wunderbar (nichts für die Hitparade, doch ich
liebe es, und so wurde es gesungen). Auch brauche ich Brechts grundsätzliches Einverständnis für
eine Produktion der *Sieben Todsünden*, die Frankfurt in einem großen Haus machen will zusammen
mit einem Ballett von Strawinsky und der Premiere eines Balletts von Boris Blacher. Bitte fragen
Sie Brecht, ob es noch alte Abmachungen oder Kon-
trakte mit Edward James und Boris Kochno gibt, an die wir gebunden sein
könnten. Ich besitze nur die volle Partitur, aus der die Orchester-
teile herausgezogen werden müßten. Ich denke, dies ist eine wunderbare Gelegenheit, dieses Werk wiederzubeleben. Weitere Aufführungen könnten die Folge sein. Ich warte auf Brechts Vor-
schläge.[39]

Na hören Sie, Brecht erfand seine Theorien erst viel später –
dieses epische Theater und all das. Nach meiner ersten Aufnahme
für Columbia, *Lotte Lenya singt Kurt Weill*, ging ich nach Berlin, in
die Ostzone, um mit Brecht über das Album zu sprechen. Er sagte:
»Lenya, ich kann mich kaum noch an alle Songs erinnern.« Ich war
ganz allein mit ihm. Er saß auf einem sehr hohen neugotischen

*Gesangsauftritt bei einem Empfang im Atlantic Hotel
(Hamburg 1955). Foto: Klaus Kallmorgen*

Lenyas erste Nachkriegsaufnahme in Deutschland ent-
stand 1955 für Philips. Die Zusammenstellung deutscher
Theatersongs von Kurt Weill, Lotte Lenya singt Kurt
Weill, *erlebte zahlreiche Neuauflagen. Abdruck mit fre-*
undlicher Genehmigung von PolyGram Records

Stuhl, mit Mütze und Lederjacke. Kein Klavier, nichts. »Könntest du etwas singen?« »Ja, wie wär's mit ›Surabaya-Johnny‹?« »Das wäre schön. Würdest du?« »Na sicher.« Ich fing also an, doch genau in der Mitte, ich weiß nicht, was passierte, hörte ich auf. »Brecht, ich möchte dich etwas fragen. Na, mit deinem epischen Theater ... vielleicht möchtest du, daß ich den Song anders vortrage, weniger emotional.« Worauf er sich erhob, meine Wangen berührte – wirklich – und sagte: »Lenya, Darling, was immer du auch machst, ist episch genug für mich.« Das sagte er tatsächlich. Ich hätte einen Zeugen gebraucht, doch es war niemand da.

Und noch etwas Merkwürdiges passierte. Ich sang die ›Ballade vom ertrunkenen Mädchen‹ aus dem *Berliner Requiem*, über Rosa Luxemburg, nicht wahr? Ich sang also. Dabei kannte ich Brecht so gut, daß ich wußte, er hatte noch etwas im Sinn. Ich ging bereits zur Tür, und er hatte schon die Klinke in der Hand, als er fragte: »Lenya, Darling, darf ich dich um etwas bitten?« »Ja, sicher.« »Würdest du, könntest du vielleicht kommen und die ›Ballade vom ertrunkenen Mädchen‹ für mein Archiv singen? Wäre dir das möglich?« Darauf ich: »Brecht, ich würde äußerst ungern meinen amerikanischen Paß loswerden. Du mußt mir aber versprechen, die Aufnahme wirklich nur für dein Archiv zu verwenden und niemals zu veröffentlichen.« Es wäre doch unfair gewesen, bei Columbia unter Vertrag zu stehen, vorzupreschen und es zuerst für ihn zu singen. Brecht erwiderte: »Nein, versprochen, ich werde sie nie verwenden und sie nur meinen Schülern vorspielen, damit sie sehen, wie man den Song vortragen sollte.« Das war an einem Donnerstag, und am nächsten Samstag ging ich zum Theater am Schiffbauerdamm, wo man hinter der Bühne dabei war, für das erste Engagement des Berliner Ensembles in Paris alles zusammenzupacken. Der Asbestvorhang war unten, doch immer noch hörte man ein Hämmern. Brecht geleitete mich in eine kleine Kabine, wo er alles für den Song vorbereitet hatte. Doch dieser ganze Lärm – man hörte nichts – und diese Störungen. Er ging also hinter den Asbestvorhang. »Ruhe, Ruhe da hinten. Das hier wird viel länger bestehen bleiben als das, was ihr da gerade macht.« Ich sagte: »Brecht, du wirst dich wohl an die Vorstellung gewöhnen müssen, daß du hinter dem eisernen Vorhang bist.« Das quittierte er mit einem lauten Lachen, »HA-HA-HA!«, und drehte sich nach etwaigen Mithörern um.[59]

Ob Brecht die Armut mochte? Nein! Er wollte reich sein, und ist es auch. Gewiß, er war Kommunist und lebte auch wie einer, in einem prächtigen Haus in Ostberlin. Er besaß alles, was man nur bekommen konnte. Wenn das Kommunismus ist, bin ich dabei.[52]

Lotte Lenya sings Kurt Weill. *Für die britische Ausgabe (Philips Records) wurde eigens ein neues Cover geschaffen, das Mackie Messer nach einem Gemälde von Emmerich Weninger zeigt. Abdruck mit freundlicher Genehmigung von PolyGram Records*

Unten: Saul Bolasnis Lenya-Porträt erschien auf dem Cover der amerikanischen Pressung (Columbia), die unter dem Titel Lotte Lenya Sings Berlin Theatre Songs by Kurt Weill *veröffentlicht wurde. Abdruck mit freundlicher Genehmigung von Sony Records*

Der Präsident von Philips ist ganz verrückt nach meiner Platte. Immer wenn sie im Radio gespielt wird, gibt es die gleiche Resonanz. Die größte Rundfunkanstalt wird ihr nun eine ganze Stunde widmen. Ich bin darüber sehr glücklich, denn als Columbia mich dorthin schickte, wußten sie nicht, was passieren würde (und ich auch nicht).[21]

Der schwierigste Song ist ›Surabaya-Johnny‹. Und zugleich der einfachste, doch man muß die richtige Atmosphäre und Bedeutung des Texts erfassen. Für mich ist es eines von Brechts besten Gedichten, und dazu die herrliche Musik![17]

Im Sommer 1955 kehrten Lenya und Davis in die USA zurück und bezogen ein Apartment in Manhattan (994 Second Avenue), um ihren Verpflichtungen leichter nachkommen zu können. The Threepenny Opera *wurde ab September wieder im Theater de Lys aufgeführt.*

Ich bin schon ganz gespannt auf den Umzug in die Stadtwohnung. Ich mag den Gedanken, den Winter in der Stadt zu verbringen und dort bei der Arbeit das Klavier zur Hand zu haben. Draußen auf dem Land ist es nicht gut, und in der Stadt wird es viele geben, die spielen können, und wir werden neue Aufnahmen planen und Kurts Musik wirklich voranbringen können. Ist es nicht komisch, wie seit unserer Europareise alles funktioniert? Ich freue mich so für George. Er hat offenbar zu sich gefunden, wo wir jetzt eine Wohnung in der Stadt haben und er sich mit anderen austauschen kann (ich kenne niemanden, der stärker darauf angewiesen ist). Sicher werden wir Höhen und Tiefen durchleben, wie jeder. Jetzt aber wissen wir, wie wir das bewältigen können und nicht mehr so irre werden.

Ich bin daheim, dabei sollte ich im Theater sein. Habe mich schrecklich erkältet, als ich nachts hundemüde nach Hause fuhr, und wegen der ganzen üblichen Verantwortung, die mit *Threepenny Opera* zu tun hat. Aber es wird sehr gut. Wir haben prächtige neue Leute gefunden, und das ist alle Mühen wert. Der liebe George unterstützt mich weiterhin auf seine einzigartige Weise und kümmert sich um das Schallplattencover (er weiß so gut, wie es aussehen und was auf der Rückseite vermerkt sein sollte). Und dann noch Ed Cole, der Produzent und Geldgeber, mit seinem großen Talent und Kenntnisreichtum. Sein Enthusiasmus für Madame Lenya braucht einen gehörigen Dämpfer. Als Dritter noch Neil Fujita, ein toller Art Director bei Columbia, der das Album liebt und ganz stolz darauf ist, etwas Besonderes zu leisten. Zumindest wird es herrlich ausschauen.

Dieses ganze Abenteuer am Theater de Lys war recht anstrengend. Doch die Inszenierung von *The Threepenny Opera* war wunderbar, viel besser als im letzten Jahr. Wir bekamen hervorragende Kritiken, und so sind alle glücklich. Vier Vorstellungen am Wochenende verlangen mir alles ab. (Ich kann es nicht weniger ernst nehmen, sonst wäre es nicht gut.) Heute sollte eigentlich mein Ruhetag sein, doch was habe ich gemacht? Bin um zehn aufgestanden, habe gewaschen und gebügelt, eine Zeitlang das herrliche Herbstlaub betrachtet und mir gewünscht, noch ein paar Tage auf dem Lande bleiben zu können.

Heute erhielten wir die Kritiken aus Berlin, wo der *Silbersee*, Kurts letztes Stück, bevor er Deutschland verlassen mußte (und die erste von Hitler verbotene Aufführung), auf dem Berlin-Festival gezeigt wurde. Letzten Sommer hatte ich viel damit zu tun, denn der Verleger hatte es bereits an eine kleine Experimentiergruppe vergeben, und ich rannte in Berlin herum und versuchte ihn zu überzeugen, daß dies der falsche Ort sei. Ich setzte mich schließlich durch und konnte es auf dem Festival unterbringen. Es war solch ein toller Erfolg, daß sich der Verleger schriftlich entschuldigte und mir die Kritiken schickte. Ich bin sehr glücklich darüber, doch auch müde. Was war das für ein Kampf. Aber es kommt auf das Ergebnis an, und deshalb kann ich nichts Negatives empfinden. Auch Kurt

Gegenüber: Lenya in ihrer Garderobe im Theater de Lys.
Foto: Gena Jackson

hätte gekichert, wenn er mich hätte sehen können, wie ich von einem Dickkopf zum anderen rannte, um sie von meiner Sichtweise zu überzeugen. Was nun?

Letzte Woche tat ich etwas sehr Lustiges. Sagt Ihnen der Name Turk Murphy etwas? Er hat eine Band, eine Dixie-Band, und spielt Posaune. Er machte gerade Aufnahmen für Columbia, und sie baten mich, nach der Vorstellung herüberzukommen und mir das anzuhören. Als ich dort war, fragten sie mich, ob ich nur zum Spaß mit der Band die Moritat aus *Threepenny* singen würde. Das

Turk Murphy und Lotte Lenya bei der Aufnahme der ›Moritat‹. Die Schallplatte kam in den USA nicht in den Handel, da die Produzenten den Wettbewerb mit der Fassung Louis Armstrongs scheuten.

Rechts: Louis Armstrong und Lotte Lenya bei der Aufnahme der ›Moritat‹ 1956 für Columbia Records.

Lenya und Louis Armstrong mit Band bei den
Proben für die Aufnahme von ›Mack the Knife‹.

wurde so gut und witzig, daß Columbia die Aufnahme heraus-
bringt. Ich mit Band, ein großer Spaß für mich, und allen hat es
gefallen. George saß auch da, und Sie hätten sein Gesicht sehen sollen! Strahlen ist nicht das richtige Wort dafür. Schon merkwürdig,
wieviel Vertrauen er mir gibt. An solche Dinge hätte ich mich nicht
gewagt, aber nun: einfach ran, ohne viel zu überlegen. Jetzt aber
genug über diese »große Künstlerin« (...)[21]

Meine Aufnahme von ›Mack the Knife‹ mit Turk Murphy entstand kurz vor der von Louis Armstrong. Ich sang auf Deutsch, und
Turk setzte mit seiner Jazzband ein. Eine sehr gute Aufnahme.
Doch die von Louis am Tag darauf war noch besser. Also sagte
Goddard Lieberson zu mir: »Diesen Turk werden wir auf Eis legen
müssen und dafür Louis' Aufnahme herausbringen.« Die Auf-
nahmesitzung werde ich nie vergessen. Armstrong kam mit seiner
ganzen Entourage. Als sie zu spielen begannen, klang das nach einer
Jam Session. Bei all dem Lärm konnte man keine einzige Note von
›Mack the Knife‹ heraushören. Schließlich sagte jemand: »Okay,
Louie, los geht's!« Und alle stimmten ›Mack the Knife‹ an und
spielten es aus dem FF. Ich blickte George [Avalcian, den Produzen-
ten] verwundert an, doch der meinte: »Hey, Louie, nochmal das
Ganze, nur zur Sicherheit, falls mit dieser hier was passiert.« In der

In Düsseldorf mit einigen Ensemblemitgliedern bei der deutschen Premiere von Street Scene *(Weill, Elmer Rice, Langston Hughes, 1947) im November 1955. Foto: Elfi Hess*

Mitte, als er zu den Namen kam – Jenny Diver, Lucy Brown –, unterbrach ihn George für eine Sekunde und flüsterte ihm etwas ins Ohr. Louis machte es noch einmal, und diesmal sang er »Jenny Diver, Lucy Brown, dah, da, dah, Lotte Lenya.« Das war millionenschwere Publicity. Bobby Darin machte später das gleiche. Ich habe in meinem Leben wirklich immer viel Glück gehabt.[17]

Weill hätte die Aufnahme von Armstrong gemocht. Natürlich kannte er alle seine früheren Aufnahmen. Einmal brachte ich ein sehr modernes Jazz-Arrangement von ›September-Song‹ mit nach Hause. Er hörte höchst aufmerksam zu und sagte dann: »Was ist das?« Bald wurde ein Anflug der Melodie hörbar. »Oh, ja«, sagte er. Auf meine Frage, wie es ihm gefallen habe, antwortete er mit einer Zeile aus der *Dreigroschenoper*: »Es geht auch anders, doch so geht es auch.« Für Armstrong aber hätte er geschwärmt, und auch für Bobby Darin. Weil sie nämlich die Melodie nicht verändert haben. Die blieb intakt.[52]

An einem Abend, lange bevor ›Mack the Knife‹ derart berühmt wurde, waren Kurt und ich bei Billy Rose zum Essen eingeladen. Wir waren damals noch nicht lange in den USA und hatten nicht viel Geld. Irgendwann sagte Billy: »Kurt, weißt du, es gibt da einen Song, den ich dir gern abkaufen würde; ich zahle dir jeden Betrag.« Kurt wich mißtrauisch zurück und fragte »Welcher Song ist das?« »Ich möchte die ›Moritat‹ kaufen.« Kurt schwieg eine Zeitlang und entgegnete: »Billy, ich verkaufe dir die gesamte *Threepenny Opera*, wenn du sie kaufen möchtest, aber nicht diesen Song.«[68]

Die Moritat wurde inzwischen von 17 verschiedenen Schallplattenfirmen aufgenommen. Sie ertönt überall aus Bars, Jukeboxes, Taxis. Kurt wäre begeistert gewesen. Ein Taxifahrer, der seine Melodien pfeift, hätte ihm mehr gefallen als der Pulitzer-Preis.

Gegenüber: Besprechung mit dem von Wilhelm Brückner-Rüggeberg dirigierten Orchester bei den Proben für Aufstieg und Fall der Stadt Mahagonny *(Hamburg 1956).*

Oben: Noten zu ›Mack the Knife‹ von Harms (1956).

Unten: *Cover der Philips-Aufnahme (1956) von* Die sieben Todsünden, *der ersten Aufnahme eines der populärsten Weill-Werke. Der Dirigent Wilhelm Brückner-Rüggeberg besorgte ein auf Lenyas 58 Jahre alte Stimme zugeschnittenes, transponiertes Arrangement. Abdruck mit freundlicher Genehmigung von PolyGram Records*

Das Außenministerium wird für meine Deutschlandreise im November [1955] zur Premiere von *Street Scene* aufkommen. Dafür hat George gesorgt. Nun kann er mich begleiten und mir helfen, der Presse und den dortigen Vertretern der amerikanischen Kultur das Richtige zu sagen. Wie schön wird es sein, *Street Scene* wieder einmal zu hören. Kurt wäre so stolz. Und George rennt herum und arbeitet an so vielen Dingen gleichzeitig, daß mir schon beim Zuhören ganz schwindlig wird.[21]

Für eine weitere Aufnahme flog ich 1956 noch einmal nach Hamburg. Nie werde ich die Schlagzeilen am Tag meiner Ankunft vergessen. Auf der gleichen Seite: »Lotte Lenya in Hamburg eingetroffen« und »Bertolt Brecht letzte Nacht verstorben«. Der bloße Gedanke läßt mich immer noch frösteln. Es war solch ein Schock![17]

Gestern habe ich die Aufnahmen für *Die sieben Todsünden* beendet. Alle sind begeistert. Ich war, wie gewöhnlich, sehr deprimiert und konnte an meiner Arbeit nichts Gutes finden. Nachdem ich das überschlafen hatte, erkannte ich, das es wirklich schön geworden ist. Es ist so ein wunderbares Werk; die vier Sänger, die die Familie repräsentieren, sind exzellent, und Miss Lenya verrichtet ein sehr bewegendes und bisweilen bitteres Werk, ihrer Schwester Anna die Grausamkeit dieser Welt begreiflich zu machen.

In einer Krise wie dieser, mit den Nachwehen einer im Tonstudio zugebrachten Woche, ist George ein wahrer Trost. Er ist in der Lage, abzuschalten und sich von dem, was er in der Aufnahme hört, treiben zu lassen und es nachher mit wenigen Worten zu analysieren: »untadeliger Geschmack, grell und ungemein bewegend«. Das hilft mir, an meine Arbeit zu glauben. Sie wissen ja, wie streng er als Kritiker sein kann und sein *muß* bei Dingen, die Bestand haben sollen.[21]

Ich wollte eine authentische Aufnahme von *Mahagonny* – aber Weill wollte, daß sie von Sängern vorgetragen wird. Jimmy Mahoney muß singen, nicht wahr? Die Melodien, die er hineinschrieb, sind tragende Melodien, die er gesungen haben wollte. »*Nur die Nacht darf nicht aufhör'n, nur die Nacht darf nicht sein*« ist eine Arie, die gesungen werden muß. Man kann sie nicht dahersagen. Es ist wie mit einer Arie von Verdi. Deshalb nahm ich Sänger. Wunderbare Sänger. Der Tenor Heinz Sauerbaum ist einfach phantastisch.

Ich singe die Songs heute nicht anders als damals in Berlin.
Vielleicht ein wenig reifer. Natürlich lernt man dazu und setzt all die
Weisheit ein, die man als Mensch erworben hat. Es ist eine reifere
Jenny, ein reifes ›Surabaya-Johnny‹ als 1929. Stil, Regung und
Bedeutung sind jedoch exakt dieselben.[8]

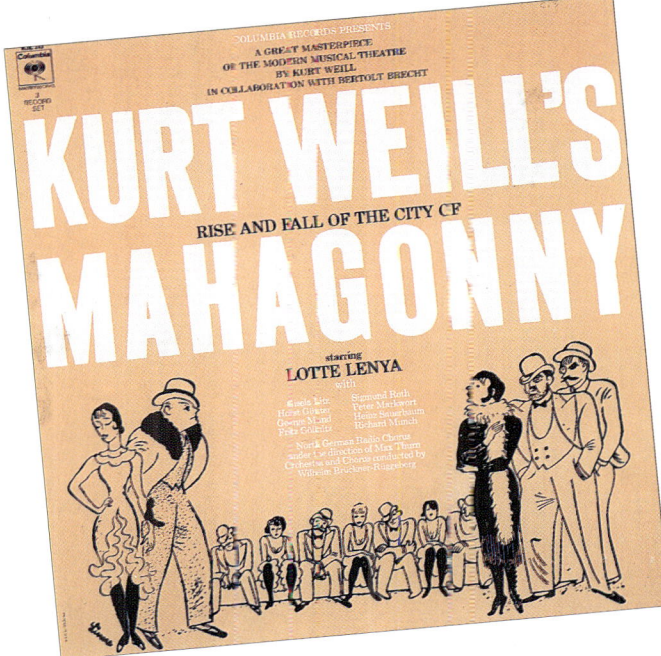

Natürlich hätte ich Seefehlner [Intendant der Wiener
Staatsoper] anrufen sollen. Aber weißt Du, dann wäre ich wieder
mittendrin gewesen und nach vier Monaten Hamburger Opernhaus
und Sängern, so schön es auch war, wollte ich einfach meine Ruhe
haben. Du [Caspar Neher] verstehst das doch wie kein anderer.
Oder nicht? Man kann doch nicht immer »geschäftlhubern« ... Und
so saß ich in der Küche und habe gegessen »zwei Kälbe und dann
aß ich noch eine [sic] Kalb« [aus *Mahagonny*]. Und als Resultat von
dieser Freßsucht, muß ich jetzt nur in Skihosen herumlaufen, da sich
dieses Hinterteil in nichts anderes hineinzwängen läßt. Aber zur
Bürgschaft werde ich wieder streamlined auftauchen.[50]

Es macht Spaß, wieder mit Victor Carl [Guarnieri, ein enger
Freund von Davis und Lenya] zusammen zu sein, der ständig
herumläuft, herumschreit und all die Dinge verflucht, die er für
mich erledigen muß (dabei möchte er keine Minute missen), und
mit der ganzen Bande hier auf der Second Avenue, die mir das Fest-
sitzen in der Wohnung heiter und erträglich macht. Nur wenn der
Freitag kommt, zeige ich die Stärke und Entschlossenheit, das
Wochenende im »Geisterhaus« zu verbringen.[21]

Deine Erika, die scheinbar immer die unangenehme Aufgabe
hat Briefe, die Du [Caspar Neher] nicht selber abschicken willst (...)
hat mir nun Deinen Brief, in dem Du Dich so bitter über die Un-
gerechtigkeit der Menschen, Dir nicht 1500 DM zahlen zu wollen
für 4 Kopien von Mahagonny beklagst geschickt. Um zu verhüten,
daß Du am Hungertuche nagen mußt, bin ich halt zur Columbia
(...) gegangen und habe für meinen Freund Neher mir nochmals die
Goschen zerrissen, mit dem Resultat, daß sie Dir also 1500 DM
zahlen, was ich unter uns gesagt einfach zu viel finde. (...) Dafür
möchte ich zu einem guten, österreichischen Dinner im Hause
Neher eingeladen werden, wenn ich Anfang Oktober nach Berlin
komme. (...) Wir bleiben den ganzen Sommer hier draußen im
Hause. Ich wäre gerne etwas an das Meer gefahren, aber George
kann Wasser nicht leiden. Er stellt sich Erholung so vor: den ganzen
Tag in einer Bibliothek zu sitzen und lesen. So ist George.[50]

Eine weitere Premiere auf Schallplatte: Aufstieg und
Fall der Stadt Mahagonny, *aufgenommen für Philips
im November 1956, mit dem Tenor Heinz Sauerbaum
in der Rolle des Jimmy und Brückner-Rüggeberg als
Dirigent. Abdruck mit freundlicher Genehmigung
von Sony Records*

Angeblich will man mir die [Westberliner] *Freiheitsglocke* verleihen. Ich kann mir darunter nichts vorstellen, doch wir werden sehen. Am 2. muß ich auf eine große Pressekonferenz (so etwas macht mir Angst, doch es muß sein). Dann kann ich hoffentlich in Ruhe arbeiten und alles erledigen, was ich vorhabe. Die Leute von der Schallplattenfirma sind ungemein hilfsbereit, und ich finde die Arbeit dort sehr spannend. Keine Hast, kein Gewerkschafter im Rücken, und für gewöhnlich mit einem sehr überschwenglichen Orchester.

In Berlin zu arbeiten, ist also ein wahres Vergnügen. Ich weiß nicht, wie es wäre, wieder hier zu leben. Daran habe ich aber nie gedacht. Warum also fragen?[40]

Später in den Staaten wurde ich in der Deutschen Botschaft ausgezeichnet. Man gab mir eine große Ehrennadel dafür, daß ich deutsche Kultur nach Amerika brachte. Selbst-

Oben: Aufnahme von ›Havanna-Song‹ aus Aufstieg und Fall der Stadt Mahagonny, *mit Akkordeon-Begleitung. Foto: Scheel*

Rechts: Bei Schallplattenaufnahmen (Hamburg 1956). Foto: Harcken

Oben: Erschöpfung am Ende der Aufnahmen.

Rechts: Beim Abhören der Bänder mit George Davis.
Fotos: Philips Records

Fernsehauftritt in Stuttgart (Süddeutscher Rundfunk) am 7. Oktober 1956 in der Sendung »Lotte Lenya« mit Weill-Songs und einem von Josef Müller-Marein geführten Interview. Foto: Wolfgang und Liselotte Fischer

verständlich würde ich nicht mal im Traum daran denken, sie zu tragen. Das Essen war sehr gut, und ich fragte die Hostess: »Würden Sie mir verraten, was das Sauerkraut so schmackhaft macht?« »Aber selbstverständlich, Miss Lenya, doch bitte sagen Sie es nicht weiter. Die meisten dieser amerikanischen Frauen würden gar nicht wissen wollen, was ins Sauerkraut kommt.«[17]

George und ich mußten von Hamburg nach Berlin fliegen, nur 55 Minuten, aber was für welche! Benjamin Britten, ein früherer Freund von George, saß in der gleichen Maschine, die aus London gekommen war. Sie vermieden es, hallo zu sagen, aus Furcht, einander ins Gesicht zu speien. Einfach schlimm. Unsere alte Freundin Margot Aufricht holte uns am Flughafen ab und fuhr uns zu unserem Apartment. Es sieht genauso aus wie das der Sally Bowles, und man glaubte beinahe die Wirtin zu hören, wie sie nach »Mister Ischywoo« rief. Doch da war keine Wirtin. Das Apartment gehört einem Rumänen und sieht auch danach aus. Tagelang mußte man das Fett von den Wänden schaben. Doch wir mögen es jetzt.

Rechts: Lenya und der Schauspieler Burgess Meredith, ein langjähriger Freund aus New City, bei den Aufnahmen für Johnny Johnson (Weill und Paul Green 1936). Foto: MGM Records

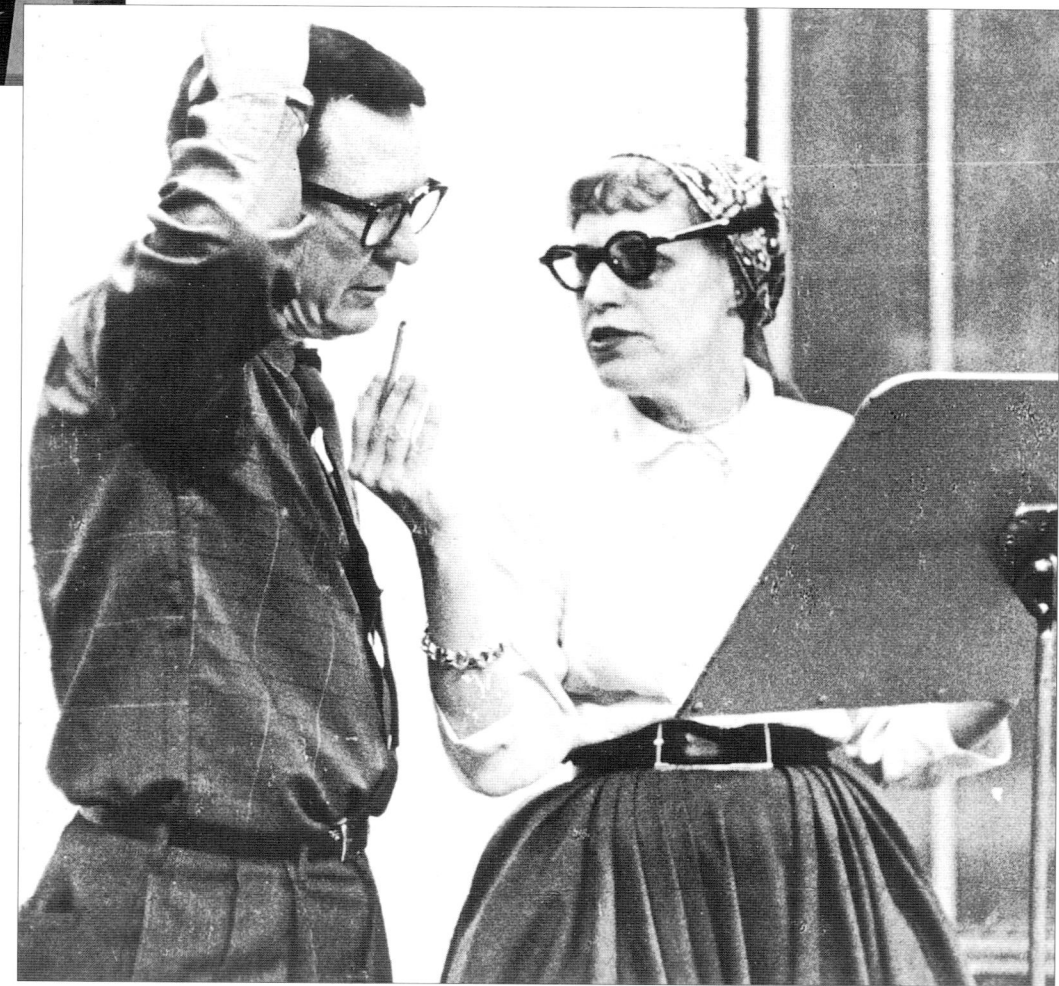

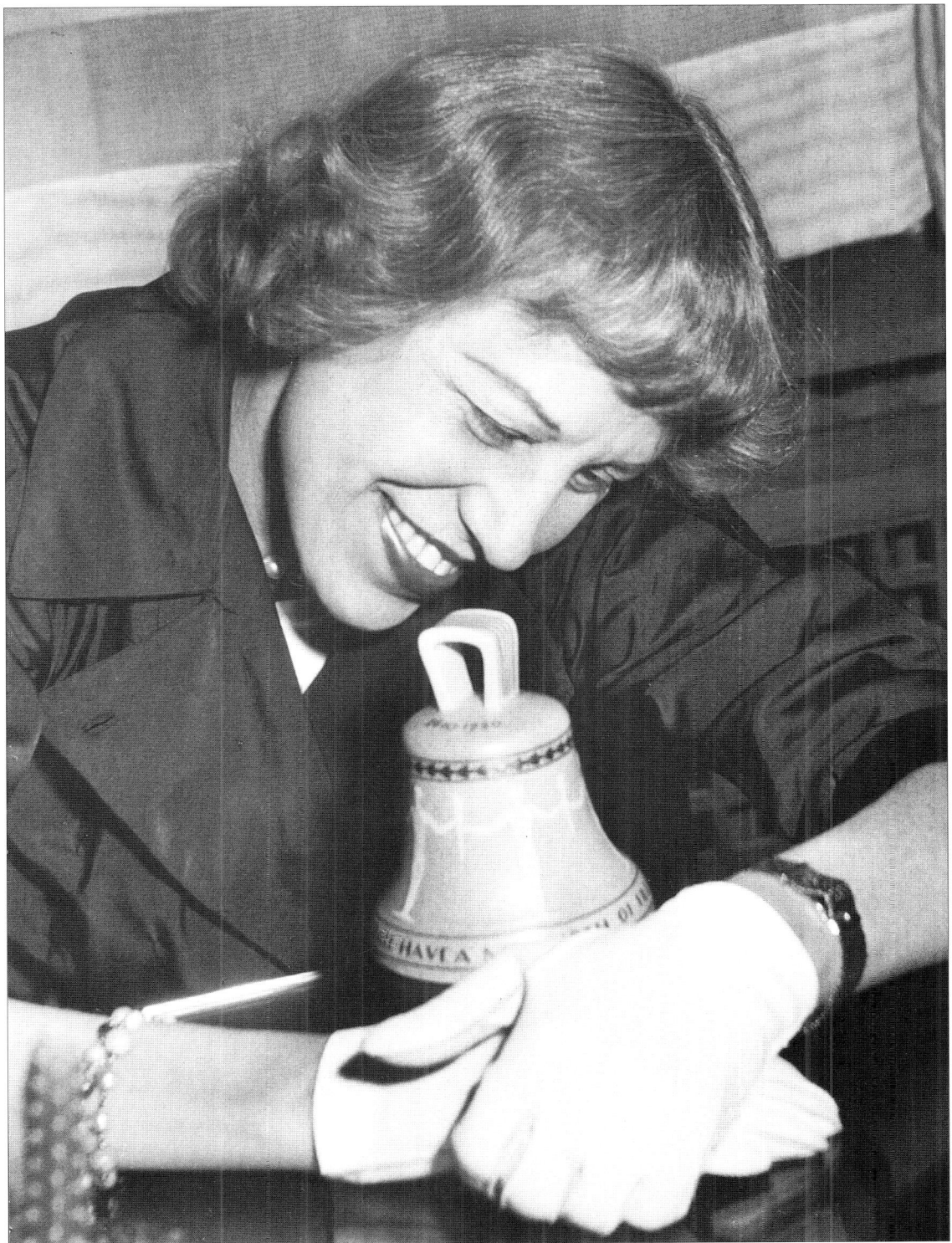

Oben: Nach der Verleihung der Freiheitsglocke, dem wichtigsten Kulturpreis der Stadt Westberlin, am 11. November 1957.
Foto: Ilse Buhns

Folgende Doppelseite: Auslage eines
Schallplattenladens, Ecke 54. Straße und
Lexington Avenue (New York, um 1957)

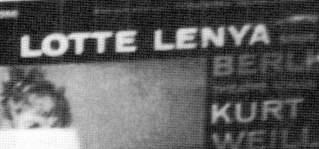
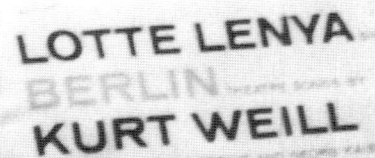

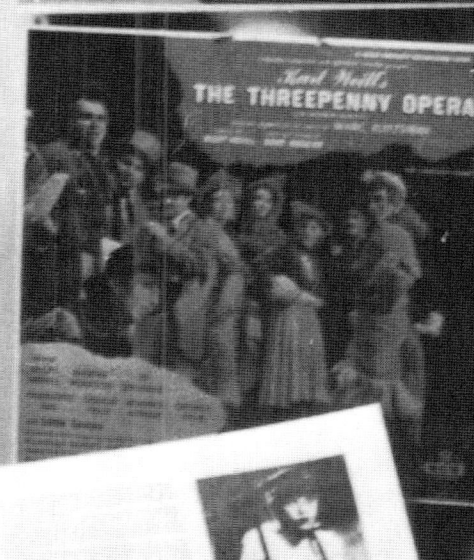

September Song and other American Theatre Songs of Kurt Weill, *Columbia Records, August 1957. Abdruck mit freundlicher Genehmigung von Sony Records*

Ich war bei drei Proben für *Die Bürgschaft*, Kurts wichtigster Oper, und bin mit den Streichungen nicht zufrieden, doch Inszenierung, Besetzung und Chöre (sie sind extrem wichtig) hätten gar nicht besser sein können. Nach einigen Auseinandersetzungen über den veränderten Schluß und Sinn fand die Premiere statt, ein ungeheurer Erfolg sowohl bei Kritikern wie auch beim Publikum. Die jüngeren Deutschen kennen Kurt heute nur durch die *Dreigroschenoper*. Hier aber lernen sie ein weiteres Werk kennen, und daher war der Erfolg so wichtig.

Nun beginnt meine Auseinandersetzung mit der Hamburger Oper. Sie haben nicht den richtigen Choreographen für *Die sieben Todsünden*. Die Premiere ist für den 18. Februar angekündigt, mit mir in der Hauptrolle. Ich fühlte mich wie eine Ameise, als ich auf der gewaltigen Bühne ausprobierte, ob man meine Stimme überhaupt hören könnte. Und verdammt: sie trägt. Ich muß nun also einen guten Choreographen finden wie Roland Petit oder jemanden aus dem Ausland. Sonst wird das kein Erfolg.

Gott sei Dank brauche ich mir über die Hamburger Produktion der *Sieben Todsünden* keine Sorgen zu machen. Die Brecht-

Oben: Auf der Premiere der ersten Nachkriegsinszenierung von Kurt Weills Oper Die Bürgschaft *(Berlin, 6. Oktober 1957). Foto: Ilse Buhns*

Rechts: Wilhelm Brückner-Rüggeberg und Lenya, flankiert von zwei Sängern aus der Berliner Wiederaufführung von Die Bürgschaft. *Foto: Harcken*

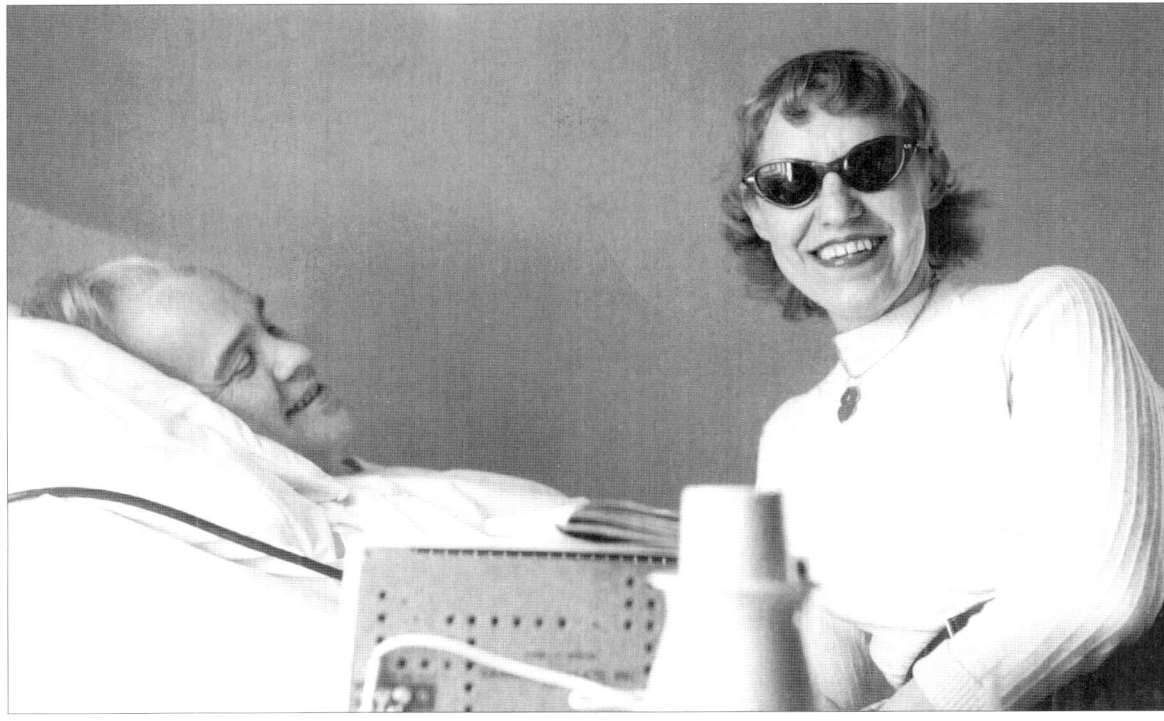

Lenya besucht George Davis in einem Berliner Krankenhaus.
Er starb dort am 25. November 1957 nach einem Herzinfarkt.

Im Januar 1958, also bald nach Davis' Tod, mußte Lenya in
Berlin Die Dreigroschenoper *aufnehmen.*
Foto: Paul Moor/Philips Records

Erben sind momentan so schwierig und verlangen derart hohe Tantiemen, daß ich alle Arbeiten unterbrochen habe, bis sie wieder zur Vernunft kommen. Ich hatte ja schon immer meine Zweifel an diesem großen Opernhaus in Hamburg und fürchtete, daß ich auf dieser Bühne untergehe. Ich bin doch keine Walküre. Es gibt ja die Schallplatten, und das ist einstweilen gut genug.

Der englische Schriftsteller David Drew – er will eine Biographie über Kurt verfassen – ist ein Traumbursche. Jung, geistreich und äußerst witzig. Wir hätten sicherlich Spaß mit ihm, wenn er ein paar Monate ins Haus käme. Er war mit mir bei den Proben (George fühlte sich nicht wohl), und es war ein Segen, ihn an meiner Seite zu haben, so daß ich rebellieren konnte. (Sie wissen ja, daß ich keine Note lesen kann, und so half er mir mit seinem Musikologenhirn.) Nebenher hatten wir auch noch Spaß mit unseren Sticheleien.[21]

George starb in einem Krankenhaus, das nur einen Steinwurf vom russischen Sektor entfernt ist. Der Arzt sagte zu ihm: »Mr. Davis, auch wenn Sie diese Welt verlassen müssen, verpassen werden Sie nicht viel.« Worauf George die Hände hinter dem Kopf verschränkte und entgegnete: »Oh, Herr Doktor, da bin ich aber gar nicht einverstanden. Die Welt ist herrlich, und ich liebe das Leben. Nicht für eine Million Dollar würde ich tauschen. Die Welt ist nicht schlecht. Alles wird besser.« In der folgenden Nacht starb er. George war also nicht verbittert. Das Unheil nahm er philosophisch, und das hat mir viel, viel Kraft gegeben.[17]

Wie sehr wünschte ich, Sie [Mary Daniel] könnten bei mir sein, um meinen schmerzenden Kopf zu halten und mir zu sagen, daß George wußte, daß ich ihn trotz unserer Streits innig liebte. Warum erinnert man sich immer zuerst an das Negative, und warum fühle ich mich stets schuldig?

Ich habe angefangen, mit meinen Schauspielern an der Aufnahme der *Dreigroschenoper* zu arbeiten und muß mich sehr ins Zeug legen, um die Sache gut zu machen. Und ich bin dankbar, daß ich arbeiten kann und nicht zuviel Zeit zum Nachdenken habe. Die Nächte sind durch die Schlaftabletten betäubt, die mir der Arzt gab. Aber noch immer habe ich diese schrecklichen Alpträume: Ich bin im Krankenhaus, versuche verzweifelt, die Sauerstoffmaske anzulegen und schaffe es nicht, und der arme George sieht mich derweil mit großen Augen an. Man möchte meinen, so etwas einmal durchzumachen, sei genug. Ich fühle mich einsam ohne ihn. Alleine und ohne seine führende Hand zu arbeiten, ist nicht leicht, doch ich muß mich weiter bemühen. Dies wäre sein größter Wunsch an mich gewesen. Margarethe Kaiser ist bei mir und versucht, mich aufzurichten, die gute Seele. Heute kann ich nicht mehr schreiben; mein Rücken tut weh, der Blick ist verschwommen, und zur Zeit ist es die reine Hölle. Wollen mal sehen, wozu diese prahlende Österreicherin mit ihrer vielbeschworenen Courage in der Lage ist. Sieht mir im Augenblick nicht allzugut aus.[21]

Ich kann kaum fassen, daß George nicht mehr ist, und bin noch nicht fähig, darüber zu schreiben. Doch ich habe nun hier das Wichtigste erledigt, nämlich die Aufnahme der *Dreigroschenoper* in deutscher Besetzung. Sie ist wunderbar gelungen, und ich fühle, daß ich mein Bestes gegeben habe, um George und Kurt stolz zu machen. Die beiden anderen, nur mich allein betreffenden Aufnahmen habe ich abgesagt und kann damit warten, bis ich wieder zu Kräften gekommen bin. Ich bin sehr müde und ausgebrannt von zu vielen Kopfschmerzen und zu vielen Tränen in diesen letzten acht Jahren. In meinem Leben gab es jedoch auch so viele glückliche Zeiten, daß ich nicht mit dem Schicksal hadere. Ich brauche einfach noch ein wenig Zeit, um wieder zu mir selbst zu finden. Mein Leben mit George war glücklich und sinnvoll. Ich vermisse ihn wirklich sehr. Sechs Jahre sind solch eine kurze Zeit. So empfand ich es jedoch auch nach Kurts Tod, und ich hatte ihn 24 Jahre. Anscheinend ist es immer zu früh. Welch ein Glück für mich, daß ich das sagen kann.

Die Dreigroschenoper *in einer Aufnahme von Philips/ Columbia (1958). Dirigent war wiederum Brückner-Rüggeberg. Mitgewirkt haben Stars wie Willy Trenk-Trebitsch, Trude Hesterberg und Wolfgang Neuss. Die Illustration stammt von Ben Shahn. Abdruck mit freundlicher Genehmigung von PolyGram Records*

Rechts: Lenya mit George Davis (um 1956)

Lenya mit ihrem Konzertprogramm im Lewisohn Stadium
(New York, Juli 1958)

Momentan habe ich wirklich Angst vor dem Weill-Konzert im Lewisohn Stadium. Einfach beunruhigend, weil soooo groß![60] Bei der ersten Probe fühlte ich mich wie der letzte Christ, der den Löwen vorgeworfen wird. Doch wenn dich am Abend der Lichtkegel erfaßt, verschwindet der gewaltige Raum, und da bist nur noch du und das Mikrophon.[17]

Ich habe den ganzen Tag lang mit dieser wegen viel zu vieler gerauchter Zigaretten krächzenden Stimme gesungen. Ich werde aber mit dem Rauchen aufhören, sobald ich in der Stadt bin und mit den *Seven Deadly Sins* beginne, die das City Center um Weihnachten aufführen wird. Balanchine macht die Choreographie. Allegra Kent, seine Primaballerina, spielt die Anna 2, ich die Anna 1. Ist das nicht aufregend? Auden hat eine tolle Übersetzung angefertigt. Das Leben sieht jetzt allmählich wieder etwas heiterer aus. Soweit die Neuigkeiten. Zeit für einen Martini, und durstig bin ich auch.[21]

Drei Monate vor der Premiere von *The Seven Deadly Sins* am New York City Ballet hatte ich das Rauchen aufgegeben, sehr schwer für mich als Kettenraucherin. Meine Stimme war klar wie eine Glocke. In einer der – hervorragenden – Kritiken hieß es: »Hier ist sie wieder, mit ihrer unnachahmlichen, heiseren, wunderbaren Stimme.« Nachdem ich das gelesen hatte, ging ich in einen Drugstore, kaufte mir eine Schachtel Zigaretten und aß sie praktisch auf, so wild war ich darauf.[52]

Am Sonntag nachmittag besuchte ich mit Auden und seinem Freund Chester Kallman ein schönes Konzert in der Town Hall, mit Strawinskys neuem Werk *Threni*, Schönberg, Alban Berg. Strawinsky war anwesend und wird am Mittwoch kommen und sich die *Sieben Todsünden* anhören. Wird wohl nicht nach seinem

Oben: *Lenya als Anna I in der Aufführung des New York City Ballet*

Links: *George Balanchine (links) und Lenya (rechts) bei Proben für die amerikanische Premiere von* The Seven Deadly Sins *am New York City Ballet (1958). Das Ballett mit Lenya als Anna I und Allegra Kent als Anna II wurde in der Spielzeit 1958/1959 als Repertoirestück aufgeführt. Foto: New York City Ballet*

Balanchines Inszenierung von The Seven Deadly Sins
*(New York City Ballet 1958/1959). Anna I (Lenya)
erhascht ein Bild von Anna II (Allegra Kent).
Foto: New York City Ballet*

Geschmack sein, doch er dürfte es von Paris her kennen, er war ja damals dort. Danach gibt Auden eine kleine Party für ihn. Hoffentlich kommt er.[21]

Das Fernsehinterview war schlecht. Ein vorlauter und dummer Interviewer. Noch besser war eine Woche darauf Ed Fitzgerald, der darauf insistierte, *One Touch of Venus* habe einen chinesischen Background. Und vorgestellt wurde ich als der große europäische Opernstar Lotte Lehmann! Ich verpaßte ihm eine, denn es hat mir wirklich gereicht, bei diesen Interviewern immer als Vollidiotin dazustehen. Dieses letzte habe ich gewonnen.

Das Konzert in der Carnegie Hall war ein voller Erfolg, ausverkauft und mit extrem begeistertem Publikum. Der Manager rief mich neulich an und fragte, ob ich es am 30. März wiederholen wolle. In meiner Stimme lag nicht das geringste Zögern, als ich Nein sagte. Vor dem Konzert hinterließ mir jemand eine Notiz, mit dem Hinweis, daß ich mich nicht mehr beweisen müsse und die Sache nicht zu ernst nehmen solle. So kann man das auch sehen, doch mit dieser Einstellung würde ich mein Publikum, das mit mir lachen und weinen möchte, betrügen.[21]

Lenyas drei Konzerte in der Carnegie Hall (1959, 1960 und 1965) kamen gut an. Das Konzert von 1965 ist auf einem unerlaubten Mitschnitt festgehalten.

Hier nun die Fakten, wie ich sie erinnere: Felix Gerstman (inzwischen verstorben), der Produzent meines Konzerts 1965 in der Carnegie Hall, ließ einen Konzertmitschnitt anfertigen – wie bei all seinen Konzertveranstaltungen. Er gab mir eine Kopie des Bandes, von der ich ein paar Kopien für Freunde anfertigte, wie zum Beispiel ein Weihnachtsgeschenk für Mr. Vivian Liff in London, einen eifrigen Sammler. Ich erinnere mich nicht, eine Veröffentlichung genehmigt zu haben, und bestimmt hat man mir keinen Vertrag für die kommerzielle Verwertung angeboten.

Bezüglich des Absatzes im Brief von Mr. Ross, den Sie anzweifeln: Mr. Ross behauptet, daß das »Band, das wir für die Herstellung von Rococo 4008 benutzten, von Mme. Lenya angefertigt und uns von ihr selbst zur Verfügung gestellt wurde«. Ich habe nie jemandem ein Band gegeben, außer dem bereits erwähnten Mr. Vivian Liff. Nun, so Mr. Ross, »möchten wir hinzufügen, daß die vorherige Erlaubnis durch unseren gemeinsamen persönlichen Freund, Mr. Vivian Liff aus Tunbridge Wells, London, England eingeholt wurde, daß Mme. Lenya sowie Mr. David Drew der Veröffentlichung zustimmen«. Ein solches Ansinnen wurde weder erwogen noch diskutiert.

Mr. Ross behauptet ferner, daß »Sie« mich kürzlich während meines Londonaufenthalts kontaktiert hätten, daß ich angeblich »wiederum erfreut über das Erscheinen der Platte war« und daß ich darum gebeten haben soll, mir einige Exemplare zu schicken!!! (Das einzige Exemplar, das ich besitze, habe ich mir für sechs Dollar und 75 Cents GEKAUFT!!!)

Ich kann nur nochmals Mr. Ross zitieren: »Irgendwo muß da ein Fehler sein!«

Ich habe nichts gegen diese »umlaufende« Aufnahme, außer daß ich auf meinen üblichen Künstlertantiemen bestehe. Auch bin ich gespannt auf die »Beweise«, die sie angeblich besitzen. Halten Sie es nicht auch für ratsam, sie aufzufordern, was auch immer sie zu besitzen vorgeben, auch tatsächlich vorzulegen?

Sicher werden Sie wissen, ob es in Kanada »tatsächlich kein Gesetz gegen die Aufnahme und Veröffentlichung eines solchen

»Carnegie Hall«, ein Gemälde von Russell Detwiler anläßlich Lenyas Konzert im Jahr 1965.

Links: Probe für das Konzert in der Carnegie Hall am 7. Februar 1960. V.l.n.r.: Maurice Edwards, Polyna Stoska, Didy van Eyck, Ludwig Donath, Lenya und der Dirigent Maurice Levine.
Foto: Don Hunstein

Nächste Seite: Plakat von Richard Ely für eines von Lenyas Konzerten in der Carnegie Hall. Über das Porträt schrieb Lenya: »Ich mag es sehr, denn es ist stark und arrogant.«[27]

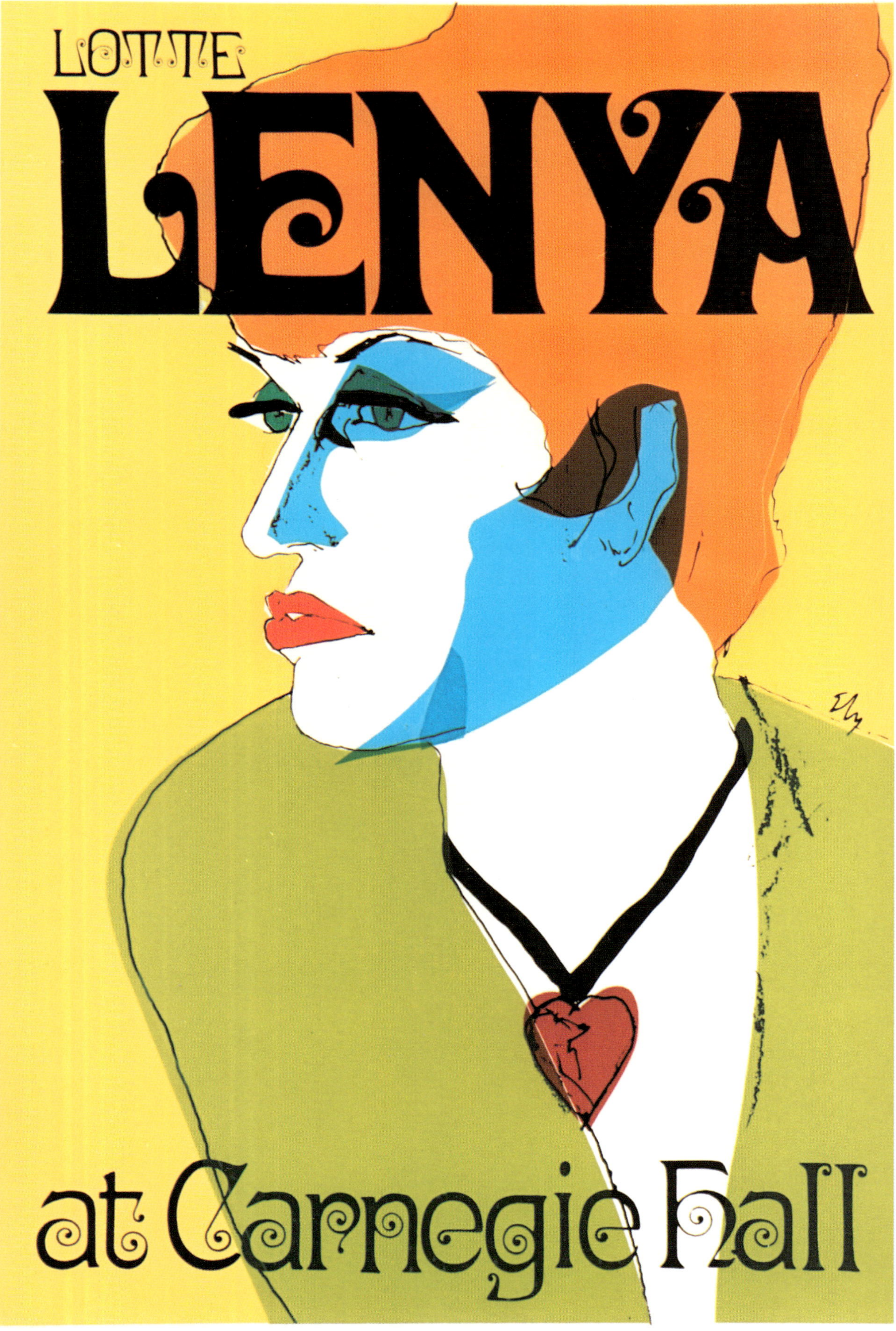
LOTTE
LENYA
at Carnegie Hall

Konzerts« gibt. Doch sie verkaufen die Platte ja auch in den USA. Nu???[44]

Nächsten Montag mache ich mich mit dem Regisseur an die Kafka-Erzählungen. Ich habe eine auf meinem Tonband ausprobiert; klingt ganz hübsch. Julie Sloane las für mich »Ein Hungerkünstler«. Interessant war zu hören, was sie damit anstellte. Das würde nie auf einer Platte landen.

Mr. Hammarskjöld rief nach seiner Rückkehr aus dem Nahen Osten an, um uns die UN zu zeigen. Es gab Champagner, und er führte uns persönlich herum – sehr beeindruckend. Er ist jetzt in Lateinamerika. Zwischendurch habe ich herausgefunden, daß es keine Mrs. Hammarskjöld gibt. Also keine Frau. Ich mag ihn unheimlich und hoffe, daß ich ihn wiedersehen werde.[21]

Es freut mich, daß Ihnen [Kurt Pinthus] die Aufnahme mit

den deutschen Gedichten gefallen hat. All die wunderbaren Dinge, die Sie darüber geäußert haben, veranlaßten mich, sie nochmals anzuhören und zu genießen. Man ist immer so selbstkritisch und braucht ein wenig Unterstützung. Und da sie von Ihnen kommt, gibt sie mir viel Mut.[56]

Links: The Stories of Kafka, vorgelesen von Lenya. Das im Sommer 1959 aufgenommene Album wurde Ende 1962 veröffentlicht.

Unten: Bobby Darins Single mit ›Mack the Knife‹, eine der bekanntesten Populärfassungen dieses Songs, bekam 1959 zwei Grammys. WCBS Radio verbot die Ausstrahlung, da einige Diskjockeys die recht morbide Gewohnheit entwickelt hatten, den Song gleich nach den neusten Nachrichten über jugendliche Messerstechereien in einem ohnehin durch hohe New Yorker Bandenkriminalität geprägten Sommer abzuspielen. Abdruck mit freundlicher Genehmigung der Atlantic Recording Corp.

Diese »Einladung zur deutschen Dichtkunst« wurde im August 1958 aufgenommen und Ende 1960 veröffentlicht. Abdruck mit freundlicher Genehmigung von Dover Publications.

Rechts: Letzte Aufnahme für Philips/Columbia: Weill und Brechts Happy End *mit Lenya in sämtlichen Soloparts (plus Chor), aufgenommen im Juli 1960, wiederum mit Wilhelm Brückner-Rüggeberg als Dirigent. Abdruck mit freundlicher Genehmigung von PolyGram Records.*

Noch eine Wiederaufführung der *Sieben Todsünden* machte ich in Frankfurt mit der wunderbaren Tänzerin Karen von Aroldingen. Das Stück lief viele Monate an der Oper. Sie träumte davon, nach Amerika zu gehen und Balanchine vorzutanzen. Ich sorgte dafür, daß sie sich in Frankfurt trafen. Balanchine engagierte sie, jedoch nur für das Ensemble. Man sieht, wie sehr ihr daran gelegen war, denn in Deutschland war sie ein großer Star. Nach fünf Jahren im Ensemble wurde sie dann wieder Primaballerina, klar.[17]

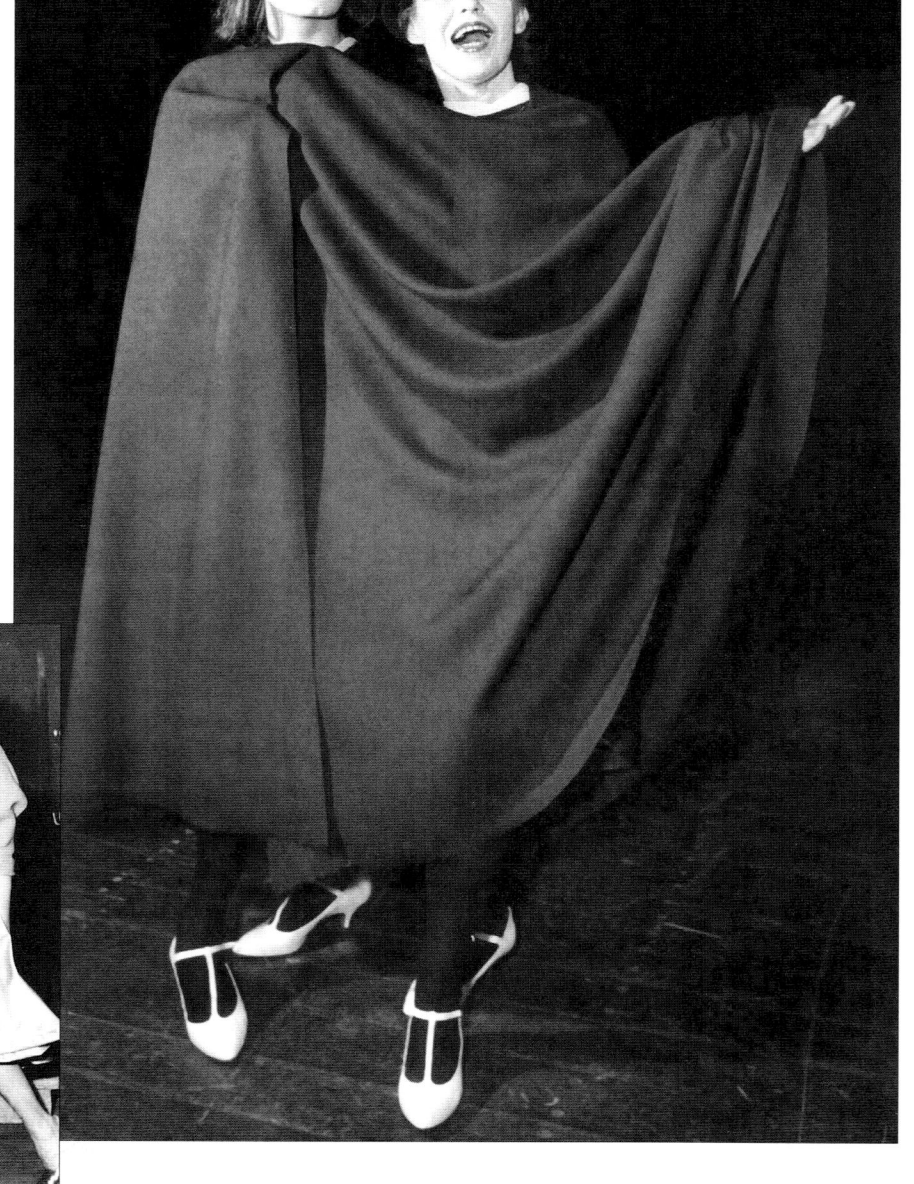

Rechts: Mit Karen von Aroldingen (Anna II) in der deutschen Bühnenpremiere von Die sieben Todsünden, *das ab dem 6. April 1960 als Repertoirestück an den Frankfurter Städtischen Bühnen gespielt wurde. Choreographie von Tatjana Gsovsky, Bühnenbild von Hein Heckroth. Foto: Jack Hochscheid*

Unten: Musica-Viva-Konzert am 6. Mai 1960 in München. Vorgetragen wurden ausschließlich Weill-Kompositionen: Mahagonny-Songspiel, *ausgewählte deutschsprachige Songs und* Die sieben Todsünden. *Foto: Felicitas*

So What?
1961-1981

Als Contessa in The Roman Spring of Mrs. Stone. *»Wie man sieht, konnte ich nie ganz aus dem Bordell herauskommen.« Foto: Warner Bros.*

Ich wurde gewarnt, Lenya sei schwierig im Umgang, doch sie war das absolute Gegenteil. (...) Es war überhaupt nichts Heuchlerisches an ihr. Außerdem war sie sehr geradlinig. Wer je die Antwort auf eine Frage verklausulierte, bekam große Probleme.[58]

— HAROLD PRINCE, Theaterregisseur

Lenya verbrachte die 1950er Jahre im Schatten Weills und unter dem Einfluß von George Davis, doch in den 1960er Jahren reklamierte sie ihre eigene Identität und erreichte in mancher Hinsicht den Gipfel des Ruhms. Noch einmal betrat sie die Bühne in Stücken, die nichts mit Weill zu tun hatten, und akzeptierte bereitwillig auch die kleinsten Filmrollen. Die Auswirkungen des Alters und der Zigaretten auf ihre Stimme bemerkend, sang sie Weills Musik von nun an seltener, doch sie trat weiterhin für die Wahrung seines Vermächtnisses und für authentische Aufführungen ein.

1960 rief mich José Quintero an, ob ich die Contessa in *The Roman Spring of Mrs. Stone* spielen wolle. Ich war so überrascht, daß ich das gar nicht ernst nahm. Ich dachte, er würde seine Meinung ändern, doch das tat er nicht.[55]

Ich bin seit 29. November hier in London und mache meinen ersten Film in 30 Jahren. Es ist so leicht, daß man es einem Ochsen in ein paar Tagen beibringen kann.[50]

Die Contessa, sie vermittelt Knaben an ältere Frauen, sollte ursprünglich eine elegante, pedantische Person sein, und deshalb habe ich mich gefragt, warum sie nicht jemanden wie Martha Hunt ge-

Oben: The Roman Spring of Mrs. Stone *(1961). Lenya (als Kupplerin Contessa Magda Terribili-Gonzales) begegnet Vivian Leigh (Mrs. Stone) und Warren Beatty (als Gigolo Paolo). Foto: Corbis-Bettmann*

Unten: Lenyas Oscar-Nominierung als beste Nebendarstellerin für ihren Auftritt in The Roman Spring of Mrs. Stone *(1961). Den Oscar erhielt Rita Moreno für ihre Mitwirkung in* West Side Story.

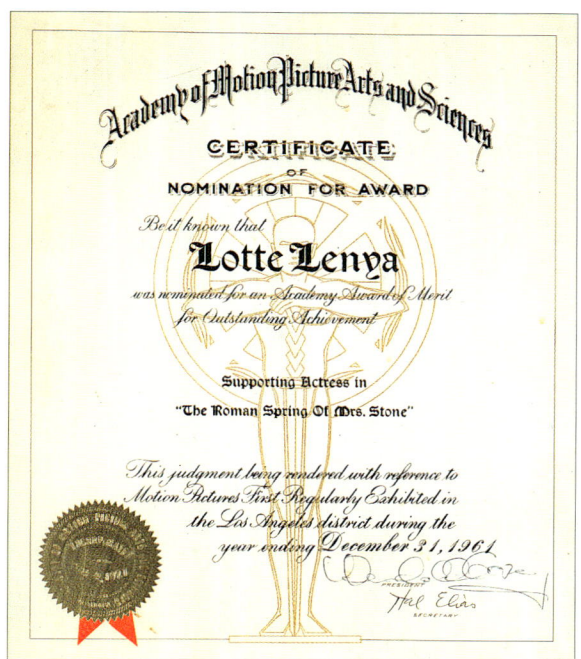

nommen haben. Ich interpretierte die Rolle anders und sagte zu José, daß ich sie als eine Mitteleuropäerin ansähe, die früher einmal reich gewesen war und diesen Dienstleistungsbetrieb aufgenommen hat, um wieder zu Geld zu kommen. Für sie war es ein normales Geschäft, und entsprechend kühl und geschäftsmäßig ging sie auch vor. Ich durfte die Rolle in dieser Form darstellen.

Ich denke, Warren Beatty verhält sich merkwürdig, weil er Komplexe wegen seiner Schwester hat. Ich bin mit ihm ausgekommen, weil ich nicht wußte, daß er der Bruder von Shirley MacLaine ist. Manchmal ist es besser, nichts zu wissen.

Daheim habe ich eine Schachtel voller Auszeichnungen. Alle fragen, warum ich sie nicht aufstelle. Ich antworte ihnen, daß ich schon genug zum Aufhängen habe. Ich glaube wirklich nicht an solche Sachen. Wenn man einen Preis bekommt – schön, doch es ergreift mich nicht.[70]

Gegenüber: Der Künstler und Mäzen Carl Van Vechten machte diese Aufnahme im Februar 1962 in New York. Abdruck mit freundlicher Genehmigung von Joseph Solomon, dem Verwalter des Nachlasses von Carl Van Vechten.

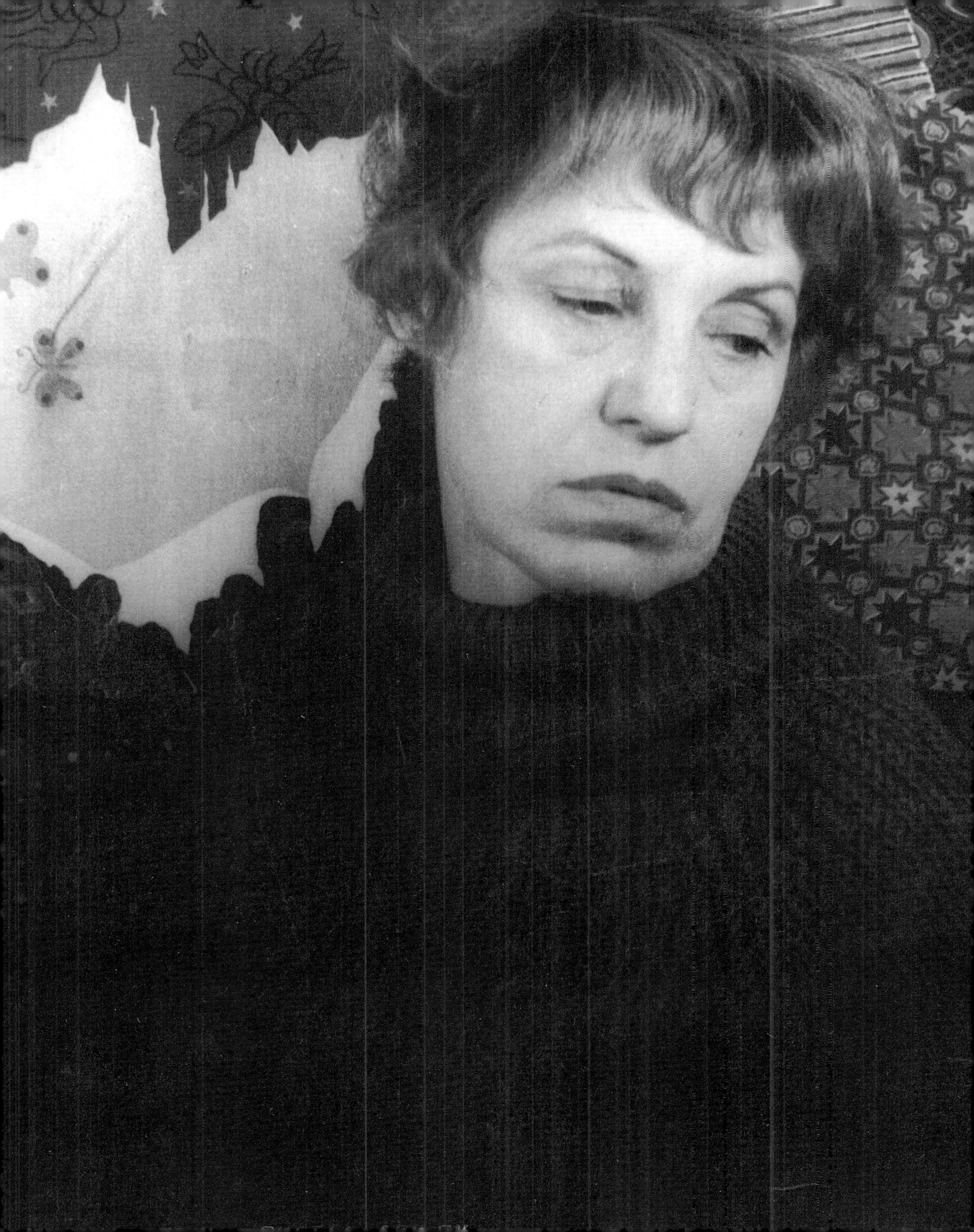

Bei den Proben für Brecht on Brecht, *einer Revue von*
Brecht-Gedichten und -Songs (London, September 1962).
Foto: Sandra Lousada

George Tabori – übrigens ein sehr
guter Brecht-Übersetzer, einer der besten
– hatte die Idee für *Brecht on Brecht.*
Gene Frankel, der Regisseur, hatte keine Ahnung von Brechts Gedichten, die
ich mit der Muttermilch aufgesogen
hatte. Ich stieß einige Tage nach Beginn der Proben zum Ensemble und
sah, wie die Gedichte von diesen Schauspielern rezitiert wurden – mit soviel,
ja, mit wackelnden Köpfen, Beinen und
was sonst. Nun kam ich mit meinem
ersten Gedicht: »To Be Friendly«. Ich
stand da und trug es ruhig vor. Lee
Strasberg saß im Zuschauerraum. Als
ich zurückkam, sagte er: »Ich habe etwas dazugelernt.«

Die Show ist ein großer Erfolg,
und ich stehe (wieder) im MITTEL-
PUNKT! Der Star der Stadt, und Sie
wissen ja, wie groß London ist. Die
Matineen sind immer etwas grob, harte
Arbeit immerfort. In der Show mache
ich soviel mehr als noch in New York.
Doch das Publikum ist ganz verrückt
nach mir, und so sollte es wohl auch
sein. Ich weiß nicht, ob wir mit der
Show ins West End gehen werden,
doch wir bleiben sechs Wochen am
Royal Court. Ich bin ungeheuer prä-
sent: überall Bilder und Notizen, und
mein Name in Leuchtschrift über dem
Titel.[14]

Während Lenya noch am Theater de Lys in
New York in Brecht on Brecht *auftrat, mach-*
te Vera Strawinsky sie mit dem 27 Jahre jün-
geren Künstler Russell Detwiler bekannt. »Er
ist Alkoholiker«, so Lenya zu einer Freundin,
»doch ich weiß ihn zu nehmen.« Detwiler folg-
te Lenya nach London, wo sie heirateten. Er
hatte an der Academy of Fine Arts in Phila-
delphia und der Art Students League in New
York Malerei studiert. Vera Strawinsky und
die Sopranistin Jenny Tourel, die einige seiner

dunklen, impressionistischen Gemälde besaßen, vermittelten ein paar Ausstellungen in New Yorker Galerien. Lenya setzte sich ebenfalls für ihn ein, wenn sie nicht gerade mit seinen Alkoholexzessen beschäftigt war.

Ich habe mich da nicht wie ein dummes Mädchen hineingestürzt. Wenn man richtig verliebt ist, dann ist das Alter etwas, das nur im Paß steht. Sollen die Leute sagen, was sie wollen. Wir sind verliebt, und uns ist das egal. Außerdem hatte ich genug davon, viermal täglich einen Heiratsantrag zu bekommen.[6]

Rosa Klebb in *Liebesgrüße aus Moskau*: meine berühmteste Rolle. Ich spielte damals in *Brecht on Brecht* am Royal Court, als der Anruf kam. »Miss Lenya, wir haben da eine Rolle für Sie. Vielleicht sind Sie interessiert.« »Worum geht es?« Darauf der Produzent, ein Mr. Saltzman: »Es ist eine Story von Ian Fleming.« »Tut mir sehr leid, aber ich weiß nicht, wer dieser Ian Fleming ist.« »Gut, am

Oben: Lenya genoß ihre Starrolle in der Inszenierung von Brecht on Brecht *am Royal Court Theatre.*

Unten: Aufnahme von Brecht on Brecht *mit dem Originalensemble (Columbia 1963). Abdruck mit freundlicher Genehmigung von Sony Records*

Mit ihrem dritten Mann, dem amerikanischen Maler Russell Detwiler, kurz nach ihrer Heirat in London am 2. November 1962, während der Spielzeit von **Brecht on Brecht.** *Lenya war damals 64, Detwiler 37. Foto: Keystone Press Agency*

Gegenüber: Mit Detwiler in seinem New Yorker Apartment, vor dessen Lenya-Porträt posierend.

Nachmittag schicken wir Ihnen das Buch. Würden Sie es bis morgen lesen?« Ich war einverstanden. Gleich auf der ersten Seite stand eine Beschreibung der Rosa Klebb: sie wiegt 240 Pfund, und ihr sehr katholischer Busen reicht bis zu den Knien. Soweit die Beschreibung. Auf Saltzmans Aufforderung hin suchte ich ihn in seinem Büro auf. Ich wirkte damals sehr schlank. »Mr. Saltzman, haben Sie gelesen, was hier über sie [Rosa Klebb] geschrieben steht?« »Achten Sie nicht darauf, das ist unwichtig. Sind Sie nun an der Rolle interessiert?« »Ja, sehr.« »Gut, wir werden Sie kontaktieren.« Da ich bis zu meiner Rückkehr nach Amerika nichts von ihm gehört hatte, hielt ich den Fall für erledigt. Doch siehe da: Eine Woche später erzählte mir meine Agentin von einem sehr lukrativen Angebot. So bekam ich diese Rolle. In London, wo die Dreharbeiten stattfanden, hatte die Kostümbildnerin angesichts der 240 Pfund bereits eine Polsterung für mich angefertigt. Ich probierte sie an und sagte »Mein Gott. Nicht einen Schritt könnte ich in dem Ding gehen. Man fühlt sich ja wie ein Golem. Ich möchte nur eine Uniform tragen.« Doch es hieß »Um Himmels Willen, nein. Der Regisseur. Unmöglich. Sie *müssen* das tragen.« Darauf ich: »Es gibt kein *Muß*. Ich werde so gehen, als wöge ich 240 Pfund. Dem Regisseur wird das gar nicht auffallen.« Genauso war das auch. Ich kam mit einem männlichen Haarschnitt (sie war ja lesbisch) und mit Uniform. Kein einziges Polster. Terence Young betrachtete mich kurz und sagte »Sieht sie nicht fabelhaft aus?«[70]

Dreharbeiten liebe ich über alles, vor allem das ungeordnete Abdrehen der einzelnen Szenen. Da ich mich unheimlich gut konzentrieren kann, ist das für mich kein Problem. Bei den Dreharbeiten für *Liebesgrüße aus Moskau* sagte der Regisseur Terence Young einmal zu mir: »Lenya, Darling, an dieser Stelle direkt in die Kamera schauen.« »Wo ist sie denn überhaupt?« fragte ich. Ich war von sechs Kameras umgeben, hatte jedoch keine bemerkt. So stark versetze ich mich da hinein.

Die Zusammenarbeit mit Sean Connery war absolut traumhaft. Als das letzte Gefecht dran war – das mit dem Stuhl –, sagte Terence zu ihm: »Ja, Sean, diesmal mußt du wirklich kämpfen«, denn sonst nahm man meist Stuntmen. Danach sah ich aus, als hätte ein Sadist mich vermöbelt. Überall blaue Flecken, doch es hat funktioniert, denn jeder erinnert sich an die Schuhszene. Immer wieder hält man mich auf der Straße an. »Das ist doch die Frau mit dem Messer im Schuh!«[17]

[Brief an die Wuppertaler Bühnen]
Danke für Ihren Brief vom 22. Oktober. Entschuldigen Sie, daß ich auf Englisch antworte, doch ich muß dies diktieren, da ich derzeit unterwegs bin. Aus dem gleichen Grund muß mei-

Oben: *Party in den Londoner Pinewood Studios anläßlich des ersten Drehtags von* Liebesgrüße aus Moskau *(1963). V.l.n.r.: Daniela Bianchi, Ian Fleming, Lois Maxwell, Lenya und Sean Connery. Foto: Ray Hearne*

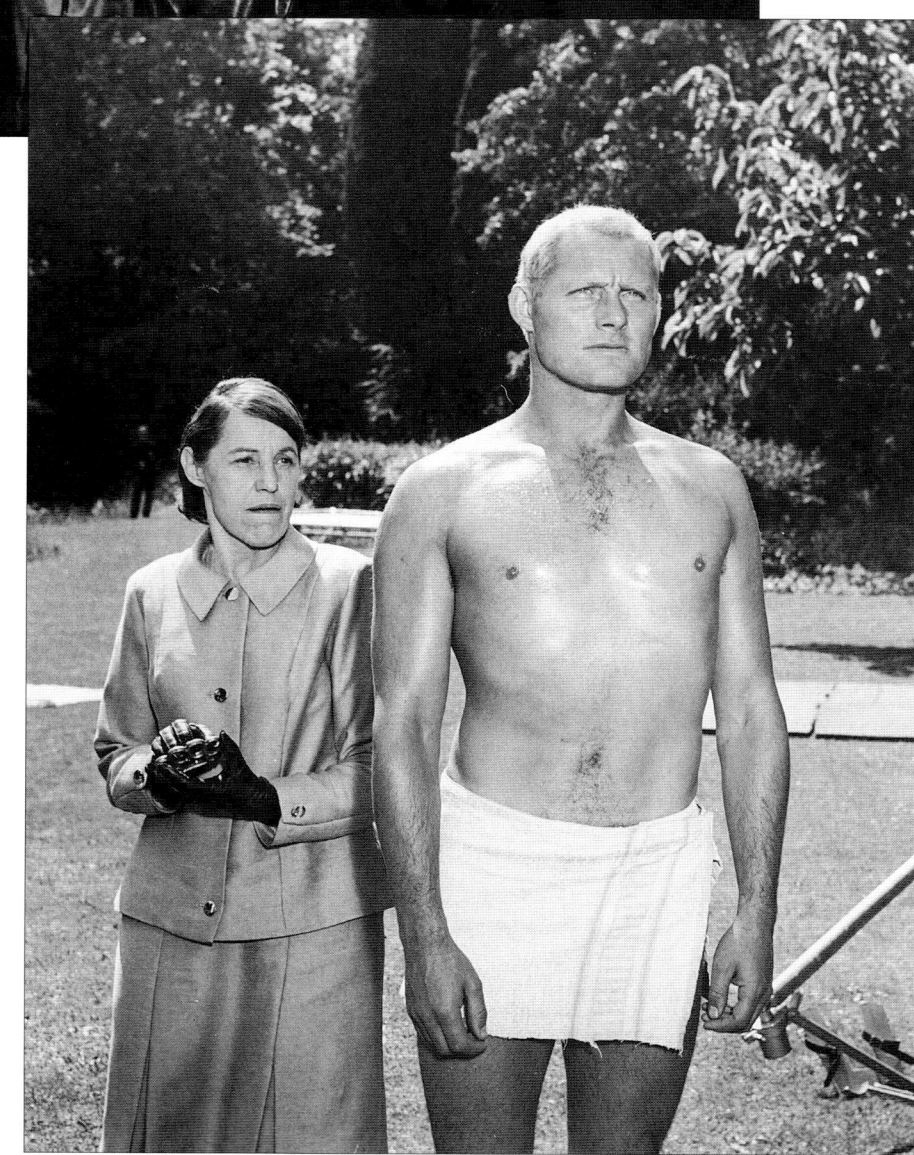

Rechts: Rosa Klebb (Lenya) und Red Grant (Robert Shaw)

Gegenüber: Rosa Klebb (Lenya) erklärt Tatjana (Daniela Bianchi), wie James Bond in den Tod geschickt werden soll.
Fotos: United Artists

Oben: Lenya in ihrem bekanntesten Filmauftritt als
Rosa Klebb in Liebesgrüße aus Moskau (1963)

Rechts: In dieser Schlüsselszene bedroht Rosa Klebb
James Bond mit einem im Schuh verborgenen Messer.

Unten: James Bond (Sean Connery) bleibt
keine andere Wahl, als sich und die west-
liche Welt zu verteidigen.
Fotos: United Artists

ne Antwort recht kurz ausfallen. Ich bin bereits mit der sogenannten »Holliger-Fassung« und Herrn Holligers Ansichten
über das *Mahagonny* Songspiel vertraut. Und ich habe durch
die Universal Edition bereits recht deutlich gemacht, daß ich
vollkommen gegen jeglichen Versuch bin, Weills Wünsche bezüglich der Oper und des Songspiels zu mißachten. Und ich
bin von ganzem Herzen gegen jeglichen Versuch, Oper und
Songspiel zu verschmelzen. Hierzu zitiere ich aus einem Brief,
den Weill 1932 an eine Organisation schrieb, die aus der Oper
eine »Songspiel«-Fassung machen wollte:

*Was ich vor allen Dingen vermeiden möchte, ist, daß das Stück
lediglich auf die Songs oder song-artigen Teile zusammengestri-
chen wird, und es ist mir prinzipiell lieber, wenn hier und da einmal ein Song wegfällt, als daß alle musikalisch anspruchsvolleren
Stücke gestrichen werden.*

Für mich ist dies das letzte Wort. Eins jedoch möchte ich anfü-
gen. Es gab ein grundlegendes Mißverständnis, was das Songspiel ist. Es gibt nur eine Fassung, und zwar die von Weill 1927
für Baden-Baden angefertigte, in der ich auftrat. (Es gibt keine
»Pariser Fassung«. Was in Paris aufgeführt wurde, war die
beste Auswahl aus Oper und Songspiel, die sich mit den vorhandenen Ressourcen bewerkstelligen ließ, und sie war allein
für diesen Anlaß und diesen Ort gedacht – ein einmaliges Konzert.) Das Songspiel von 1927 unterscheidet sich ziemlich von
der Oper – was niemand begreift. Im Songspiel gibt es keine
Charaktere. Keine Holzfäller, keine ausreißenden Verbrecher,
keine Prostituierten. Die vier Männer erscheinen im Frack, und
die (beiden) Mädchen werden als »Soubretten« bezeichnet. Es
gibt kein »Drama«. Es ist allein eine kleine »szenische Kantate«
auf Grundlage der ›Mahagonny-Gesänge‹ aus Brechts *Haus-
postille*, mit orchestralen Intermezzi zwischen den einzelnen
Gesangsnummern. Ich gebe zu, es ist schwer zu inszenieren,
doch wenn dies mit Verstand geschieht, kann es nicht scheitern, denn die musikalische Form ist vollkommen. Anscheinend ist es selbst dann erfolgreich, wenn es *nicht* mit Verstand
inszeniert wird – wiederum aus musikalischen Gründen. Sobald man aber hier und da Neues hinzufügt und dort ein »dra-
matisches« Element einführt, wo zuvor keines war, gerät alles
durcheinander.
Ich versichere Ihnen, sehr geehrter Herr Dr. Barfuss, daß
Weills authentisches Songspiel mehr mit Strawinskys *Geschichte
vom Soldaten* gemeinsam hat (ein Werk, das Weill liebte) als

Bei der Eröffnung einer Detwiler-Ausstellung

Rechts: Helene Weigel, Brechts Frau, als Star des Berliner Ensembles in **Mutter Courage** *(Ostberlin 1949).*

Gegenüber: Lenya konkurriert mit Weigels Mutter Courage in der Inszenierung von Harry Buckwitz für die Ruhrfestspiele Recklinghausen vom 12. Juni bis 25. Juli 1965. Im Vergleich zur Weigel erntete Lenya in den deutschen Kritikerkreisen ein negatives Echo. Foto: Rosemarie Pierer

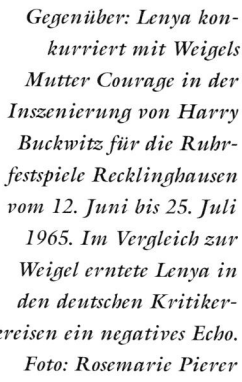

mit dem formlosen Potpourri dieser »Holliger-Fassung«. Sollten Sie und Herr Holliger das authentische Songspiel nicht für aufführenswert halten, so dürfen Sie diese Meinung meinetwegen vertreten (obgleich ich sie nicht teile und mich dabei auf einige jüngere Aufführungen stützen kann). Sie müssen ein anderes Werk finden, das zu dem von Strawinsky paßt. Bitte ersuchen Sie mich jedoch nicht, einer Sache zuzustimmen, von der ich weiß, daß sie den Intentionen des Komponisten und auch den künstlerischen Prinzipien total zuwiderläuft.[78]

[Brief an die Agentin Bertha Case]
Morgen kommt mein Russi mit seiner »Verlobten« Anna Krebs, die sich seiner angenommen hat. Madame Weigel aus der Ostzone wünscht eine Drittelung der Tantiemen aus der Londoner Inszenierung von *Happy End*, obwohl in dem 1958 mit Bloch Erben geschlossenen neuen Vertrag nichts dergleichen steht. Ich schrieb B.E., es reiche nicht, wenn Mme. Weigel etwas »wünscht«, und daß ich auf dem Wortlaut meines Vertrags bestehe. Das wird lustig. (...) Dem »lieben« S.v.B.B. [Sohn von Bert Brecht: Stefan] schrieb ich, es habe mich kein bißchen gewundert, daß Auden sich weigerte, eine neue Übersetzung »allein« anzufertigen, wie S.B. so »taktvoll« vorgeschlagen hatte. Darling, wir müssen uns etwas anderes einfallen lassen, um zu Geld zu kommen. Wie wär's mit einem Coffee Shop mit entsprechendem Hinterzimmer? Wenn ich wieder zurück bin, werden wir etwas auf die Beine stellen.[15]

Die Weigel war robust. Eben eine Jüdin, eine Yenta. Trotz all meiner Abneigung mochte ich sie, weil sie so robust war und solch ein *jiddisches Köpfchen* hatte. Ich wollte, ich hätte ein Quentchen davon.[72]

Paul Dessau ist eine andere Art Komponist als Weill. Er erliegt Brecht vollkommen. Ich habe die Weigel den Song der Mutter Courage singen hören, doch das hat überhaupt keinen Eindruck hinterlassen und ging einfach so vorbei.[8]

Für mich war die *Mutter Courage* eine echte Herausforderung. Sie steht in zwölf der

13 Szenen auf der Bühne, und die Rolle hat eine unheimliche Bandbreite. Ich mag das Ende, als sie, ganz allein, ihre Kinder verloren, mit dem Wagen weiterzieht. Für mich persönlich war das eine der bedeutungsvollsten Rollen.[17]

Ich bin noch ein wenig müde von der ganzen Arbeit in Deutschland, doch es hat bis zum allerletzten Tag Spaß gemacht. Am 25. Juli trat ich zum letzten Mal als *Mutter Courage* auf, am 27. ging's nach Köln, und am 30. und 31. bin ich im Rahmen eines Brecht-Abends mit fünf Songs auf dem protestantischen Kirchen-Festspiel in einer Sporthalle (mit 7 000 Sitzplätzen) aufgetreten. Wenn Du doch den Applaus hättest hören können! Wenn Du glaubst, es sei in der Carnegie Hall toll gewesen (was stimmt), hättest Du hören müssen, was da vor sich ging. Sie ließen mich einfach nicht von der Bühne. Gott sei Dank waren die Musiker nur auf fünf Songs vorbereitet, die ich wiederholen mußte. Sonst würde ich noch immer dort singen.

Zur Zeit bereite ich eine einstündige TV-Show für WGBH in Boston vor, die zwischen dem 9. und 20. Mai gedreht werden soll. Alle Kurt-Weill-Songs und Zwischentexte, die ich ebenfalls

Oben: Mutter Courage (Lenya) tröstet ihre Tochter Kattrin (Ida Krottendorf).

Rechts: Hannsernst Jäger [?] (als Koch) und Lenya (Recklinghausen 1965). Fotos: Rosemarie Pierer

Gegenüber: Russell Nype und Lenya in einer Szene aus Lotte Lenya: The Broadway Years of Kurt Weill, *einer im Oktober 1964 in der Reihe* Stage 2 *ausgestrahlten CBS-Sendung. Foto: J. Peter Happel*

The Saga of Jenny, *eine Szene aus* The World of Kurt
Weill, *gedreht im Mai 1966 und ausgestrahlt im Februar
1967 vom Fernsehsender WGBH.*

sprechen werde. Das bedeutet reichlich Arbeit, und ich brauche die
wenige Zeit, die ich momentan habe, ganz für die Vorbereitungen.
Für mich ist das immer wieder ein Neubeginn. Von einem Auftritt
zum nächsten habe ich die Texte vergessen. Unglaublich, aber wahr.
Die Melodie vergesse ich nie, nur der Text entschwindet mir sofort.[48]

I am a Camera und Christopher Isherwood kannte ich noch
sehr gut aus Berlin. Hal Prince rief nun meine Agentin an und sagte
»Wir haben da einen Part für Miss Lenya. Können wir sie kontaktieren?« Kander und Ebb spielten mir ein paar Songs aus *Cabaret*
vor, nicht aber diejenigen, die sie eigens für mich geschrieben hatten. Sie gefielen mir sehr. Prince fragte: »Wie wäre es mit einem
Einjahresvertrag?« Darauf ich: »Mr. Prince, so etwas möchte ich
nicht unterschreiben, denn sehen Sie, wenn mir die Show gefällt,
bleibe ich für immer. Falls ich aber aus dem Vertrag aussteigen
möchte, kann ich das auch, das wissen Sie. Also glauben Sie mir einfach. Mir gefällt's, und ich bin dabei.«[70]
Jede einzelne Minute von *Cabaret* hat mir Spaß gemacht.
Manchmal habe ich mich reichlich über dieses junge Ding geärgert,

das die Sally Bowles spielte. Nach drei, vier Wochen beklagte sie sich ständig: »Ich langweile mich so.« Darauf ich zu ihr: »Dann verlasse das Theater gefälligst. Du hast kein Recht, hier zu sein.«[17]

Russ wurde von der Psychiatrie auf eine reguläre Station verlegt, was natürlich viel besser für seine Moral ist. Er wird noch viele Monate im Krankenhaus bleiben müssen und hat damit eine gute Chance, auch seine Alkoholprobleme hinter sich zu lassen. Und ich werde die Chance haben, mich vom letztjährigen Alptraum zu erholen, in der ständigen Furcht leben zu müssen, was ich wohl vorfinden mag, wenn ich von der Arbeit nach Hause komme.[48]

Während der Präsidentschaft Johnsons war ich einmal ins Weiße Haus zu einem Mittagessen eingeladen, das für den isländischen Minister gegeben wurde. Verblüfft hat mich, daß ich am Eingang nicht mal durchsucht wurde. Johnson kam mit Tamtam herein, war aber wirklich sehr amüsant mit seinen funkelnden Augen, die mir an ihm noch nicht aufgefallen waren. Wir nahmen Platz, und Johnson hielt eine sehr lustige Ansprache. Dann begann der isländische Minister: »Unsere Geschichte reicht 900 Jahre zurück.« Alle dachten

Oben: Martin Sheen (Kilroy) mit Lenya als Wahrsagerin in einer Szene aus einem Fernsehspiel nach Tennessee Williams Einakter Ten Blocks on the Camino Real, *ausgestrahlt vom Fernsehsender WH?Y (New York) im Oktober 1966.*

Unten: Aus Ten Blocks on the Camino Real. *Foto: Ted Mitchell*

»Oh nein, 900 Jahre warten auf uns.« Nun, vielleicht 300 Jahre schaffte er. Ich bin überzeugt, daß Lady Bird [Kosename für die Präsidentengattin] ihm unter dem Tisch einfach einen Tritt verpaßte, denn er hörte so plötzlich auf.

Ich erinnere mich nicht mehr an die Vorspeise, doch als Hauptgericht gab es Lammkoteletts, winziger ging's nicht! Der Butler war aber sehr nett und sagte: »Nehmen Sie zwei, sie sind sehr klein.« Danach gab es gebackenen Fisch, der jedoch noch so gefroren war, daß man ein Beil gebraucht hätte. Wie einer der Eisberge bei der Titanic. Schließlich nahmen sie ihn fort und zerlegten ihn in der Küche. Soweit mein kleines Erlebnis im Weißen Haus. Ich muß sagen, es machte einen ziemlichen Eindruck auf dieses eine Mädchen aus einem Wiener Pro-

Regisseur Hal Prince und Lenya bei den Proben für Cabaret. *Lenya trat dort auf mit den Songs ›So What?‹, ›It Couldn't Please Me More‹, ›Married‹ und ›What Would You Do?‹*

Rechts: Tanz mit den Matrosen (Cabaret, Ende 1. Akt)

Gegenüber: Lenya (ganz vorn) mit dem Originalensemble von Cabaret *(1966)*

"A STUNNING MUSICAL. BRILLIANTLY CONCEIVED." —KERR N.Y. TIMES

Harold Prince
(in association with Ruth Mitchell)
presents

CABARET

the new musical
starring

Jill Haworth · Jack Gilford · Bert Convy · Joel Grey

and Lotte Lenya

with Peg Murray · George Reinholt

book by Joe Masteroff
based on the play by John van Druten and stories by Christopher Isherwood
music by John Kander · lyrics by Fred Ebb
Dances & cabaret numbers by Ronald Field
Original Cast Album on Columbia Records

scenery by Boris Aronson · costumes by Patricia Zipprodt · lighting by Jean Rosenthal
musical direction by Harold Hastings · orchestrations by Don Walker · dance arrangements by David Baker

production directed by Harold Prince

"BEST MUSICAL" N.Y. DRAMA CRITICS' CIRCLE AWARD

"BEST MUSICAL" 8 TONY AWARDS

IMPERIAL THEATRE
45th St. W. of B'way   Mats. Wed. & Sat.

letarierviertel. Das gehört
immer noch zu den tollen Dingen an unserem Land [Ameri-
ka] – daß so etwas passieren
kann und auch passiert.[17]

Russ ist seit letzten
Freitag zu Hause. Du würdest
ihn nicht wiedererkennen. Er
ist jetzt ein anderer Mensch,
geht regelmäßig zu den Treffen der Anonymen Alkoholiker,
fand neue Freunde und fühlt
sich prächtig. Hat seit fünf Monaten keinen Tropfen angerührt. Wenn er so bleibt, wird
es auch mir bessergehen. Die
ersten sechs Monate dieses Jahres haben mich dermaßen mitgenommen, daß ich nicht mehr
geradeaus sehen konnte.[48]

Auftritt an der Seite von Omar Sharif in Lumets Film The
Appointment *(1968). Der Film gelangte in die europäischen,
nie jedoch in die amerikanischen Kinos. Foto: MGM*

Hal Prince hatte mich
für sechs Wochen von *Cabaret* beurlaubt, um einen Film in Rom
drehen: *The Appointment* [*Die Verabredung*], mit Omar Sharif und
Anouk Aimée. Der Film lief nie in Amerika, war aber in Europa –
alle lieben Sharif dort sehr – ein großer Erfolg. Ich hatte eine sehr
gute Rolle: eine Kupplerin, wie üblich. Sollten Sie also einmal Rat
benötigen ...![17]

Eine tolle Sache, mit Sidney Lumet zusammenzuarbeiten, und
dieser großen Schauspielerin, der schönen Anouk Aimée, nahe zu
sein. Übrigens eine liebenswerte Person.[15]

Ich wünschte, daß ich nicht zu *Cabaret* zurückmüßte, doch
nachdem mir der Produzent für den Film frei gegeben hatte, konnte ich nicht Nein sagen, als er mich bat, nach Labor Day [erster Montag im September, Anm. d. Übers.] zurückzukommen. Welch ein
Tiefpunkt, dorthin zurückzukehren, wo man sich bereits von allen
verabschiedet hat.[48]

[Brief an die Universal Edition]
Heute ist Weills Geburtstag und ich wünschte mir mehr denn
je, daß er noch am Leben wäre und Ihnen seine Gründe geben
könnte, warum *Mahagonny* für das Züricher Schauspielhaus
nicht geeignet ist. Herr Voelker hat in seinem Brief nicht er-

Gegenüber: Plakat für die Broadway-Erstinszenierung von
Cabaret *(John Kander, Fred Ebb, Joe Masteroff) mit Lenya in
der Rolle des Fräulein Schneider. Das Musical hatte am 20. November 1966 Premiere und lief fast drei Jahre (über 1000
Vorstellungen).*

wähnt, wie weit das Orchester reduziert werden muß um eine
Aufführung in seinem Theater möglich zu machen. Weills
score [Partitur] verlangt 34 oder mehr Musiker und das absolute Minimum wären 26. Ich kenne das Schauspielhaus in
Zürich sehr gut, habe einen Teil meiner Jugend dort verbracht und es ist mir ein Rätzel [sic], wo er 26 Musiker unterbringen will. Ich fürchte, daß Herr Voelker die Absicht
hat, eine *Dreigroschenoper* aus *Mahagonny* hervorzuzaubern
[sic]. Die Wiener Volksoper ist eine andere Sache. Die besitzt
einen Orchesterraum. Und ich glaube, die können sich ein
Orchester leisten. Wenn [Theodor] W. Adorno jetzt behauptet, daß sich Schauspieler besser für *Mahagonny* eignen als
Sänger, so scheint mir, daß Adorno etwas in der Vergangenheit lebt und nicht bemerkt hat, daß da eine junge Generation von Sängern aufgewachsen ist, die schauspielerisch wie
gesanglich fähig ist, und *Mahagonny* kein Problem für sie ist.
Ich wiederhole, was ich schon in meinem Telegramm er-
wähnt hatte, was Adorno nach der Berliner Aufführung von
Mahagonny, die hauptsächlich mit Schauspielern besetzt war
(Harald Paulsen, Trude Hesterberg und mir), in seiner Kritik
schrieb: »Aber das wahre Mahagonny gehört ins Opernhaus.« Weshalb das »Orakel« jetzt seine Meinung geändert
hat, interessiert mich kaum.[69]

Lenya, die Armut ebenso fürchtete wie Einsamkeit, konsultierte vor größeren
Anschaffungen stets ihren Steuerberater. Manche bezeichneten sie als sparsam,
andere wiederum fanden negativere Worte für ihre ständige Sorge um die
Finanzen. Im September 1968, einen Monat vor ihrem 70. Geburtstag, akzep-
tierte sie einen Vorschuß von $ 250000 seitens der Richmond Organization,
einem Verlag für populäre Musik, für die Übertragung der amerikanischen
Rechte an Weills Kompositionen, obgleich ihr damaliges Vermögen ein Vielfaches
dieses Betrags ausmachte. Die Akte »Weill« wurde nie geschlossen, doch nach
Bekunden von Freunden war Lenya der Arbeit überdrüssig und ließ sogar die
Gelegenheit verstreichen, in einem Musical von Alan Jay Lerner die Rolle der
Coco Chanel zu spielen.

Ich bin einverstanden, daß Mr. Luciano Berio ›Surabaya-
Johnny‹ und die ›Ballade von der sexuellen Hörigkeit‹ aufnimmt
und arrangiert, wie es ihm beliebt. Ich bin jedoch NICHT einverstanden mit jeglicher Darbietung der ›Ballade vom ertrunkenen
Mädchen‹, die von Weills Originalpartitur abweicht. Sollte Mr. Berio beschließen, den Song genau so aufzunehmen, wie er von Weill
komponiert und orchestriert wurde, hätte ich nichts dagegen einzuwenden. Ich werde jedoch unter keinen Umständen jegliche Arrangements seiner Komposition gestatten.[57]

Gegenüber: Lenya (als Emma Valadier) arrangiert ein
Rendezvous in The Appointment. *Foto: MGM*

Lenya bei Dreharbeiten der UFA für die Fernsehsendung Lotte Lenya singt Kurt Weill. *Die halbstündige, 1967 für das deutsche Fernsehen gedrehte Dokumentation enthielt einige Songs von Lenya, die auch die Einleitung und Zwischentexte sprach, und erschien später in einer englischen Synchronfassung.*

Wegen Verfälschungen von Text und Musik versuchten Lenya und Stefan Brecht eine Off-Broadway-Theaterfassung von Mahagonny *am Anderson Theatre zu verhindern. Die Aufführung wurde von Carmen Capalbo produziert (der bereits* The Threepenny Opera *am Theater de Lys realisiert hatte), mit Barbara Harris, Estelle Parsons und Mort Shuman in den Hauptrollen.*

Ich war hier in eine Produktion von *Mahagonny* involviert, und zwar nicht so, wie ich involviert sein möchte. Nach der ersten Voraufführung am 20. Februar war ich nahe daran, mich umzubringen. Es war ein völliges Desaster. Wir riefen das Schiedsgericht an (endlose Sitzungen), und ich konnte die Musik wiederherstellen, immerhin ein erster Schritt. So waren sämtliche Kritiken extrem positiv, zumindest was die Musik anging (und was mir zeigte, welch taube Ohren die Kritiker haben). Die Noten waren da, doch gespielt wurden sie mit dem Vorschlaghammer. Premiere war schließlich am 28. April; nach sechs Vorstellungen war's dann vorbei, zu meiner großen Erleichterung. Das Schiedsverfahren über die Nebenrechte läuft weiter.[41]

Ihre Besprechung der unseligen Inszenierung von *Mahagonny* am Anderson Theatre veranlaßt mich, Ihnen [Clive Barnes] kurz zu schreiben. Ich muß Ihnen einfach mitteilen, wie sehr ich es schätze, daß Sie anhand dieser weitgehend entstellten Inszenierung die Bedeutung des Werks darlegen konnten, und die Schönheit und Sinnhaftigkeit der Partitur.
Es stimmt vollkommen – und ist nicht nur ein Gerücht –, daß Stefan Brecht und ich uns mit Leib und Seele eingesetzt haben, die Premiere dieser »Show« zu verhindern, leider jedoch ohne Erfolg. Dieses Werk wäre in der Tat auf absehbare Zeit tot für die USA, gäbe es da nicht Ihre kenntnisreiche Kritik, die das Interesse wachhalten wird. Hierfür bin ich Ihnen von Herzen dankbar.[7]

Ende Oktober 1969 starb Russell Detwiler mit 44 Jahren in Brook House an den Folgen eines Sturzes aufgrund eines durch Alkohol und Betäubungsmittel bedingten Krampfanfalls. Lenya ließ ihn auf dem nicht weit von Brook House entfernten Mount Repose Cemetery in Weills Nähe bestatten. Später gestand sie einer Freundin: »Von all' meinen Männern liebte ich Russi am meisten, denn er hat mich am meisten gebraucht.«

Nein, Du mußt nicht für mich beten. An diese Hintertür glaube ich auch nicht. Lieber sehe ich dem entgegen, was das Schicksal für mich bereithält. Ich gebe zu, anders ist es leichter, und ich habe gesehen, daß es funktioniert. Warum aber versuchen, vor Schmerz und Verzweiflung zu fliehen, wo ich ihn doch so geliebt habe?

VERLEIHUNGSURKUNDE

IN ANERKENNUNG
DER UM DIE BUNDESREPUBLIK DEUTSCHLAND ERWORBENEN
BESONDEREN VERDIENSTE
VERLEIHE ICH

FRAU LOTTE LENYA
VEREINIGTE STAATEN VON AMERIKA

DAS GROSSE VERDIENSTKREUZ

DES VERDIENSTORDENS DER BUNDESREPUBLIK DEUTSCHLAND

BONN, DEN 27. JUNI 1969

DER BUNDESPRÄSIDENT

Lenya erhielt Das große Verdienstkreuz in Anerkennung ihrer Verdienste um das deutsche und das amerikanische Theater und für die Förderung der kulturellen Beziehungen zwischen Deutschland und Amerika. Die am 27. Juni 1969 vom Bundespräsidenten ausgestellte Urkunde wurde ihr am 9. September überreicht.

Das amerikanische Unterhaltungsmagazin After Dark *brachte im Juli 1969 ein Lenya-Interview. Das Titelblatt zeigt Lenya in Lion Feuchtwangers* Die Petroleuminseln *(Berlin 1928).*

Richard Avedon machte das Coverfoto für dieses 1970 von Columbia veröffentlichte Album. Die Doppel-LP enthält Neuauflagen zweier Alben aus den 1950er Jahren: Lotte Lenya singt Kurt Weill *(1955) und* September Songs and other American Theatre Songs of Kurt Weill *(1957). Foto: Sony Records*

Mit Russell Detwiler in Brook House (New City, NY,
August 1966). Foto: Ted Mitchell

Verdient er denn nicht meinen Kummer? Ich halte das für eine gesündere und ehrlichere Einstellung zum Leben. Ich schaue aus dem Fenster, sehe den Wechsel der Jahreszeiten und weiß, wir alle sind Teil der Natur. Auch ich werde mich verändern, und wir werden eine neue Existenzberechtigung finden.[30]

Die Leute fragen mich, wie das ist, dreimal verheiratet und verwitwet zu sein. Schauen Sie mich an, und sagen Sie's mir. Man kann das nicht erklären. Ich bin mir sicher, viele andere Frauen haben das gleiche durchgemacht. Gerade heute, mit dem Vietnamkrieg, machen viele junge Mütter das gleiche durch. Man nimmt es einfach an. Dennoch bleiben viele schöne Dinge im Leben, an denen man Freude finden kann und auch sollte. Ich bin sicher, jeder meiner drei Männer – und ich habe sie innig geliebt – würde nicht wünschen, daß ich immerfort Trauerkleidung trage. Ihnen würde wohl gefallen, was ich gerade mache – daß ich weiterarbeite, lebendig bleibe. Das Alleinsein ist bisweilen schwierig, vor allem für mich, die ich gern mit anderen teile, Gutes wie Schlechtes. Wenn einem der Lebenspartner genommen wird, gewöhnt man sich erst mit der Zeit an die Einsamkeit. Das lerne ich gerade zum dritten Mal.[52]

Letzte Woche hatte ich ein einstündiges Interview mit Ed Newman für das Farbfernsehen. Ich denke, es lief schrecklich gut, und ich machte ein paar charmante Bemerkungen über den alten Brecht. Und ich sagte, der Grund für das außergewöhnlich prächtige Berliner Publikum sei darin zu sehen, daß 95 % von ihnen Juden waren. Die Nichtjuden werden mich dafür lieben, doch das kümmert mich einen Sch...dreck.[67]

Ich wünschte, ich könnte mich mehr mit der Gitarre befassen. Ich mag dieses Instrument, denn es geht mit meiner Stimme. Die neu aufgelegten Berlin Theatre Songs und die amerikanischen sind erschienen (als Doppel-LP), mit einem neuen Foto von R. Avedon. Ich war überrascht, mich wieder in den Schaufenstern zu sehen.[30]

Am 10. Juni 1971, kurz bevor sie in die Niederlande reiste, um in einer Aufführung von Weills Der Silbersee *mitzuwirken, heiratete Lenya kurzentschlossen den Dokumentarfilmer Richard Siemanowski, einen Neffen des Komponisten Karl Siemanowski. Die erhoffte TV-Dokumentation über Lenya kam nie zustande. Lenya hielt die Eheschließung weitgehend geheim und erwähnte sie nicht einmal in Briefen an ihre engsten Freunde. Beide lebten niemals zusammen, und*

Foto: Ted Mitchell

am 11. Juni 1973 wurde die Ehe wieder geschieden. Alle drei Männer, die sie nach dem Tode Weills heiratete, waren homosexuell, zwei darüber hinaus Alkoholiker – dies ist eines der Geheimnisse in Lenyas Leben.

Wie ich aus London erfuhr, hat man eine sehr aufregende Originalorchestrierung der israelischen Nationalhymne von Weill gefunden. Ich fahre am 16. Juni nach Holland, wo ich auf dem Holland-Festival als Erzählerin in *Der Silbersee* und *Royal Palace* auftrete.[62]

Die Proben zu *Mutter Courage* kommen wirklich sehr gut voran, und Herbert Machiz macht seine Arbeit einfach hervorragend. Ich kämpfe noch mit der Fülle an Dialog, ein wahrer Bandwurm. Allein die Handhabung all der Requisiten ist eine Aufgabe für sich. Die Studenten sind wunderbar, und ich komme prächtig mit ihnen aus, versteht sich. Auf der Bühne haben sie

Geheimgehalten: ihr vierter Mann, Richard Siemanowski

mich mit einer Geburtstagsparty überrascht, einfach süß. Es ist herrlich hier draußen, und die tägliche Fahrt am Meer entlang zur Universität ist das reinste Vergnügen. Hätte ich doch Gelegenheit gehabt, unter solch idealen Bedingungen zu lernen. Einfach überwältigend, dieser Luxus an Instrumenten, Probenhallen und Gott weiß was. Kein Wunder also, daß die meisten das Examen hinausschieben. Würde ich auch tun.[67]

Als ich mit Brecht drei Tage lang an *Mutter Courage* arbeitete, sagte er zu mir »Lenya, du bist doch viel sanftmütiger. Deine *Mutter Courage* muß keine Hyäne auf dem Schlachtfeld sein.« Den Part zu überzeichnen – ihn also wie eine griechische Heldin zu spielen –, ist nach meiner Ansicht genau verkehrt. Man muß mit der Rolle im Rahmen dessen bleiben, was geschrieben wurde.

Kurz nach ihrer Heirat mit Siemanowski wirkte Lenya in Amsterdam als Erzählerin in einer konzertanten Aufführung von Der Silbersee *(Weill und Georg Kaiser 1934) mit. Hier bei den Proben mit Mary Lindsey (Fennimore). Foto: Maria Austria*

HE UNIVERSITY OF CALIFORNIA, IRVINE   SCHOOL OF FINE ARTS   PRESENTS

LOTTE LENYA
in
Bertolt Brecht's

MOTHER COURAGE

**Directed by
Herbert Machiz**

November 17-20, 23, 24, 26, 27   8:30 P.M.
Village Theatre   Gen. Admission $4.50
UCI Students $2.00   Tickets Available at the
Fine Arts Box Office   714/833-6617

Mit 73 nimmt Lenya **Mutter Courage** *auf Englisch in Angriff. Die Inszenierung von Herbert Machiz wurde im November 1971 an der University of California (Irvine) aufgeführt.*

An den Kritiken der Irvine-Inszenierung verblüffte mich, wie wenig sich die Kritiker um die Person der *Mutter Courage* geschert haben. Wer war sie? Womit handelt sie? Sie ist eine Marketenderin, die dem Lager folgt. Sie handelt mit Socken, etwas Branntwein, was immer sie kriegen kann. Sie ist doch keine Krupp, sondern kämpft ums Überleben, nicht wahr? Daß sie vom Krieg lebt, bedeutet nicht, daß sie für ihn *verantwortlich* ist. (Sie ist keine Kriegsverbrecherin. Dies ist ein Religionskrieg, und Mutter Courage hat ihn nicht angezettelt.) Sie bereichert sich nicht am Krieg, sondern bleibt bis ganz zum Schluß arm. Mutter Courage versucht schlichtweg, sich und ihren Kindern, die sie zu schützen versucht, ein Auskommen zu sichern. Bei ihrem ersten Auftritt sagt sie: »Meine Kinder sind nicht für das Kriegshandwerk.« In der dritten Szene sagt sie, als Eilif sich nach den anderen erkundigt: »Der Schweizerkas ist Zahlmeister

Linke Seite: Lenya am Strand von Laguna (1971). Foto: Ted Mitchell

Folgende Seiten: Lenya auf Inspektion zusammen mit dem Regisseur Herbert Machiz, und als Mutter Courage *(Irvine 1971).*

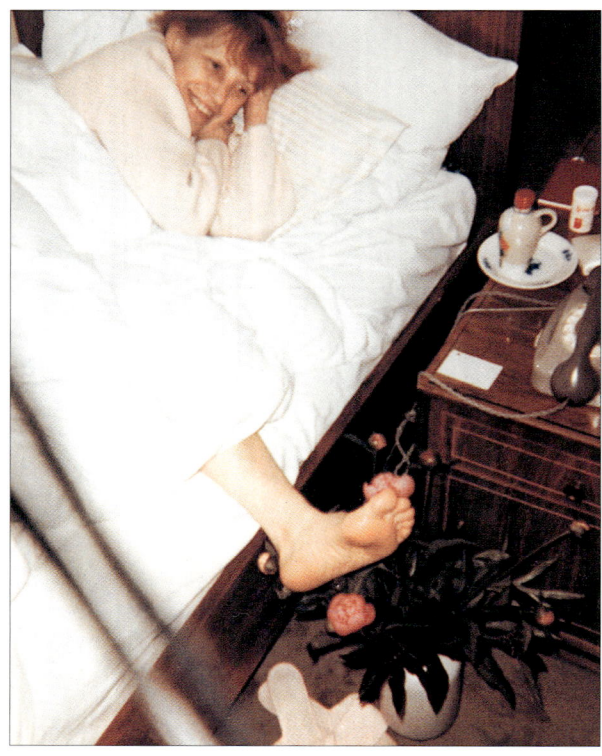

Zu Hause (1970er Jahre)

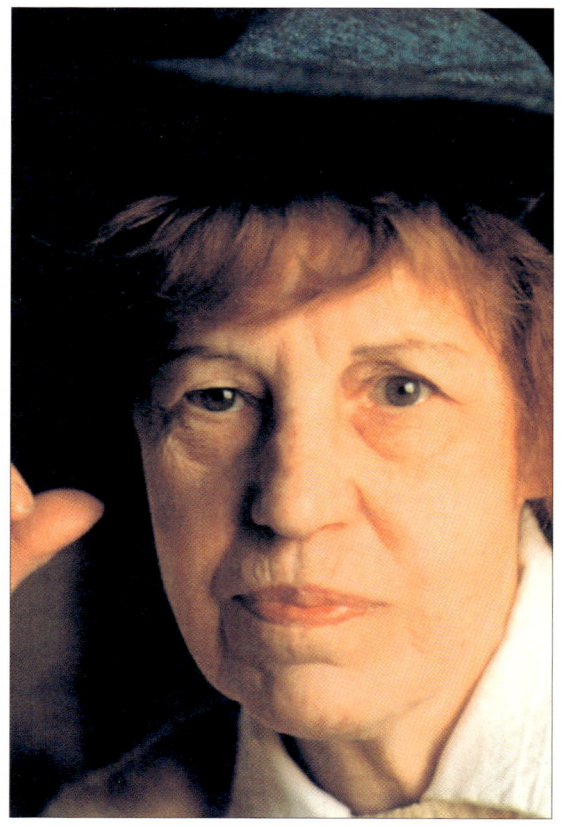

Diese Aufnahme aus den 1970er Jahren stammt von Lenyas Vertrautem und Nachbarn aus New City, Martus Granirer.

beim Zweiten geworden; da kommt er mir wenigstens nicht ins Gefecht.« Die ganze Zeit schützt sie also ihre Kinder. *Das* ist ihre Aufgabe. Sie zaudert nur das eine Mal, als sie um die 200 Gulden für Schweizerkas feilscht. Sie sagt, sie könne das nicht bezahlen; sie müsse etwas übrig behalten, denn wenn sie nichts hätte, könnte sie jeder Bastard in die Gosse schmeißen. Selbst da noch versucht sie ihn zu retten. »Sag ihm, ich geb ihm die zweihundert. Lauf.« Doch es ist zu spät, und Schweizerkas wird getötet.

All diese Dinge kommen in den Kritiken nicht vor. Ein Kritiker sollte doch nicht nur die Darsteller würdigen, sondern auch in das Stück einsteigen. Dieses Stück sagt soviel aus über Korruption, Religion und was sonst noch. Würden die Kritiker nur *zuhören*, würden sich die Kritiken praktisch von selbst schreiben. Ich glaube, sie verstehen das Stück nicht, gehen schnellstmöglich darüber hinweg (»Wieder einmal Brecht«) und loben oder attackieren die Darsteller. So erledigt man das am einfachsten. Dabei sind die Kritiker dafür verantwortlich, das Publikum aufzuklären, und das haben sie nicht getan.

Ein Kritiker muß sehr intelligent sein, um zu Recht zu loben. Und um nicht zu Unrecht zu verreißen. In diesem Fall gab es zu Unrecht einen Verriß. Haben Sie je von einer Schauspielerin gehört, die eine Abendpremiere »ermüdet« hätte? Diese Schauspielerin würde ich gerne finden. Oder habe ich mich vielleicht wegen der Studenten »zurückgehalten«? Ganz im Gegenteil, ich habe mich ins Zeug gelegt und alles gegeben. Ich gab ihnen alles, das ich über den Charakter der Mutter Courage verstanden habe, und das habe ich mit Brecht *diskutiert*![79]

Irgendwie ist es doch schön, wieder daheim zu sein, obwohl es dort drüben wunderbar war. Am glücklichsten fühle ich mich auf der Bühne. Neu ist das zwar nicht für mich, doch ich vergesse es dann und wann.[67]

Mitte März gehe ich nach Tallahassee, um als Jenny in der *Threepenny Opera* aufzutreten – zum letzten Mal, wie ich hoffe! Danach werde ich nichts tun und mich zur Abwechslung mal um mein Haus und mich selbst kümmern.[48]

Lenya als Jenny an der University of Florida war in der Tat ihre letzte Theaterrolle. Lenya verbrachte ihre letzten zehn Lebensjahre damit, ihren Ruf zu genießen, indem sie Fernsehinterviews gab, einige wenige Gastauftritte absolvierte, eine kleine Charakterrolle in einem Film annahm und Preise sammelte.

Derzeit tue ich nichts, und manchmal frage ich mich, ob ich je wieder etwas Lohnendes tun werde. Erhielt ein Angebot für einen Polanski-Film [*What?* – Mit Sidne Rome und Marcello Mastroianni], doch der Part war einfach zu dumm. Überhaupt kein Text, allein ein Auftritt in Schwesterntracht. Ich weiß nicht, woran er dachte, mir so eine Rolle anzubieten, die eine x-beliebige Krankenschwester ohne Probleme spielen könnte.

Als Russis Gemälde vor etwa vierzehn Tagen von der Ausstellung in Tallahassee zurückkamen und der Fahrer mich nicht antraf, parkte er seinen Truck Ecke 123. Straße/Third Ave. im Distrikt mit der höchsten Kriminalität in der ganzen Stadt. Als er nach dem Mittagessen zurückkam, war der Truck aufgebrochen, und zwei meiner liebsten Gemälde – die *Seven Deadly Sins* und *Surabaya-Johnny* – fehlten. Seitdem habe ich reichlich Zeit bei Polizei und FBI zugebracht, um sie zurückzubekommen. Außerdem habe ich eine Belohnung von 1000 $ ausgesetzt. Da sie offenbar von Drogenabhängigen gestohlen wurden, hegt man bei der Polizei große Zweifel, ob sie wieder auftauchen.

Am 30. Oktober war Russi seit drei Jahren tot. Ich vermisse ihn immer noch sehr. Es ist so einsam ohne ihn, so schwierig er manchmal auch war. Vor ein paar Monaten besuchte ich seine Eltern. Ich betrachtete die Hände seines Vaters, die den seinen so sehr ähneln. Wieviel Schaden er Russi wohl zugefügt haben mag. Bestimmt hat er dieses komplizierte Geschöpf nicht verstanden.[48]

Es ist schrecklich, allein zu leben. Vielleicht werde ich das Haus verkaufen, denn es hat keine Funktion mehr. Ich bin noch nicht ganz so weit. Da ist noch ein Faden, wie dünn auch immer, der mich hierhält. Als Kurt starb, war ich überzeugt, daß ich nie mehr lächeln würde. Ich hatte mich geirrt. Daran muß ich mich an diesen deprimierenden Tagen erinnern, wenn mir nach Weglaufen zumute ist, ohne daß ich wüßte wohin. Also werde ich hierbleiben, bis ich fortgehen und alle Erinnerungen ohne Schmerz mitnehmen kann. Ich weiß nicht, was mich in diese Stimmung versetzt hat, denn heute ist ein schöner, sonniger Tag. Vergiß diesen trübsinnigen Brief. Von der Sorte habe ich noch nicht allzu viele geschrieben.[4]

David Drew wurde von Lenya 1973 als »europäischer Manager des Kurt-Weill-Nachlasses« engagiert. Drew ermutigte sie, ihre aufgezeichnete Lebensgeschichte zu entmystifizieren.

David ließ mich meinen ersten Lebensabschnitt niederschreiben, nur fünf Zeilen, dann würde er mir sagen, ob ich weitermachen solle. Ich habe mich derart über mich selbst geärgert, mich so viele

Oben: Surabaya-Johnny von Russell Detwiler, ausgestellt von der LeMoyne Art Foundation in Tallahassee (Florida) vom 16. April bis 7. Mai 1972. Die Ausstellung unter dem Titel »Detwiler Paints: The Music of Kurt Weill/The World of Lotte Lenya« stand im Zusammenhang mit Lenyas letztem Bühnenauftritt mit 73 Jahren als Jenny in The Threepenny Opera.
Unten: The Seven Deadly Sins. *Fotos: Joe Kairis*

Weill-Forscher, Geschäftspartner und Freund David Drew Ende der 1950er Jahre, kurz nachdem er und Lenya sich kennengelernt hatten. Foto: Neil Fujita

Zusammen mit Lys Symonette (1975), die von 1945 bis zu seinem Tod mit Weill zusammenarbeitete und Lenyas musikalische Begleiterin und Beraterin wurde. Foto: Berkey

Jahre lang gesträubt zu haben, daß ich mich hinsetzte und zwei Seiten schrieb. Er war sehr glücklich über das Ergebnis, und so versuche ich, jede Woche zwei Seiten zu schreiben und ihm zu schicken. Je mehr ich schreibe, desto leichter wird es wohl werden. Oder aber auch nicht, denn es wird schwerer, wenn man die Gefahr bemerkt, Geschichten erfinden zu wollen. Doch dessen bin ich mir bereits voll bewußt. Also immer schön bei der Wahrheit bleiben – sie ist schlimm genug.[13]

Meinen Auftritt in der Dick Cavett Show habe ich fürs erste abgesagt. Lys Symonette, meine musikalische Begleiterin, ist auf Urlaub. Ohne sie bin ich verloren. Außerdem wollte ich unbedingt einen neuen Song bringen, ›Nannas Lied‹, und dafür brauche ich ihre Hilfe. Vielleicht bin ich im September dabei oder später. Momentan ist Cavett ein wenig böse auf mich, doch ich möchte meine Arbeit gut machen und nicht daherkommen wie eine der Gabor-Sisters.[13, 48]

Letzte Woche hat man durch Röntgen herausgefunden, was jenseits des 38. Breitengrads vorgeht: nennt sich »Hiatus-Hernie«. Sei harmlos, sei unheilbar, etwas, womit man lernen müsse zu leben. Also kein Alkohol, keine würzigen Speisen, keine kalten Drinks, kein rohes Gemüse oder Salat. Kurzum eine denkbar öde Diät. Na, falls sie mehr nicht wollen, sollen sie es bekommen. Ich habe über Nacht aufgehört zu rauchen und werde mich sicher auch auf diese Diät einstellen können. Harmlose Angelegenheit.

Ich hatte eine kleine Rolle in einem Fernsehspiel von Steven Rossen für Play-Time 90 CBS. Hat Spaß gemacht, wurde jedoch nach ein paar Probeläufen eingestellt.[4, 13]

Was hältst Du von Novotnys Vorschlag, eine andere Sängerin [in einem Lenya-Porträt] auftreten zu lassen? Zum Teufel mit ihnen. Das Drehbuch taugte ohnehin nichts. Dagegen war das von Siemanowski beinahe ein Klassiker. Ich bin froh, da heraus zu sein. In meiner Heimatstadt wird man mich dafür hassen, doch wen kümmert's?[67]

Heute ist der erste Tag, an dem ich versuche, nicht mehr zu rauchen. Zum Schluß waren es fast zwei Päckchen am Tag, mit verheerendem Ergebnis: Kopfschmerzen, Schwindel, Teilnahmslosigkeit, und Zittern wie bei einem Parkinson-Kranken. Es ist jetzt drei

Uhr nachmittags, und noch habe ich nicht versucht, mir eine anzu-
stecken. Aber der Tag ist noch nicht vorbei. Der Versuch lohnt sich
jedenfalls ... Tja, Darling, bin eben rückfällig geworden und hatte
meine erste Zigarette – ganz nett.[47]

[Brief an die Universal Edition]
Wenn ich auf Ihren Brief vom 9. Dez. erst heute antworte, so
hat das folgenden Grund. Der Inhalt Ihres Briefes hat mich so
schockiert das [sic] ich etwas Zeit brauchte mich davon zu
erholen. (...)
   Ich arbeite seit Weill's Tod in 1950 un-unterbrochen
[sic] an der Promotion seiner Musik in einer oder anderen
Form. Als ich im Jahre 1951 nach Wien kam, zum erstenmal
nach dem Krieg, fand ich keine Spur von Weill in den musikalischen Auslagen, wo fast jeder bekannte und unbekannte
Komponist vertreten war. Es schien so, als hätte Weill nie existiert. Erst durch meine, im Laufe der Jahre erschienenen
Schallplatten: *Mahagonny – Drei Groschenoper – Happy End –
7 Todsünden* und Konzerten [sic], die ich in Carnegie Hall und
vielen Colleges gab, fing die Weill Renaissance an. (...)
   Wenn Sie also in Ihrem Brief schreiben auf den Film-
abschluß hinweisend »DAS ANDERE IST NATÜRLICH
DIE VERFLUCHTE VERSUCHUNG DURCH DAS
GELD«. Ich habe durch die Jahre hindurch ein kleines Vermögen ausgegeben um Weill's Musik zu fördern und werde es
auch weiter tun. So reden Sie mir nicht von der »VERSU-
CHUNG DES GELDES«. Wenn es nach mir allein ginge,
brauchte der Film nie zustande zu kommen und ich würde
keine Träne vergiesen [sic], wenn das ganze Filmproject ins
Wasser fiele. Und nebenbei: ich habe mir jetzt keinen Anwalt
genommen, der die UE zwingt dasselbe zu tun. Ich habe meinen Anwalt seit vielen Jahren. Er ist keine neue Akquisition.[69]

   Ich komme eben aus Philadelphia von einem sehr erfolgreichen
Weill-Abend des Curtis Institute for Music. Seine Musik aus den
Kehlen dieser jungen Leute zu hören, machte mich sehr glücklich.[4]

   Sobald ich meine aufgelaufene Post erledigt habe, werden wir
uns treffen. Dann kannst Du [Bertha Case] mich haushoch im Ca-
nasti (wie unser einstiger Freund Jimmy es nannte) besiegen. Anna
Krebs, meine Hamburger Freundin, kommt am Samstag für drei
Wochen. Sie wird mein Haus putzen, was sie – als Deutsche – gern
tut. Während ich fort war, las ich die Autobiographien von Logan
(ausgezeichnet) und Mary Hemingway, die im September heraus-

Oben: Lenya-Porträt von Richard Ely

*Unten: Lenya mit ihrer engen Freundin und Partnerin beim Kartenspiel,
der Künstler-Agentin Bertha Case (links), die ihre und über viele Jahre
auch die Rechte am Brecht-Nachlaß in den USA vertrat.*

kommen wird. Sie kann einfach gut schreiben. Kater Kenji mußte unterdessen operiert werden, ist nun aber wieder okay. Zwei Tage lang hat er nicht zu mir »gesprochen«. Völlig durchgedreht, weil ich fort war. Der fette Teeko rollte sich einfach auf den Rücken, um mir zu zeigen, was ihm abging.[15]

Ich habe einen Job beim Film. Kleine Charakterrolle, eine Masseuse mit Akzent. Werde das Vergnügen haben, Burt Reynolds durchzukneten. Könnte schlimmer sein. Nur anderthalb Drehtage und gutes Geld.

War für einen Tag bei den Dreharbeiten für *Semi-Tough* in Miami. Ein Traum, mit Burt Reynolds zusammenzuarbeiten. Im Studio herrschten 35 Grad, und ich habe den ganzen Tag lang Wasser getrunken. Zur Vorbereitung auf die Rolle befaßte ich mich etwas mit der Rolfing-Technik. Burt lag wie ein riesiger Baumstamm auf dem Massagetisch. Ich grub meine Finger hinein und sagte: »Burt, ich hab' solche Angst, daß ich dich verletze.« »Ach was. Ist ganz angenehm.« Am nächsten Tag bekam ich eine heftige Ruhr und mußte drei Tage das Bett hüten. Man schnitt mir die Haare (welche?), und ich sah aus wie eine alte Frankie Adams aus »Member of the Wedding«. Ein so radikaler Schnitt könnte meinem Haar letztlich sogar gut tun. Solche Dinge macht man eben für die »Kunst«.[17, 47]

Bertha Case, meine Agentin, wird für drei Tage kommen. Sie ist lustig, spielt gern Karten und trinkt reichlich.[47]

[Brief an die Universal Edition]
Zunächst einmal freue ich mich sehr, daß Sie den englischen Text der *Dreigroschenoper* mit abdrukken wollen. Wenn Sie mich nun fragen, ob ich meine, daß die neue Übersetzung von Manheim

und Willett die beste sei, so muß ich sagen, daß ich derzeit die von Marc Blitzstein vorziehe. Ich finde sie unendlich besser singbar und mit den Notenwerten vereinbar. Fragten Sie jedoch Stefan Brecht, dann würde er vermutlich die neue Manheim-Willett-Fassung vorziehen. Demnächst wird ein neues Originalalbum der laufenden New Yorker Aufführungen herauskommen. Warten Sie doch, bis ich es Ihnen schicke, so daß Sie sich durch einen Vergleich mit der Aufnahme der Blitzstein-Fassung ein eigenes Urteil bilden können.[69]

Zur Zeit bereite ich eine Ausstellung für die Lincoln Center Library vor: *Kurt Weill & Lotte Lenya* – was für eine Arbeit! Ich werde den ganzen Sommer damit beschäftigt sein, all die Tonträger, Fotos, Partituren etc. zusammenzutragen. Die *Threepenny Opera* läuft sehr erfolgreich am Lincoln Center. Ich war noch nicht drin, doch Freunde berichteten mir, sie sei sehr gut. Walter Kerr schrieb wunderbare Dinge darüber in der *Times* vom Sonntag. Selbstredend war ich sehr glücklich darüber.[48]

Ich bin froh, wenn die Ausstellung wieder vorbei ist. Du kannst Dir nicht vorstellen, wieviel Arbeit das bedeutet, und ich habe es satt, Fotos von mir zu betrachten und zu lesen, was immer man über mich geschrieben hat. Und das war eine ganze Menge.[47]

Die Ausstellung enthält etwas mehr über meine Karriere als die von Kurt, doch nur deshalb, weil er 1950 gestorben ist und ich noch da bin. Er hat mir seinen gesamten Nachlaß vermacht, doch mir ist nicht danach, mich zurückzulehnen und Tantiemen einzustreichen, wie das so viele Witwen tun. Darum machen wir die Ausstellung mit den Bühnenbildern, Fotos, Manuskripten und Zeichnungen. Neben meiner Arbeit auf der Bühne nimmt Kurt Weill den größten Teil meines Lebens ein. Ich bin nicht so wichtig.[18]

[Brief an die Universal Edition]
Besten Dank für Ihren Brief vom 26. April in dem Sie mir mitteilen Ihre Entscheidung, [Gottfried] v. Einem und seiner Frau die Bearbeitung der *Bürgschaft* zu überlassen. Ich glaube kaum, daß in Nehers Nachlaß Skizzen über die *Bürgschaft* zu finden sind. Ich halte dieses Werk als [sic] vielleicht das wich-

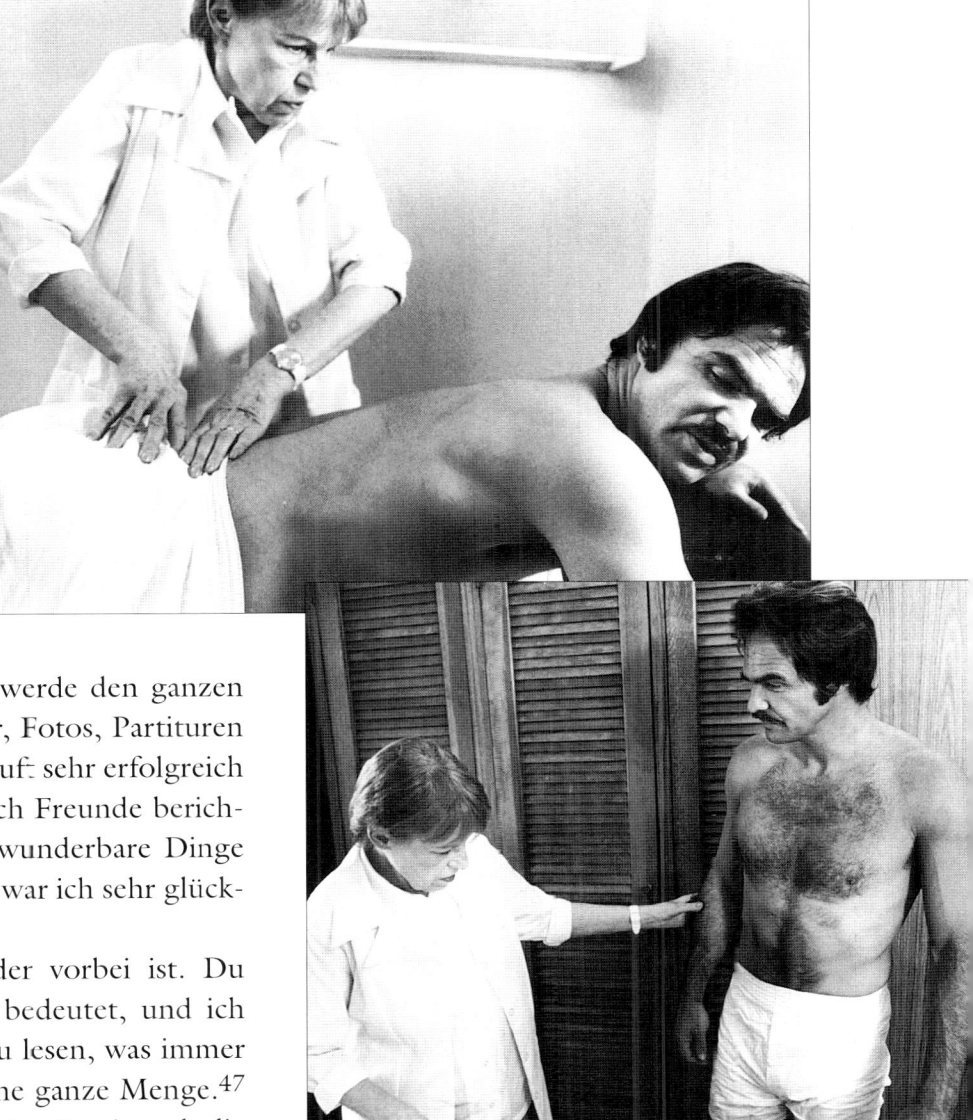

Oben: Lenya (als Dr. Clara Pelf) bearbeitet Burt Reynolds in einer Szene aus dem Film Semi-Tough *(1977).*
Unten: Bei der Untersuchung des Patienten.
Fotos: United Artists

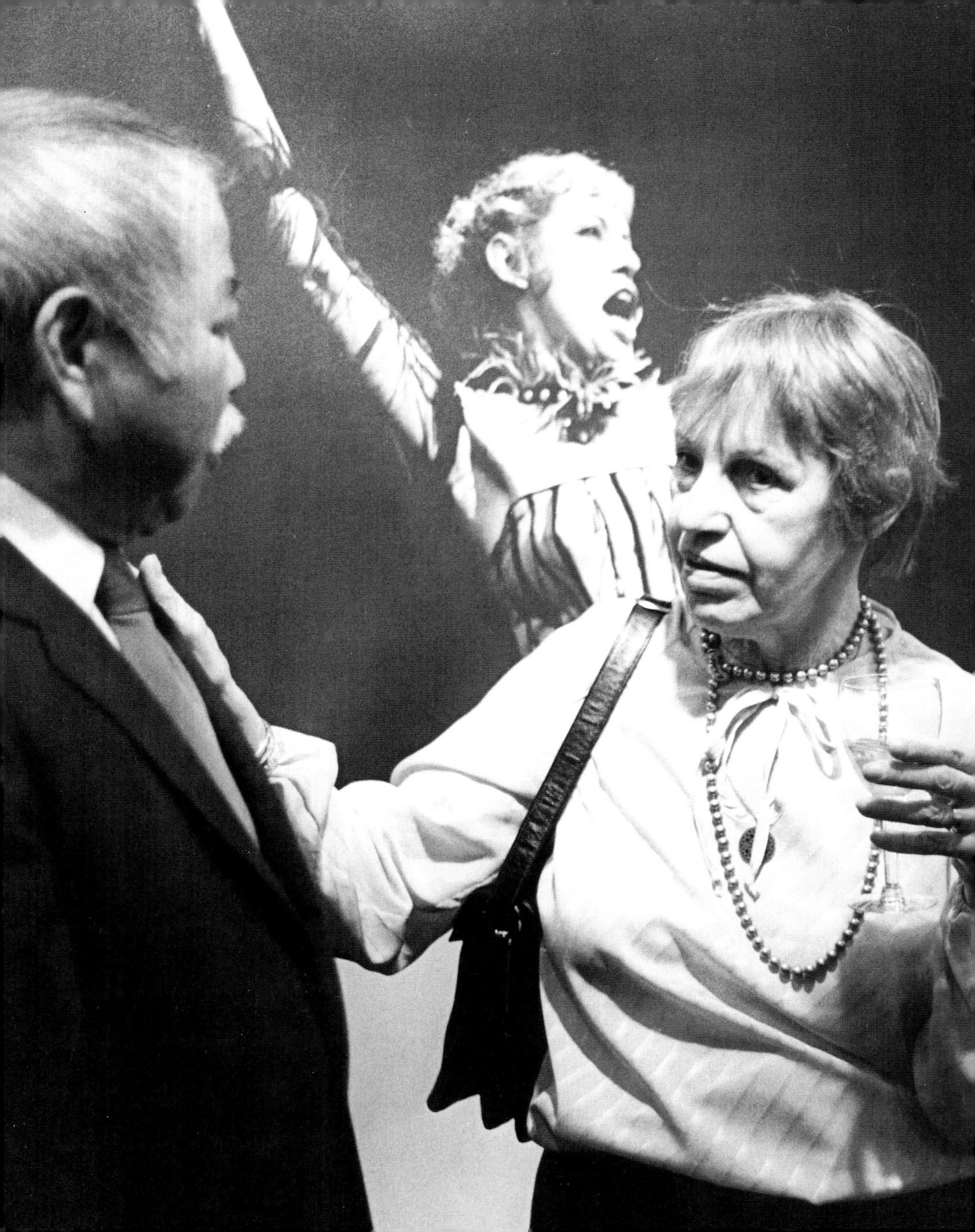

tigste of [sic] Weill's Schaffen und der Gedanke es »bearbeitet« zu sehen, beunruhigt mich sehr. Es ist ein sehr düsteres Werk und war als solches gedacht. Es ist nicht die einzige Oper im ganzen Opernrepertoire die ein trauriges Ende hat. Striche sind eine familiäre Prozedur und vielleicht sollte man es dem jeweiligen Regisseur überlassen das Werk zu, wie Sie sagen, straffen. »Umgestaltung« ist eine andere Sache. Ich wäre Ihnen unendlich dankbar wenn Sie mich wissen lassen könnten, was sich G. von Einem unter »Umgestaltung« vorstellt.[69]

Momentan erhole ich mich noch von einer recht schweren Operation. Margo Harris ist mir eine große Hilfe. Sie hat ihren inzwischen verstorbenen Mann fünf Jahre gepflegt und weiß mich zu behandeln, wenn ich ungeduldig werde.[48]

Ich habe die Absicht, die Musik aus Weills klassischer Periode, die man hier nicht kennt, publik zu machen. Alle kennen Weill aus diesen Song-Programmen wie »Ein Gala-Abend mit Miss Soundso«, als hätte er nichts anderes komponiert als Theatersongs. Dabei war er ein gestandener Komponist und hat Opern, Oratorien und Sinfonien geschrieben, doch davon weiß niemand. Kürzlich gab die Greenwich Symphony in der Avery Fisher Hall ein Konzert mit der *Sinfonie Nr. 1*, *Kleine Dreigroschenmusik*, *Der Neue Orpheus* und *Quodlibet*. Immerhin ein Anfang.[17]

Meine 80 Jahre trage ich bequem auf den Schultern. Ein wahres Vergnügen, nicht mehr zählen zu müssen. Dabei habe ich nie über mein Alter gelogen. Es ist ein Segen, so alt zu werden und keine Krücken zu brauchen. Ich bin auf eine Cocktailparty anläßlich Vera Strawinskys 90. eingeladen. Es heißt, sie sei so lebendig wie ein Vogel im Fluge (Text von Hammerstein). Der erste Schnee ist da, und ich wünschte, ich könnte bis zu den ersten Krokussen im Haus überwintern. Ich bin tatsächlich müde vom letzten Jahr – zwei große Operationen und nun eine verletzte Hand. Das sollte reichen. Sonst bin ich o.k. Meine Hand ist jetzt ermüdet vom Tippen mit einem Finger. Daher good bye.[49]

Es ist ein großer Segen, seinen 80. Geburtstag feiern zu können. Die Jahre zu zählen, interessiert mich, nicht das Sterben. Das Altwerden hat mich nie bekümmert. Mit 50 nicht, und nicht mit 70. Ich genieße das Leben. Mir fallen nur wenige amerikanische Schauspielerinnen ein, die ihr Alter bereitwillig zugeben. Genau drei: Ruth Gordon, Marlene Dietrich und Lotte Lenya.[17]

Die Hirschfeld-Karikatur von Lenya und Weill wurde im Ausstellungsbericht der New York Times *vom 12. November 1976 abgedruckt. Copyright Al Hirschfeld. Abdruck mit freundlicher Genehmigung von Hirschfelds Exklusivvertretung, The Margo Feiden Galleries Ltd. New York*

Gegenüber: Die New York Public Library veranstaltete 1976 die erste Ausstellung über die Karrieren Weills und Lenyas. Als Dankeschön stiftete Lenya der Bibliothek Weills Originalpartitur von Die sieben Todsünden. *Abgebildet sind Lenya und ihr Fotograf und Designer, Neil Fujita, beim Besuch der Ausstellung. Foto: Lee Snider*

Ich freue mich schon auf *Mahagonny* an der Met und auf den *Silbersee*, den Hal Prince im kommenden Jahr inszenieren wird. Das Stück ist da in guten Händen. Die Proben an der Met beginnen am 16. Oktober, Premiere ist am 16. November. Sie haben ein gutes Ensemble und eine gute Bühnenbildnerin, Jocelyn Herbert. Sie war mal die Freundin von George Devine, einem guten Freund von mir aus meinen Tagen am Royal Court Theater in London. Ich werde jeden Tag bei den Proben zu *Mahagonny* sein. Viel Glück, Miss L...![49]

Keine der jungen Sängerinnen kann Musik von Weill singen. Keine, außer Teresa Stratas. Sie hat das einfach im Blut. Sie liebt die Musik und kann nichts falsch machen. Nachdem sie die Jenny in *Mahagonny* an der Met gesungen hatte, traf ich sie und sagte: »Teresa, hier ist meine Krone. Ich gebe sie Ihnen. Sie sind die Eine, also machen Sie weiter.« Und nun singt sie Weill, als habe er für sie komponiert.[70]

In »glamouröser« Aufmachung (um 1976)

Ankündigung für zwei halbstündige Interviews von Schuyler Chapin für das öffentliche Fernsehen (aufgenommen im Dezember 1978 und Januar 1979, ausgestrahlt Anfang 1979) mit den Titeln Lenya: The Berlin Years *und* Lenya: Paris-New York. *Foto: C. Brownie Harris*

Gegenüber: Im Interview mit Schuyler Chapin (1978)

Lenya gratuliert den Greenwich Philharmonikern nach einem Konzert im Lincoln Center anläßlich ihres 80. Geburtstags. Das Weill-Programm bestand aus der Sinfonie Nr. 1 *(1921),* Kleine Dreigroschenmusik *(für Blasensemble, 1928),* Der Neue Orpheus *(Kantate für Sopran, Violine und Orchester, Text von Ivan Goll, 1925) und* Quodlibet *(Suite für Orchester, 1923). Lenya, die sich wenige Wochen zuvor das Handgelenk gebrochen hatte, verbarg die Armschlinge unter einem hellroten Kaminkleid. Foto: Gretchen Tatge*

Gratulationen für Lenya (links) bei einem Diner nach der Premiere von The Rise and Fall of the City of Mahagonny *an der Metropolitan Opera (New York).*

Ich freue mich über den großen Erfolg von
Mahagonny. Kurt ist nun dort, wo er hingehört.
Nicht mehr nur ein Songschreiber, sondern der bedeutendste Komponist des 20. Jahrhunderts. Ein
schönes Weihnachtsgeschenk.

Endlich konnte ich mir die Aufnahme von
Die Bürgschaft [Sender Freies Berlin, Dirigent: Ja-
nos Kulka] anhören. Was zum Teufel ist in den Dirigenten gefahren, hier zwei, dort vier Takte weg-
zulassen usw.? Schreckliche Tempi. Ich traue mich
nicht zu sagen, was ich wirklich davon halte. So
viele Streichungen ohne Grund (evtl. aus Zeitgrün-
den?). Die Sänger – nun ja, die sind vom Dirigenten abhängig. Ich kann nicht sagen, daß mir einer
von ihnen gefallen hätte. Am ehesten noch, doch
immer noch nicht gut genug, Thomas Stewart.[49]

*Mit der Sopranistin Teresa Stratas bei ihrem berühmten Kon-
zert im Whitney Museum am 4. Januar 1980.*

*Lenya starb am 27. November 1981 an einem Ovarialkarzinom (Eierstockkrebs).
Sie hatte sich zwei Operationen unterzogen. Der Fortgang der Krebserkrankung
wurde vermutlich beschleunigt durch eine unnötige kosmetische Brustoperation
neun Monate vor ihrem Tod. Trotz ihres geschwächten Allgemeinzustands wachte sie weiterhin über das Vermächtnis Weills und tat ihre realistische
Lebensphilosophie kund.*

Niemals habe ich Barbara Schall-Brecht oder irgend jemand
sonst gestattet (und werde dies auch niemals tun), bei *Dreigroschen*-
Inszenierungen in Ostberlin die Instrumentierung zu verändern oder
jegliche musikalischen Eingriffe vorzunehmen.[69]

Natürlich würde ich wieder die Bühne betreten! Filme wären
jedoch noch besser. Ich würde gern wieder in einem Film mitwirken.
Das ist irgendwie einfacher und würde mir großen Spaß machen.[26]
Speichelleckerei war nie eines meiner Talente, und ich werde
auch jetzt nicht damit beginnen.[21]

Oh nein, man kann es nicht allen recht machen. Dann und
wann zurückschlagen ist eine gesunde und beliebte Reaktion; besser
als ducken. Das mußte ich schmerzlich erfahren. Ich höre jetzt besser auf, bevor ich zu viele Readers-Digest-Weisheiten verbreite.[21]

Opera News *widmete sein Heft vom 1. Dezember 1979 der Pre-
miere von* The Rise and Fall of the City of Mahagonny *an der
Metropolitan Opera. Das Weill-Foto stammt von Lotte Jacobi
(Berlin 1929). © Opera News 1998*

Wer sich vom Zorn beherrschen läßt, ist am Ende meist der Verlierer. Das habe ich am eigenen Leib erfahren, doch heute weiß ich meine Kraft zu wahren. Manchmal auch wollte ich spucken (die schwarze Witwe) und habe statt dessen gelächelt.[42]

Pete brachte mir heute eine himmlische Vase mit Herbstzweigen. Einfach herrlich. Wieviel näher kann man Gott noch kommen? Und ein prächtiger blauer Reiher flog über den Bach. Die Natur kann mich rascher zum Weinen bringen als alles andere.[21]

Applaus verhallt allmählich, und Ruhm vergeht. Man sollte sich deshalb nicht allzusehr darauf verlassen. Ob man nun sogleich Anerkennung findet oder etwas später – was macht das schon?[70]

Lenya vor Brook House (Mai 1981). Fotos: Ted Mitchell

Legenden: Über Kunst und Leben

Lenyas Tod ist wirklich sehr traurig, doch man sollte sich daran erinnern, daß sie ihre Mission erfüllt hat, Kurt Weill ganz oben auf die Liste der Komponisten zu plazieren. Ohne ihren freudigen Eifer wäre er vielleicht vergessen. Wie glückverheißend für uns alle ist ihr Glaube, der wiederum unseren Glauben an sie ausmacht.[35]

– LILLIAN GISH, Schauspielerin

Lenya-Porträt von Barron Storey, eine Auftragsarbeit für Mohawk Paper (1976) zum Angedenken an Lenyas Darstellung der Jenny in der Berliner Inszenierung von Mahagonny *im Jahr 1931.*

Die Lieder, die Trude Hesterberg und Rosa Valetti in den Cabarets sangen, haben absolut nichts mit Kurt Weill zu tun. Nehmen wir einmal Marlene Dietrichs ›Ich bin von Kopf bis Fuß auf Liebe eingestellt‹. Das hat nichts mit Brecht und Weill zu tun, sondern ist typisch für das Cabaret mit seinen vollkommen eigenen Maßstäben.[8]

Anita Berber war ein sehr hübsches Mädchen, und eine Tänzerin, die vornehmlich in Nachtclubs auftrat. Und zwar nackt. Wer glaubt, wir seien heute in dieser Beziehung weit fortgeschritten – nein, das hatten wir schon vor 40 Jahren in Berlin. Damals gab es natürlich andere Drogen als heute. Sie hat wohl Kokain und Morphium genommen und starb mit 28, überaus traurig. Doch viele, viele weniger bekannte Leute starben damals auf die gleiche Weise. Man macht heute viel Aufhebens um ihren berühmten »Tanz der Lust«, doch das wäre so, als ginge man heute in einen Kindergarten.

Oben: Erholung in Südfrankreich (Ende der 1920er Jahre)

Unten: Fritzi Massari im Kostüm (um 1925).
Foto: Bildarchiv Preußischer Kulturbesitz

Ich mochte sie zu sehr, um sie als schmutzig zu bezeichnen. Sie war einfach nur exotisch und merkwürdig, und deshalb war sie etwas Besonderes.[16]

Heinz Tietjen sagte einmal, seit der Massary – Fritzi Massary – habe er niemanden mehr mit einer Diktion wie der meinigen gehört. Sie war Operettensängerin in Berlin, die größte, die je gelebt hat. Großartig, wunderbar, elegant. Mein Gott, man hätte mir nicht mehr schmeicheln können. Mit ihr verglichen zu werden, war eines meiner größten Komplimente überhaupt.[8]

Sie kennen ja die berühmten 1920er Jahre. Jede Frau war eine *femme fatale*, und alle schliefen miteinander. Niemand nahm das sonderlich ernst. Doch welche Ära würde nach einem verlorenen Krieg nicht dekadent? Es war damals so dekadent wie hier und heute. Halten Sie Discos nicht auch für dekadent? Ich glaube nicht, daß die Berliner Dekadenz romantisiert wird – es gab sie –, doch meinen Sie, alle hätten die Nächte in Nachtclubs zugebracht? Man vergißt immer, daß es in Berlin einige Leute gab, die tatsächlich in der Früh aufstanden und zur Arbeit gingen! Ich meine, der *Blaue Engel* und die *Dreigroschenoper* waren sehr lebensnah. Das war die Zeit von 1926 bis 1933. Wie sollte sie je zurückkehren? Sie werden Ihre eigene Zeit haben, schauen Sie doch nur hin.[71, 72]

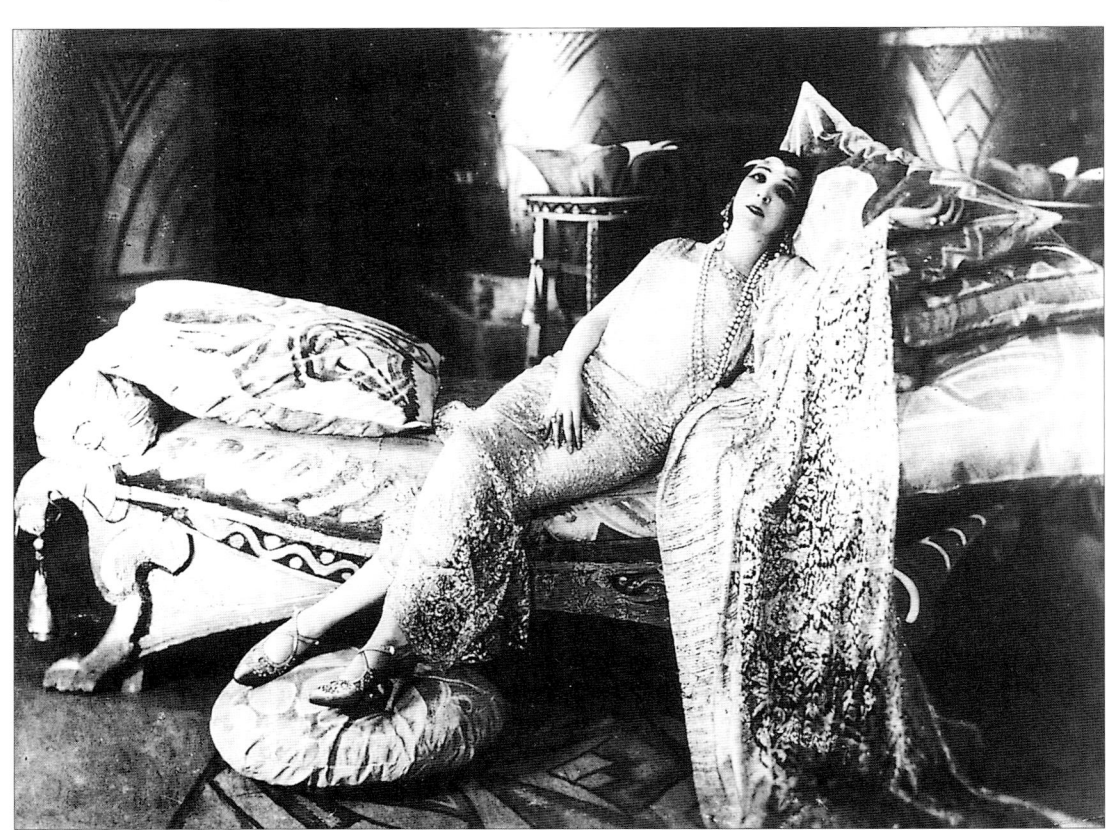

Walter Huston? Ja, das ist eine Persönlichkeit, nämlich seine knisternde Stimme. Und das hat eine Menge damit zu tun, wie man die Songs vorträgt. Ich habe beispielsweise den ›September-Song‹ in schönen Interpretationen zweier sehr verschiedenartiger Sänger gehört. Eine von Eddie Albert, herzzerreißend schön. Und von Jimmy Durante. Oh, ich konnte meine Tränen kaum zurückhalten, es war so anrührend. Das ist der Punkt: Man hätte keine zwei unterschiedlicheren Menschen finden können.

Mary Martin kann man nicht wirklich mit der Dietrich vergleichen. Mary war fabelhaft in Venus. Die Dietrich wollte es nicht machen, vielleicht wegen der getragenen Melodie in ›Speak Low‹. Mary Martin hat eine gut geschulte Stimme, eine andere als die Dietrich.[8]

Sicher mag ich die Aufnahme von Billie Holiday. Sie ist meine Lieblingssängerin. Es schmerzt mir das Herz, wenn ich sie singen höre. Heute abend werde ich mir die Verfilmung ihrer Lebensgeschichte mit Diana Ross anschauen. Sie hat ja tolle Kritiken bekommen, doch ich weiß noch nicht, ob sie mir gefallen wird. Niemand kann wie die Holiday singen. (...) Ja, *The Lady Sings the Blues* habe ich gesehen. Diana Ross ist eine sehr talentierte Sängerin, doch Billie Holiday kann man einfach nicht reproduzieren. Sie hat ihr Bestes gegeben. Der Film aber wurde nur gedreht, um Geld zu machen, und das werden sie auch bekommen. Doch auch das geht vorbei.[48]

Barbra Streisand kann nicht schlecht sein. Ich fand sie sehr aufregend, Judy Garland aber bricht mir schlicht das Herz. Barbra Streisand ist wunderbar, dennoch begreife ich einige ihrer Filme nicht. Dieses *Up in the Sandbox* oder wie das heißt *[Up the Sandbox / Den Sandkasten hoch*; Anm. d. Übers.] – da wäre ich am liebsten hinausgegangen. Eben erst war ich in *On a Clear Day [You Can See Forever]*. Die Streisand ist einfach unglaublich toll. Den Film mag ich nicht, und die Musik hatte überhaupt keinen Pep. Ein schlechter Song nach dem anderen. Auch meinen Traumburschen, Yves Montand, fand ich nicht so gut. Die Sprache behindert ihn.[18]

Hast Du das langweilige Pavarotti-Konzert aus Montreal gehört?[67]

Opernsänger müssen gute Sänger und Schauspieler sein. Callas und Schwarzkopf sind hervorragende Beispiele dafür. Wie die Schwarzkopf die Rolle der Marschallin im *Rosenkavalier* entwickelt. Während Lotte Lehmann von Beginn an resigniert war, ist die Schwarzkopf anfangs glücklich verliebt und resigniert erst am Ende tragödienhaft. Das ist Schauspielkunst.

Ein Freund sagte einmal: »Ich liebe diese Stimme; sie liegt eine Oktave unter einer Kehlkopfentzündung.« Was nicht stimmt, denn es gibt viel tiefere Stimmen. Lauren Bacalls Stimme ist unten im Keller. Und auch die von Katharine Hepburn. [Imitiert sie]. »My god, ee-oo.«[8]

Kurt redete oft über Busonis Humor und all die kleinen schmutzigen Witze, die er ihnen in den Unterrichtspausen zu erzählen pflegte. Außerdem war Busoni sehr abergläubisch. Er hatte da eine Frau, eine kleine Bucklige namens Rita Boetticher. Er meinte,

Autogrammstunde nach einem Konzert im Lewisohn Stadium (New York 1958). Foto: Bernard Seeman

Bad im Mittelmeer, Südfrankreich 1928

Südfrankreich 1928

London 1934. Foto: Gerty Simon

f Skiern in den Alpen, Ende 1920er oder Anfang 1930er Jahre

es bringe Glück, sie zu berühren. Für Kurt war sie der reinste Horror, doch sie war immer da und paßte auf Busoni auf, trotz seiner Frau Gerda. Rita gehörte quasi zum Inventar.[72]

Ja, Carl Orff ist sehr stark von Kurt Weill beeinflußt, doch jeder weiß das, er selbst auch. Ich kenne eine sehr gute Oper von ihm, *Die Kluge*, aufgeführt von der Komischen Oper in Ostberlin, mit Felsenstein. Sehr stark von Kurt Weill beeinflußt. Der ganze Anfang wurde einfach der *Bürgschaft* entnommen.[8]

Mein Favorit unter den modernen Komponisten ist Britten. Ich mag alles von ihm und habe alle seine Platten. Strawinsky mag ich natürlich auch, und Bartók und Hindemith, das aber ist die ältere Generation. Neben Britten ist von den jüngeren Komponisten wohl Henze am interessantesten.[63]

Leonard Bernstein kennt mit Sicherheit jede Note von Kurt Weill. Bestimmt. Oh, er kennt mehr als die *Dreigroschenoper*. Und er hat gewissermaßen Weills Nachfolge angetreten, denn Leonard Bernstein kommt Kurt Weill wohl am nächsten. Seine *West Side Story* – einfach schön –, sein *Candide* – herrliche Musik. Solche Dinge hätte Kurt Weill auch gemacht, hätte er länger gelebt.[8]

Lenya feiert ihr letztes Carnegie-Hall-Konzert vom 8. Januar 1965 in ihrem New Yorker Apartment. Foto: Ted Mitchell

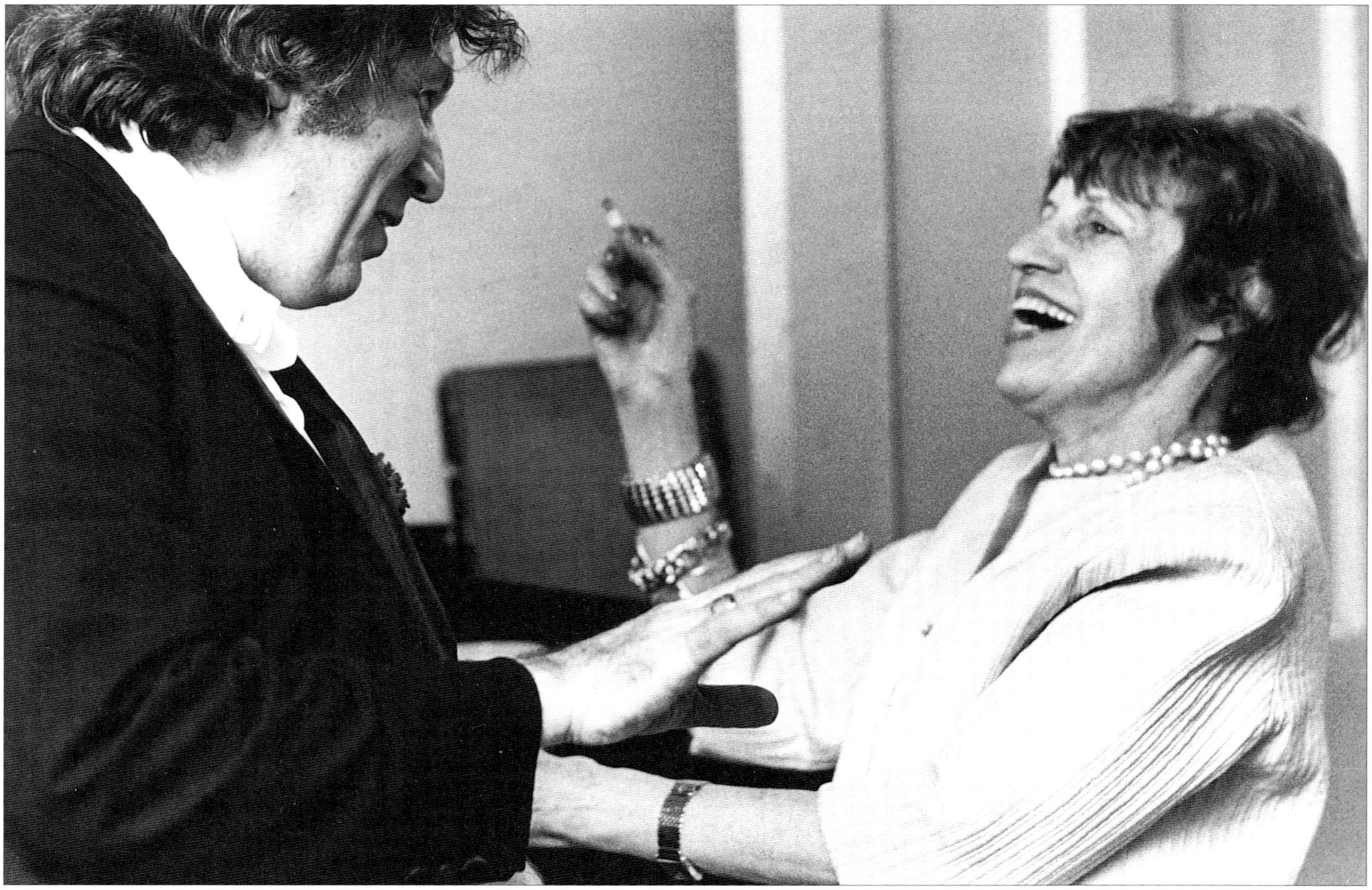

*Oben: Lenya und der Komponist Gunther Schuller
auf dem Holland-Festival (Juni 1971). Schuller
hatte Weills frühe Oper* Royal Palace *(1927) nach
der Originalpartitur neu orchestriert.
Foto: Fletcher Drake*

*Rechts: Mit Alan Jay Lerner (links)
auf einem Bankett (um 1978)*

Einmal nahm Weill ein Buch von Brechts Nachttisch. Dem Schutzumschlag nach handelte es sich um *Das Kapital*, doch drin steckte ein Thriller von Edgar Wallace.

Brecht kam einmal mit Aufricht zu von Mendelssohn. Der besaß ein riesiges Haus voller Schätze – El Grecos, Rembrandts, Renoirs, fabelhafte Möbel, Teppiche usw. Brecht setzte sich und schaute sich um. Als Aufricht ihn fragte, was er davon halte, sagte er: »Wenn man den ganzen Mist herausräumte, würde das ein nettes Haus abgeben.«[45]

Zu sagen, Brecht sei ein guter Regisseur, ist eine Untertreibung. Er war unglaublich. Das war seine zweite Genialität. Und was mich immer verblüfft hat, war seine unglaubliche Geduld mit den Schauspielern. Nie schreiend, nur zeigend. So konnte man nicht versagen.[70]

Man kann Brecht nicht leicht erklären oder ihn in eine Schublade stecken, indem man sein Werk lediglich als Ausdruck seiner kommunistischen Einstellung ausgibt. Sein politisches Leben hat er wohl nicht allzu ernst genommen. Im Gegensatz zu den menschlichen Aspekten des Lebens. In den letzten Strophen einer seiner Balladen heißt es: »(...) Ach wir / Die wir den Boden bereiten wollten für Freundlichkeit / Konnten selber nicht freundlich sein. // Ihr aber, wenn es so weit sein wird / Daß der Mensch dem Menschen ein Helfer ist / Gedenkt unsrer / Mit Nachsicht.« [*An die Nachgeborenen*] Er wußte, daß nicht alles Gute fortbestehen kann, und es gab Zeiten, da mußte er böse sein. Doch er glaubte an die Zukunft. Daher rührt die Tatsache, daß Brecht falsch verstanden wird.[32]

Eine Oper wie *Street Scene* könnte auch sehr gut von Brecht gestammt haben. Sie prangert die Armut an und zeigt den Schmelztiegel aus armen Menschen in diesem Mietshaus. Brecht hätte das auch schreiben können. Auch als er nach Ostdeutschland zurückging, hatte er immer noch die gleichen Dinge zu attackieren wie zuvor. In diesem Land aber gab es weniger Angriffspunkte.[8]

Anna schickte mir das Buch von Klaus Mann, *Mephisto*. Für einen Schlüsselroman ist leicht zu erraten, wen er meint. Es ist gut geschrieben, wird sich hier aber wohl nicht gut verkaufen. Man muß in Berlin gelebt haben, um dahinter zu kommen. Warum man es 1968 verboten hat, geht über meinen Verstand. Möchten die Deutschen nicht an ihre ruhmreichen Zeiten erinnert werden?[49]

Hast Du *Lolita* gelesen? Eine zärtliche, wunderbar geschriebene Story. Überhaupt nicht schmutzig, wie so viele Leute (mit schmutzigen Gedanken) sagen.[21]

Ein künstlerisches Talent zeigt sich bereits in frühen Jahren. Russel Detwiler, mein verstorbener Mann, war Künstler und wollte,

Lenya war fasziniert von Greta Garbo und bewahrte zwei ihrer Fotos in ihrem New Yorker Apartment auf.

daß ich mich im Malen versuche. Hätte ich das Talent besessen, würde sich das früh gezeigt haben. Tat es aber nicht.[9]

Zum Jahreswechsel war ich bei den Hornicks eingeladen. Sie besitzen eine Unmenge moderner Gemälde, und die Nachbarn regen sich wegen der ultramodernen Skulpturen auf dem Rasen auf. Ich finde sie recht schön, doch ich bin ja herumgekommen (wie sie sagen); deshalb mag ich sie.

Hier eine lustige Begebenheit: In Philadelphia war ich bei der Enthüllung einer fabelhaften, kraftvollen Skulptur von Jacques Lipschitz. Es spielte eine Band (aus Feuerwehrmännern), und ein irischer Tenor sang aus voller Kehle »Bringt mich rechtzeitig zur Kirche«. Ich beobachtete, wie Mrs. Lipschitz den Kopf senkte (...)[4]

Das Fernsehen sollte man abschaffen! Außer die Bildungsprogramme. Ich habe nie einen Fernsehjob bekommen. Ist mir auch egal. Weg damit von dieser Erde! Rauchende Colts und überall Waffen, nichts als Waffen. Endlos. Diese Generation wird nur aus Dummköpfen bestehen![25]

Die jungen heutigen Schauspieler sind sehr engagiert. Verdorben werden sie erst, wenn Hollywood sie schnappt und zu Stars macht. Dann geht die Bescheidenheit der Profession den Bach hinunter.[36]

Die jungen Schauspielerinnen von heute gefallen mir sehr, vor allem die Filmschauspielerinnen. Alle verweisen sie immer auf Bette Davis oder Joan Crawford. Sicher, die waren sehr gut, ausgezeichnet sogar, doch es gibt auch so viele gute junge Schauspielerinnen. Etwa Jill Clayburgh, einfach traumhaft, und faszinierend in *Unmarried Woman*. Viele Junge sind nicht minder fabelhaft als einst die Alten. So etwas wie ein »Goldenes Zeitalter des Talents« gibt es nicht. Die Vereinigten Staaten sind momentan voller Talente. Kurt war stets verblüfft über die vielseitigen Talente, die ihm beim Vorsingen begegneten. »Einfach überwältigend!«, pflegte er zu sagen. Auf gewisse Weise gleicht das heutige New York dem Berlin der 1920er Jahre, jedoch ohne Hitler.[17]

Eigentlich ist es zu heiß, um in die Stadt zu fahren, doch ich habe mich aufgerafft, mir *Hamlet* mit Richard Burton anzusehen. Eine recht neue Erfahrung. Er ist ein ganz unorthodoxer Hamlet: humorvoll und tragisch, mit einer bauernhaften Eleganz. So vollkommen anders als alle Hamlets, die ich kenne. Nach der Vorstellung standen draußen Tausende von Leuten Schlange, umgeben von berittener Polizei, nur um zu sehen, wie er und Miss Taylor in ihrer geschlossenen Limousine vorbeifuhren. Selbstredend haben wir die-

Mit der Sopranistin Birgit Nilsson und der Schauspielerin Liv Ullmann (1980)

ses Ereignis nicht abgewartet, so sehr wir beide auch mögen.[48]

In meinem Haus möchte ich keine Schauspieler zu Gast haben. Ihre Geschichten sind so langweilig. Ich mag aber Katharine Hepburn, Tammy Grimes und Ruth Gordon. In letzter Zeit erhielt ich viele Einladungen und war auf dieser schrecklichen NBC-Party bei Sardi. Ich gehe aus, wenn Fred Ebb etwas auf die Beine stellt, und neulich abends war ich bei Chita Rivera. Jetzt freue ich mich auf ein wenig Frieden und darauf, draußen mein Laub zusammenzurechen.[18]

Ich bewundere Bea Arthur als *Maude*, denn schließlich haben wir uns zwei Jahre lang eine kleine Garderobe geteilt, als wir die *Threepenny Opera* machten. Ich halte sie für eine fabelhafte Komödiantin.[36]

Ich gehe sehr oft ins Theater und liebe Musicals.

Chorus Line habe ich gesehen, und *Chicago* gleich dreimal. Traumhaft. Das neue *Porgy* habe ich nicht gesehen, doch damals bei der Premiere saß ich neben Gershwin. Ihm brach das Herz, weil das

Mit der Sopranistin Astrid Varnay (1975.

V.l.n.r.: Max Schmeling, Lothar Olias, die Sängerin Greta Keller und Lenya Mitte der 1950er Jahre in Hamburg. Foto: H. Meyer-Pfundt

Stück durchfiel. Ich sah *The Wiz*, doch ich konnte Judy Garland einfach nicht vergessen, so sehr ich mich auch bemühte.[18]

Oh, Calcutta! [ein weitgehend von nackten Darstellern gespieltes Stück] möchte ich mir nicht ansehen, denn ich könnte mich nicht auf die Dialoge konzentrieren. Ich bin nicht prüde, doch was soll das? Die *Folies Bergères* machen das besser und dazu noch mit Bedacht.

The Boys in the Band bringt frischen Wind. Die Homosexualität besteht seit Jahrtausenden und ist nicht verschwunden, nur weil wir die Augen davor verschlossen haben. »Leben und leben lassen«, daran glaube ich. Wenn jemand so auf die Welt kommt, ist das für mich in Ordnung. Allein die Tatsache, daß wir heute in Film und Theater über Homosexualität sprechen können, ist ein großer Schritt nach vorn. Es gibt schon genug Menschen, die heiraten und Kinder haben.[31]

Apropos Tanzen: Ich habe mir *On Your Toes* angeschaut. Die Show an sich hat mich nicht sonderlich beschäftigt, doch Zorina in ihrem Ballett *Slaughter on Tenth Ave.* fand ich ganz bezaubernd.

Lenya zusammen mit ihrem Patenkind Kenji Fujita, dem Sohn des mit ihr befreundeten Künstlers Neil Fujita, der mehrere Schallplattencover für sie entwarf. Foto: Neil Fujita

Zunächst einmal sah sie hinreißend schön aus, ganz à la Berlin in den 1920ern, und sie tanzte besser, als ich sie je erlebt habe.[12]

Sweeney Todd! Hätte nie geglaubt, so etwas je zu erleben: Max Reinhardt trifft Bert Brecht![71]

Ich dachte nicht, daß ich Kinder bekommen könnte, wegen zwei Abtreibungen damals mit 15 oder 16 in Zürich. Später in Wien sagte mir ein Arzt, daß ich nach einer entsprechenden Behandlung ein Kind bekommen könnte. Ich war damals mit Pasetti zusammen, der ein Kind von mir wollte. Also ging ich zu Kurt. »Pasetti möchte ein Kind.« Er schaute mich an und sagte: »Das würde mich sehr verletzen.« Später, mit 42, sprach ich Kurt nochmal auf dieses Thema an. »Möchtest du ein Kind oder nicht? Vor Toresschluß würde ich wirklich noch gern eines haben.« Er entgegnete: »Darling, ich würde mich zu Tode fürchten, daß dir etwas passieren könnte. Ich bin nicht so eitel, daß ich meinen Namen durch einen Sohn weiterleben sehen wollte. Ich hoffe, daß mein Name durch meine Musik weiterlebt.« Dies war seine Eitelkeit.[72]

Brook House, New City, New York, Mitte der 1960er Jahre

Gegenüber: Draußen im Herbst
Links oben: Herbstlaub zusammenkehrend
Rechts oben: Gartenarbeit im April
Links: Beim Ausruhen inkognito auf der Veranda

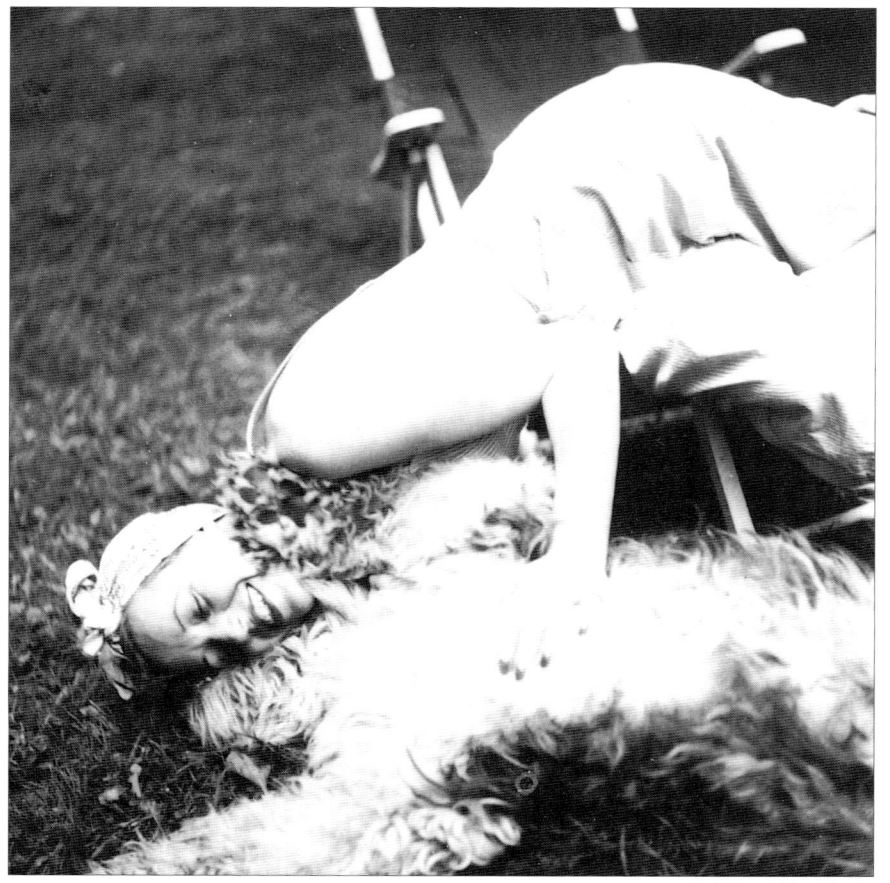

Beim Herumtollen mit Weills Bobtail Wooly (New City, Mitte der 1940er Jahre)

Hier im Hotel gibt es ein kleines armenisches Mädchen von sechs Jahren. Sie spricht Arabisch, Türkisch, Englisch und etwas Französisch. Ihre Eltern lassen sie den ganzen Tag allein, und wir beide sind gute Freunde geworden. Wäre sie doch ein Waisenkind! Solch ein Kind hätte ich gern auch. Sie besitzt die schönsten dunklen Augen, dunkles Haar und ist zart wie eine Lotosblüte. Aber was für ein Temperament! Mogelt wie ein Türke und ist flink wie eine Eidechse. Ein Traumkind![21]

Als Kind fragte ich meine Mutter, ob ich hübsch sei. »Nein«, antwortete sie mir wahrheitsgemäß, und fügte weise hinzu: »Doch die Männer werden dich immer lieben.« Liebe ist selbstverständlich das größte Schönheitsgeheimnis von allen. Es gibt eine Demokratie, unter der wir alle leben: die Zeit. Wir alle werden älter und müssen akzeptieren lernen, was die Zeit mit uns anstellt. Da ich immer schon eine Charakterdarstellerin war, brauchte ich mich nie über die Falten in meinem Gesicht zu sorgen, im Gegenteil, doch in zehn Jahren möchte ich sie womöglich entfernt haben. Wenn eine Frau sich dazu entschließt, sehe ich darin nichts Verkehrtes. Oft aber frage ich mich, wozu das gut ist, wo doch Hände und Ellbogen so verräterisch sind. Ich glaube, es ist besser, sich nicht um solche Dinge zu sorgen, man selbst zu sein und das Leben nicht zu ernst zu nehmen. Meine frühen Jahre als Zirkusdarstellerin und Tänzerin waren unschätzbar. Ich trainiere zwar nicht mehr, doch ich unternehme gern lange Landspaziergänge mit meinen beiden Hunden. Make-up trage ich keines, außer Lippenstift und Lidschatten, sofern ich nicht ausgehe. Die Haut sollte atmen können. Außerdem mag ich glänzende Gesichter. Falsche Wimpern – die größte Erfindung seit Reißverschluß und Klebestreifen – finde ich toll. Auf der Bühne trage ich zwei Paar davon. Ich habe nie viel über Glamour nachgedacht, da ich ihn nie verkauft habe. Mich interessiert mehr, was jemand ist. Vielleicht bin ich ja naiv mit meiner optimistischen Lebenseinstellung, doch sie hält mich glücklich.[19]

Zur Erinnerung: Ich bin keine Deutsche, sondern Wienerin. Es gibt da ein altes Sprichwort: »In Berlin ist die Lage ernst, aber nicht hoffnungslos. In Wien ist die Lage hoffnungslos, aber nicht ernst.«[20]

Schallplattenaufnahmen. Foto: Sony Records

Reagan ist einfach zum Kotzen. Also entscheidet man sich für das geringere Übel: Carter. Zumindest er weiß, wes *Geistes Kind* er ist.

Meine Weihnachten waren langweilig wie alle Massenferien. Diese Explosion unvermittelter Güte macht mich krank. Sobald der Christbaum zu nadeln beginnt, sind die Leute wieder so gehässig wie zuvor.[49]

Jeden September geht es mit meinen Tantiemen bergauf![17]

Je größer sie sind, desto schlichter. Einstein ist die beeindruckendste Persönlichkeit, der ich je begegnet bin. Er wußte sich zurückzuhalten. Wenn er nichts zu sagen hatte, redete er nicht.[9]

Ich kann nicht kochen und habe auch nicht die Absicht, es zu lernen. Eier kann ich kochen. Ich habe mich noch nicht ganz von meinen beiden großen Operationen erholt und muß mich damit abfinden. Also kein Disco Dancing im Club 54.[4]

Gretel Kaiser war überglücklich. Es war einfach eine neue Erfahrung für sie, zu erleben, was es bedeutet, Amerikaner zu sein. Die Freundlichkeit der Leute und ihre einnehmende Warmherzigkeit bedeuten ihr viel. Hoffentlich wird sie das nicht vergessen, wenn sie wieder nach Deutschland zurückkehrt.[21]

Romantisch zu sein – dagegen ist nichts einzuwenden, solange man es selbst erfährt. Das Leben läßt sich viel leichter bewältigen, wenn man ein wenig über sich selbst weiß.[4]

Ich spiele nicht Bridge, sondern Poker. Ich bin groß im Pokern.[8]

Es ist nicht immer ratsam, einer Frau zu vertrauen.[49]

Die Frauenbewegung langweilt mich zu Tode. Es ist so schön, von einem Mann abhängig zu sein. Etwas Schöneres kann ich mir gar nicht vorstellen. Abgesehen davon, wurde ich als freier Mensch geboren und werde das auch bleiben.[23]

Von allen geliebt werden – was für eine Art Liebe das wohl wäre.

Wenn dich jemand so weit analysiert, daß er dich haßt, mag das zwar beunruhigend sein, doch es ist zugleich ein phantastisches Kompliment.[34]

Ich weiß wirklich nicht, worin das Geheimnis liegt. Die Jugend betrachtet mich als eine lebende Legende – oder einen Geist![54]

Es ist schön, als Legende bezeichnet zu werden. Warum sollte ich etwas dagegen haben? Es ist doch schmeichelhaft, eine Legende zu sein und zugleich noch voll im Leben zu stehen. Wer zur Legende wird, muß irgendwo gelandet sein. Vielleicht habe ich ja etwas getan, das – wenn man es hochtrabend ausdrücken will – als Kunst anerkannt wird.[23]

Rechts: Klassisches Porträt aus den 1940er Jahren

Diese Chronik verzeichnet Lenyas größte Auftritte und die maßgeblichen Ereignisse in ihrem Leben und skizziert ihre wichtigsten Beziehungen und Ortsveränderungen. Nur die bedeutendsten ihrer in die Hunderte gehenden Auftritte in Funk und Fernsehen sind enthalten. Einige Auftritte aus ihrer Zeit in Zürich und den ersten Berliner Jahren, an die sich Lotte Lenya erinnert, ohne daß dafür ein Beleg vorhanden wäre, sind hier nicht aufgeführt. Die Darstellung ihrer frühen Lebensjahre basiert weitgehend auf ihren eigenen Zeugnissen, die in vielen Fällen vage oder gar widersprüchlich sind. Eine entsprechende Datierung erfolgte so exakt wie möglich und bezieht sich zumindest auf das betreffende Jahr. Zweifelhafte Daten sind mit einem Fragezeichen gekennzeichnet.

18. Oktober 1898: Karoline Wilhelmine Charlotte Blamauer wird als drittes Kind des Franz Paul Blamauer und der Johanna Teuschl Blamauer in der Linzerstraße 87 im Wiener Bezirk Penzing geboren. Das erste Kind, ebenfalls mit dem Namen Karoline, war bereits gestorben; das zweite, Franz, kam 1897 zur Welt. Ihr Bruder Maximilian wurde 1900 geboren, ihre Schwester Maria 1906.

1902 oder 1903: Umzug der Familie in die Ameisgasse 38 im gleichen Bezirk. Karoline tritt singend und tanzend mit Tamburin in einem benachbarten Zirkus auf und lernt Seiltanzen.

1905: Beginnt die Volksschule und wechselt nach einem Jahr auf eine andere Schule. Nach dem dritten Jahr Wechsel auf eine Begabtenschule im wohlhabenderen Bezirk Hietzing.

1910: Beginnt die Bürgerschule (Mittelschule).

1913: Absolviert die Bürgerschule. Arbeitet den Sommer über in der Wiener Hutfabrik Ita, offenbar als Beginn einer vierjährigen Lehre.

Sommer 1913: Reist nach Zürich, trifft dort am 18. September 1913 ein und zieht zu ihrer Tante in die Zeunerstraße 7. Nimmt erste Ballettstunden bei Steffi Herzeg, der Ballettmeisterin des Stadttheaters, und arbeitet als Dienstmädchen für den Theaterfotografen Alexander Ehrenzweig. Nach wenigen Monaten Einzug bei den Ehrenzweigs in der Kreuzstraße 10.

6. Mai 1914: Kehrt für den Sommer nach Wien zurück und erfährt von der Trennung ihrer Eltern. Ausbruch des Ersten Weltkriegs am 3. August 1914. Da sie nur mit einem Vertrag am Züricher Stadttheater zurückreisen kann, schreibt sie einen ungestümen Brief an den Intendanten Alfred Reucker, der den Vertrag ausstellt.

31. August 1914: Kehrt mit dem Zug nach Zürich zu den Ehrenzweigs zurück. Nimmt Ballett- und Schauspielunterricht am Theater.

Herbst 1914: Als Nachwuchstänzerin der Ballettkompanie des Züricher Stadttheaters mit einer Monatsgage von 60 Franken eingestellt. Ende 1914 oder Anfang 1915 erster privater Schauspielunterricht bei dem jungen Regisseur Richard Révy. Dieser wird sie später in einigen seiner Inszenierungen einsetzen.

Spielzeit 1914–1915: Auftritt in einigen kleinen Rollen am Züricher Pfauen-Theater: Kehm und Frehsees *Als ich noch im Flügelkleide* (Jettchen Ünzen), Hermanns *Jettchen Gebert* (Rosalie Jacoby, ihr erster Auftritt unter der Regie von Révy), Suppés *Fatinitza* (Gregor).

Frühjahr 1915?: Einzug bei den Edelmanns; ihre beste Freundin ist deren Tochter Greta, ebenfalls Ballettschülerin.

Spielzeit 1915–1916: Auftritt in einigen kleinen Rollen. Am Pfauen-Theater: *Als ich noch im Flügelkleide* (Jettchen Ünzen), Anzengrubers *Der G'wissenwurm* (Annemirl). Am Stadttheater: Wills *Dornröschen*, nur im Vorspiel (Immergrün), *Als ich noch im Flügelkleide* (Jettchen Ünzen), Lehárs *Die lustige Witwe* (Margot), R. Strauss' *Der Rosenkavalier* (Friseurgehilfe).

Herbst 1916?: Wird vollwertiges Mitglied des Corps de ballet mit einer Monatsgage von 160 Franken. Ihre Gage wird nun jährlich erhöht.

17. Oktober 1916: Umzug nach Kilchberg (Schweiz).

Spielzeit 1916–1917: Auftritt in einigen kleinen Rollen. Am Pfauen-Theater: Blumenthal und Kadelburgs *Im weißen Rössl* (Mirzl), Friedmann-Friedrichs *Logierbesuch* (Rosie). Am Stadttheater: Weinbergers *Drei arme Teufel* (erstes Mädchen), Falls *Der Weltenbummler* (erste Freundin), Blumenthal und Kadelburgs *Im weißen Rössl* (Mirzl).

26. Februar 1917: Rückkehr nach Zürich.

9. März 1917: Auftritt in einem Tanzabend am Pfauen-Theater. Tanzt zu J. Strauß' »Leichtes Blut«, Gounods »Bacchanale«, Lanners »D'Schönbrunner Walzer«, in einer Ensemblenummer und mehreren »National-Tänzen«.

Spielzeit 1917–1918: Auftritt in einigen kleinen Rollen. Am Pfauen-Theater: Shaws *Cäsar und Cleopatra* (Iras), Wedekinds *Franziska* (Karaminka, unter der Regie Wedekinds), Blümners (auf Aristophanes zurückgehendes) *Krieg und Frieden* (Megarers Tochter), Bahrs *Das Konzert* (Selma Maier), Wedekinds *Der Kammersänger* (ein Listjunge). Am Stadttheater: Lehárs *Der Sterngucker* (Mizzi), *Der Rosenkavalier*, dirigiert von Richard Strauss (Friseurgehilfe), Stolz' *Lang, lang ist's her* (Lauserl), Offenbachs *Blaubart* (dritter Page).

11. September 1917: Auftritt in einem Tanzabend am Pfauen-Theater. Tanzt zu Roswitschs *Russischer Nationaltanz* und J. Strauß' *Kaiserwalzer*.

Frühjahr 1918: Wird zusammen mit Greta Edelmann in einen Vertragsstreit mit dem Stadttheater verwickelt. Trotz der Bedenken einiger Direktionsmitglieder werden ihre Verträge für die Spielzeit 1918–1919 verlängert.

2. Juli 1918: Auftritt in einem Tanzabend am Pfauen-Theater. Tanzt zu Brahms *Tanz in fis-moll* und einem Strauß-Walzer.

Sommer 1918: Besucht ihre Familie in Wien und erfährt, daß ihre Mutter und die Familie nun mit einem gewissen Ernst Heinisch in der Ameisgasse zusammenleben.

Sommer 1918: Ingeborg Ruvina wird *Ballettmeisterin* am Stadttheater. Sie stützt sich auf die Dalcroze-Methode, die Karoline dem eher traditionellen Ballettunterricht vorzieht. Bald jedoch tritt ein Persönlichkeitskonflikt zutage, der sich in den nächsten drei Jahren verschärfen wird.

Spielzeit 1918–1919: Auftritt in einigen kleinen Rollen. Am Pfauen-Theater: Fuldas *Die verlorene Tochter* (Margot Straub), *Jettchen Gebert* (Rosalie Jacoby), *Im weißen Rössl* (Resi), Kornfelds *Die Verführung* (Tänzerin), Auernheimers *Die große Leidenschaft* (Emilie), Shaws *Cäsar und Cleopatra* (Iras), Faesis *Die Fassade* (Dame), Schnitzlers *Das weite Land* (eine Französin). Am Stadttheater: Lehárs *Wo die Lerche singt* (Juleza), J. Strauß' *Der Zigeunerbaron* (Sepl), Hermanns *Der gestiefelte Kater* (gerettetes Kind), Falls *Die Rose von Stambul* (Fatme), Shaws *Cäsar und Cleopatra* (Iras).

4. September 1918: Tanzt im zweiten Akt von J. Strauß' *Die Fledermaus* (Stadttheater). Tanzt mit drei weiteren Tänzerinnen (darunter ihre Lehrerin und ihre Freundin Greta Edelmann) zu ›An der schönen blauen Donau‹.

1919: Umzug in die Pension Griese, Dufourstraße 177. Hatte zuvor mit dem Schweizer Bildhauer Mario Petrucci zusammengelebt und übersiedelt, um einen Skandal zu vermeiden. Hat in diesem Jahr einen Schwangerschaftsabbruch in Genf.

22. Januar 1919: Auftritt als Lisiska in der Premiere von Frank Wedekinds *Tod und Teufel* (Pfauen-Theater) unter der Regie Wedekinds.

8. Mai 1919: Auftritt als Minna in der Premiere von Kurt Götz' *Nachtbeleuchtung* (Pfauen-Theater) unter der Regie von Richard Révy.

Spielzeit 1919–1920: Auftritt in einigen kleinen Rollen. Am Pfauen-Theater: Frank und Geyers *Ein reizender Mensch* (Monika), Strindbergs *Kameraden* (Therese), Rivoire und Besnards *Mein Freund Teddy* (Francine), Gordon und Götz' *Die Rutschbahn* (junge Dame), Anzengrubers *Der Meineidbauer* (Crescenz), Kaisers *Von Morgens bis Mitternacht* (erste Tochter), Tolstois *Der lebende Leichnam* (Sascha), Enderlins *Die Fräulein von Saint-Cyr* (Marie von Havrincourt), *Die verlorene Tochter* (Margot Straub), *Tod und Teufel* (Lisiska). Am Stadttheater: Offenbachs *Die schöne Helena* (Leaena), Schuberts *Hannerl* (Frau Dussek), Lehárs *Eva* (Schischi), Aschers *Der Künstlerpreis* (Mila), *Der Meineidbauer* (Crescenz), Eyslers *Ein Tag im Paradies* (Baroness Traxler), Millöckers *Der Bettelstudent* (von Richthofen), *Mein Freund Teddy* (Francine).

Oktober 1919: Mario Petrucci reist nach Wien und sorgt dafür, daß Karolines Schwester Maria zu ihr in die Schweiz kommen kann. Sie bleibt zwei Monate bei Karoline in Zürich und verbringt weitere zwei Monate in einem Sanatorium in den Alpen, bevor sie im Januar 1920 nach Wien zurückkehrt.

3. Februar 1920: Auftritt in einem Tanzabend am Pfauen-Theater. Tanz in *Miniaturen, Grillen, Der Tag, Danse* und in zwei Ensemblenummern.

13. März 1920: Tanzt im dritten Akt von Nedbals *Polenblut* (Stadttheater) und tritt neben Greta Edelmann und Nina Zutter auf (*Krakoviac*).

23. März 1920: Reicht gemeinsam mit Greta Edelmann und Nina Zutter Beschwerde gegen Frau Ruvina ein, der sie chronisches Zuspätkommen zu den Proben, Unhöflichkeit und Begünstigung vorwerfen. Frau Ruvina erhält einen Monat später nach einigen Besprechungen vom Theater eine milde Rüge. Karoline aber muß sich Verhören und polizeilichen Ermittlungen unterziehen. Sie münden in einer Ausweisungsverfügung, die am 26. Juni 1920 von der Züricher Polizei ausgegeben wird. Als Begründung werden Steuerschulden und ein unmoralischer Lebenswandel angegeben, wie das »Konkubinat« mit Mario Petrucci. Gegen die Verfügung wird Widerspruch eingelegt, und der Betriebsrat des Stadttheaters, dem auch Richard Révy angehört, stellt sich auf ihre Seite. Das für einige Monate schwebende Verfahren verursacht innerhalb der Ballettruppe und zwischen Theater und Magistrat reichlich Konflikte.

23. April 1920: Auftritt in einem Tanzprogramm im Anschluß an Bizets *Djamileh* (Stadttheater). Tanzt in Dalcrozes *Der Tag* und zwei Ensemblenummern.

Spielzeit 1920–1921: Auftritt in kleinen Rollen. Am Pfauen-Theater: G. Hauptmanns *Rose Bernd* (Marthel; im Programm erstmals als »Lotte Blamauer« aufgeführt), *Als ich noch im Flügelkleide* (Wilhelmine Müller), Wedekinds *Lulu* (Hugenberg), Tagores *Das Postamt* (Ludha), O. Straus' *Der letzte Walzer* (Petruschka), Büchners *Woyzeck* (Käthe), Shakespeares *König Heinrich IV.* (Franz), Shakespeares *König Heinrich V.* (Knabe). Am Stadttheater: *Fatinitza* (Dimitri und Suleika), Jessels *Schwarzwaldmädel* (Lorle), *Rose Bernd* (Marthel), *Der letzte Walzer* (Petruschka).

Juni 1921: Aufenthalt in Flims (Schweiz), etwa 75 Kilometer südöstlich von Zürich. Etwa zur gleichen Zeit kündigt Richard Révy beim Stadttheater und bereitet sich auf einen Umzug nach Berlin vor. Er ermuntert sie, dort ebenfalls ihr Glück zu versuchen.

Sommer 1921?: Karoline Blamauer nimmt auf Anraten von Richard Révy den Künstlernamen Lotte Lenja an (den sie kurz nach der Übersiedlung in die USA in Lenya ändert). »Lotte« ist von ihrem dritten Vornamen Charlotte abgeleitet. Weniger klar ist der Ursprung von »Lenja«, vermutlich eine Schöpfung Révys, basierend auf der Figur der Jelena in Tschechows *Onkel Wanja*. Dazu paßt, daß sie für Révy den Spitznamen »Wanja« verwendet.

3. Oktober 1921: Geht gemeinsam mit Greta Edelmann von Zürich nach Berlin. Unklar ist, ob sie aus der Schweiz ausgewiesen wird oder das Land aus freien Stücken verläßt. Sie zieht in eine Pension in der Lützowstraße.

1922: Lebt vom Verkauf des Schmucks, den ihr ein reicher Geliebter in Zürich geschenkt hatte, und sucht Arbeit am Theater. Bei der Auswahl von Darstellern für die *Zaubernacht*, Kurt Weills erstem Bühnenwerk, spielt dieser ›An der schönen blauen Donau‹. Bis zum Wiedersehen vergehen fast zwei Jahre.

4. Mai 1923: Schweizer Ausweisungsverfügung offiziell aufgehoben.

September 1923: Findet Arbeit bei einer Schauspieltruppe, die mit Shakespeare-Stücken die Berliner Vororte bespielt (Produzent und Regisseur: Otto Kirchner). Spielt die Maria in *Twelfth Night* und erhält pro Auftritt drei Millionen Mark Gage; durch die galoppierende Inflation wird daraus noch im gleichen Jahr mehr als eine Milliarde Mark.

Herbst 1923: Révy führt Georg Kaiser, einen von Deutschlands führenden expressionistischen Dramatikern, in eine Vorstellung von *Twelfth Night*. Révy macht die beiden nach der Aufführung miteinander bekannt, und Kaiser findet an Lenya Gefallen. Nach Ablauf ihres Engagements lädt er sie für ein Wochenende in sein Landhaus in Grünheide ein, ein Vorort im Osten Berlins am Peetzsee. Kurz darauf bieten ihr die Kaisers an, als Haus- und Kindermädchen zu ihnen zu ziehen. Sie willigt ein und übersiedelt nach Grünheide.

1924: Auftritt in Grillparzers *Weh' dem, der lügt* in Berlin [Rolle und Theater unbekannt].

Mai–Juni 1924: Begegnet Kurt Weill, als dieser einer Einladung nach Grünheide folgt, um seine Zusammenarbeit mit Georg Kaiser fortzusetzen. Wie sich Lenya später erinnert, holte sie ihn auf Kaisers Bitte am Bahnhof ab und ruderte ihn über den See zu Kaisers Haus. Auf der Überfahrt erinnert sich Weill an ihr Vorsprechen für die *Zaubernacht* vor beinahe zwei Jahren. Kurz darauf beginnen sie eine Liebesbeziehung.

Mai 1925: Kaiser bietet Weill seine kleine Berliner Wohnung am Luisenplatz 3 an. Lenya zieht mit Weill dort ein. Dies ist der Beginn ihres gemeinsamen Lebens, obwohl sich Lenya in den nächsten zwei bis drei Jahren häufig in Grünheide aufhält.

28. Januar 1926: Lenya und Weill werden im Rathaus Charlottenburg standesamtlich getraut. Wie sie später erzählte, heirateten sie, um dem Klatsch ein Ende zu bereiten.

Mai–Juni 1926: Spielt die Feemy Evans in George Bernard Shaws *The Shewing-Up of Blanco Posnet* [*Blanco Posnets Erweckung*] am Berliner Wallnertheater, Regie führt Emil Lind.

Juni–Juli 1926: Weill und Lenya verbringen verspätete Flitterwochen in Zürich, Norditalien und Cannes.

Herbst 1926: Spielt die Kukuli in einem unbekannten Bühnenwerk (möglicherweise Ferdinand Kauers *Der Wundervogel*) in Berlin.

Winter 1926–1927: Spielt die Julia in Shakespeares *Romeo und Julia* am Berliner Wallnertheater unter der Regie von Emil Lind.

17. Juli 1927: Lenya tritt erstmals in einem Werk Kurt Weills auf: In *Mahagonny* (Regie: Walther Brügmann) singt sie die Jessie. Das *Songspiel* mit Texten von Bertolt Brecht wurde zusammen mit Kurzopern von Ernst Toch, Paul Hindemith und Darius Milhaud beim Deutschen Kammermusikfest in Baden-Baden inszeniert. Lenya, die als Schauspielerin bislang nicht sonderlich und als Sängerin gar nicht bekannt war, findet Beachtung.

Mai 1928: Weill und Brecht reisen gemeinsam mit Lenya und weiteren Personen an die französische Riviera, um ihr neues Stück fertigzustellen, das auf John Gays *Beggar's Opera* basiert und den Arbeitstitel *Die Ludenoper* trägt.

31. August 1928: Premiere von Weills und Brechts *Die Dreigroschenoper* am Theater am Schiffbauerdamm in Berlin, mit Lenya in der Rolle der Jenny. Lenyas Erfolg führt zu einer aktiv verfolgten Karriere in den nächsten drei Jahren mit weiteren Auftritten als Jenny und Lucy (*Die Dreigroschenoper*).

Oktober 1928: Lenya und Weill beziehen eine neue Wohnung in der Bayernallee 14 (Charlottenburg).

28. November 1928: Auftritt als Miss Charmian Peruchacha in der Premiere von Lion Feuchtwangers *Die Petroleuminseln* am Berliner Staatstheater unter der Regie von Jürgen Fehling.

20. Dezember 1928: Lenyas Vater, Franz Blamauer, stirbt im Alter von 63 Jahren in Wien.

4. Januar 1929: Auftritt als Ismene in der Premiere von Sophokles' *Ödipus auf Kolonos* am Berliner Staatstheater unter der Regie von Leopold Jessner.

30. März 1929: Auftritt als Alma in der Premiere von Marieluise Fleißers *Pioniere in Ingolstadt* am Theater am Schiffbauerdamm unter der Regie von Jacob Geis.

31. August 1929: Auftritt als Lucile in der Premiere von Georg Büchners *Dantons Tod* (Volksbühne) unter der Regie von Karl Heinz Martin.

14. Oktober 1929: Auftritt als Ilse in der Premiere von Wedekinds *Frühlings Erwachen* (Volksbühne) unter der Regie von Karl Heinz Martin.

31. Dezember 1929: Spielt die Fern Barry (»eine Tänzerin«) in Ferdinand Reyhers *Harte Bandagen* (Berliner Staatstheater) unter der Regie von Leopold Jessner.

24. Februar 1930: Aufnahme zweier Songs aus der Weill-Brecht-Oper *Aufstieg und Fall der Stadt Mahagonny*: ›Alabama-Song‹ und ›Denn wie man sich bettet‹ zusammen mit ›The Three Admirals‹, dirigiert von Theo Mackeben (Ultraphon 371).

9. März 1930: Besuch der Premiere der Weill-Brecht-Oper *Aufstieg und Fall der Stadt Mahagonny* in Leipzig. Die Aufführung wird von Nazi-Demonstranten gesprengt.

31. März 1930: Spielt die Sally (»eine dünne Mulattin«) in Michael Golds »Negerstück« *Das Lied von Hoboken* (Volksbühne) unter der Regie von Heinz Dietrich Kenter.

Herbst 1930?: Aufnahme zweier Songs von Weill und Brecht aus *Happy End*: ›Surabaya-Johnny‹ und ›Bilbao-Song‹ für Orchestrola (2311), dirigiert von Theo Mackeben, dem musikalischen Direktor für die Bühnenfassung.

Herbst? 1930: Aufnahme zweier Songs aus der Weill-Brecht-Oper *Aufstieg und Fall der Stadt Mahagonny*: ›Alabama-Song‹ und ›Denn wie man sich bettet‹ mit Ensemble und Orchester für Homocord (H3671).

19. September–15. November 1930: Verfilmung der deutschen Fassung von Georg Wilhelm Pabsts *Die Dreigroschenoper*. Lenya (Jenny) singt ›Seeräuber-Jenny‹ und macht den Song zu einer ihrer Erkennungsmelodien (der Song wurde in der Bühnenfassung von Polly vorgetragen). Der Film hat am 19. Februar 1931 Premiere.

7. Oktober 1930: Auftritt als Frau Götz in der Premiere von Paul Kornfelds *Jud Süß* am Theater am Schiffbauerdamm unter der Regie von Leopold Jessner.

Dezember 1930: Auftritt als Tanja in Walentin Katajews *Die Quadratur des Kreises* am Theater am Schiffbauerdamm unter der Regie von Francesco von Mendelssohn.

7. Dezember 1930: Aufnahme der Schallplatte »Aus der Drei-Groschen-Oper« mit Kurt Gerron, Erich Ponto, Willy Trenk-Trebitsch, Erika Helmke und der Lewis Ruth Band, dirigiert von Theo Mackeben (Ultraphon A752-A755). Lenya singt ›Seeräuber-Jenny‹, ›Barbara-Song‹, ›Zuhälterballade‹, ›Eifersuchtsduett‹ und ›Moritat und Schlußchoral‹ und übernimmt damit mehrere Songs der Polly. Außerdem singt sie den um eine Oktave nach unten transponierten Part der Frau Peachum in ›Erstes Dreigroschenfinale‹.

Juni 1931: Erwin Piscator bietet Lenya eine Rolle in der Verfilmung von Anna Seghers Roman *Der Aufstand der Fischer von St. Barbara* an. Die Dreharbeiten sollen in der Sowjetunion stattfinden. Sie willigt ein.

Sommer 1931: Während Lenya sich in Rußland aufhält, arbeitet Weill mit dem Librettisten und Bühnenbildner Caspar Neher intensiv an seiner neuen Oper *Die Bürgschaft* und beginnt eine Affäre mit dessen Frau Erika.

28. Juli 1931: Schauspieler und Team reisen nach Moskau und halten sich in den nächsten drei Monaten in Rußland auf. Die Dreharbeiten stagnieren nahezu vollkommen; schließlich wird nur eine russische Fassung fertiggestellt – ohne Lenya.

18. Oktober 1931: Weill teilt Lenya mit, daß er – wohl auch als Geburtstagsgeschenk an sie – ein neues Haus gekauft habe (Wissmanstraße 7 im Berliner Vorort Kleinmachnow). Soweit sich ermitteln läßt, lebt Lenya niemals mit Weill in diesem Haus; der Grundbucheintrag lautet jedoch auf ihren Namen.

8. November 1931: Kehrt aus Rußland zurück und beginnt mit den Vorbereitungen für die Berliner Aufführung von *Aufstieg und Fall der Stadt Mahagonny*.

21. Dezember 1931: Auftritt als Jenny in der Premiere von *Aufstieg und Fall der Stadt Mahagonny* am Theater am Kurfürstendamm; Regie und Bühnenbild: Caspar Neher, Dirigent: Alexander von Zemlinsky. Die Partitur wurde von Weill für ungeschulte Singstimmen überarbeitet. Die Oper wird mehr als 50 Mal en suite aufgeführt.

Januar 1932: Aufnahme von »Querschnitt aus der Oper Aufstieg und Fall der Stadt Mahagonny« für Electrola (E.H. 736) mit dem Ensemble und Orchester des Theaters am Kurfürstendamm, dirigiert von Hans Sommer.

26. April 1932: Auftritt als Jenny in der Premiere einer gekürzten Fassung von *Aufstieg und Fall der Stadt Mahagonny* im Wiener Raimund-Theater unter der Regie von Hans Heinsheimer. Begegnet Otto Pasetti (der die Rolle des Jimmy singt) und zieht bald darauf zu ihm. Lenya und Weill leben nun formell getrennt, bleiben jedoch in regelmäßigem Briefkontakt.

Herbst 1932: Lenyas Reisen zwischen 1932 und 1935 lassen sich nicht präzise dokumentieren, da die entsprechenden Seiten aus ihrem Paß entfernt wurden. Irgendwann im Herbst reisen Lenya und Pasetti nach Monte Carlo, wo sie sich für den Großteil der kommenden Monate aufhalten (zumindest bis zum Frühjahr 1933). Erhebliche Spielschulden häufen sich an.

11. Dezember 1932: Auftritt als Jessie im *Mahagonny*-Songspiel in der Pariser Salle Gaveau mit sehr positiven Kritiken. Lenya und Pasetti verbringen den Dezember hauptsächlich in Paris und kehren um Neujahr nach Wien zurück.

Anfang 1933: Läßt sich von Weill in Deutschland scheiden. Dies mag zum Teil praktische Gründe haben, da sie durch die Scheidung einige Besitztümer Weills sicherstellen kann, die sonst von den Nazis beschlagnahmt würden. Lenya und Pasetti versuchen, diverse Objekte (so auch das Haus) zu veräußern und den Erlös aus Deutschland herauszuschaffen.

18. Februar 1933: Besuch der Premiere von *Der Silbersee* in Leipzig, mit Musik von Weill und Kaiser. Seit Dezember 1932 ist dies ihr erstes Wiedersehen. (Das Stück erntet begeisterte Kritiken, wird aber von den Nazis am 4. März abgesetzt.)

März 1933: Hitlers Machtergreifung bringt Weill in Gefahr. Lenya und Louise Hartung (eine Berliner Fotografin und Freundin) packen einige von Weills Besitztümern in der Wissmannstraße 7 zusammen, fahren ihn nach München und quartieren sich im Hotel Vier Jahreszeiten ein. Lenya fährt allein nach Wien weiter. Weill kehrt nach Berlin zurück, entscheidet sich jedoch kurz darauf zur Flucht. Am 22. März fahren ihn Caspar und Erika Neher zur französischen Grenze. Weill, auf dem Weg nach Paris, verläßt Deutschland für immer.

5. April 1933: Lenya trifft Weill in Nancy. Er bietet ihr und Pasetti Rollen in seinem nächsten Stück an, einem »Ballett mit Gesang«, dessen Libretto von Brecht stammt. Premiere des Stücks (*Die sieben Todsünden*) soll im Juni in Paris sein.

7. Juni 1933: Auftritt als Anna I in der Premiere von *Die sieben Todsünden* am Théâtre des Champs-Elysées in Paris. Regie und Choreographie: George Balanchine. Trotz des kurzen Engagements gastiert das Ensemble im Juli in London.

20. Juni 1933: Auftritt als Jessie in einer konzertanten Fassung des *Mahagonny*-Songspiels in La Sérénade (Paris).

30. Juni 1933: Auftritt als Anna I in der Premiere von *Die sieben Todsünden* (in einer englischen Fassung von Lenya und dem Impresario Edward James, mit dem Titel *Anna-Anna*) am Londoner Savoy Theatre. Das Stück läuft bis zum 15. Juli.

18. Juli 1933: Auftritt in einer konzertanten Aufführung des *Mahagonny*-Songspiels in der Londoner Aeolian Hall. Reist kurz darauf nach Berlin, wohl auch, um sich um juristische und finanzielle Angelegenheiten zu kümmern.

18. September 1933: Scheidungsurkunde in Potsdam ausgehändigt.

November 1933: Verkauft das Hauses in Kleinmachnow. Trifft sich mit Pasetti in San Remo, um weiter ihrer Spielleidenschaft nachzugehen.

29. Dezember 1933: Auftritt gemeinsam mit Pasetti in einer konzertanten Aufführung des *Mahagonny*-Songspiels in der Accademia di Santa Cecilia (Rom).

Januar–Juni 1934: Lebt mit Pasetti in San Remo, wo sie weiter spielen und versuchen, Weills Geld und Eigentum aus Deutschland herauszuschleusen. Beide Bemühungen zeigen nur begrenzten Erfolg.

16. August 1934: Auftritt als Pussy Angora in der Premiere von Walter Kollos Revue *Lieber reich, aber glücklich* im Züricher Corso-Theater unter der Regie von Hans Curjel. Lenya bleibt bis Oktober in Zürich und zieht dann in Weills Haus im Pariser Vorort Louveciennes. Zu diesem Zeitpunkt hat sie anscheinend endgültig mit Pasetti gebrochen. Ende 1934 oder Anfang 1935 hat sie eine kurze Affäre mit dem Maler Max Ernst.

7. Februar 1935: Im Rahmen eines kleineren Eingriffs wird ihr in Paris ein Vaginalpolyp entfernt.

8. April 1935: Reist nach London, um bei Weill zu bleiben. Mit Unterbrechungen lernt sie seit zwei oder drei Jahren Englisch. Ihr Londonaufenthalt mag daher auch sprachlich bedingt sein.

August 1935: Weill, der in Salzburg an dem biblischen Musikepos *Der Weg der Verheißung* (Text von Franz Werfel) arbeitet, teilt Lenya mit, daß er Anfang September in die USA reist, um den musikalischen Part einer New Yorker Produktion zu überwachen. Er lädt sie ein, die Schiffsreise gemeinsam anzutreten und gibt ihr Instruktionen für die Visabeschaffung.

2. September 1935: Lenya kehrt nach Paris zurück und erhält ein befristetes Einreisevisum für die USA.

4. September 1935: Lenya und Weill verlassen Cherbourg auf der SS Majestic.

10. September 1935: Lenya und Weill treffen in New York ein und ziehen ins St. Moritz Hotel, Central Park South.

1. Dezember 1935: Max Reinhardt, Regisseur von *Der Weg der Verheißung*, gibt bekannt, daß Lenya in dem für Januar 1936 geplanten Stück eine Rolle übernehmen werde. Die Premiere muß jedoch um ein ganzes Jahr verschoben werden.

17. Dezember 1935: Auftritt mit Auszügen aus *Aufstieg und Fall der Stadt Mahagonny* und den Liedern ›Seeräuber-Jenny‹, ›Barbara-Song‹ (aus der Dreigroschenoper) und ›J'attends un navire‹ (aus *Marie galante*) anläßlich eines Abends zu Ehren Kurt Weills, der von der League of Composers im Cosmopolitan Club in New York veranstaltet wird. Weitere Künstler präsentieren Ausschnitte aus Weills *Die Bürgschaft* und *A Kingdom for a Cow*. Weder Weill noch Lenya ernten übermäßig viel Beifall.

Anfang 1936: Weill und Lenya ziehen ins Hotel Park Crescent (New York) um.

Juni 1936: Weill und Lenya gehen für den Sommer nach Connecticut, um mit dem Group Theatre an Weills erstem amerikanischem Bühnenwerk *Johnny Johnston* (Sprech- und Liedtexte von Paul Green) zu arbeiten. Weill ist weitestgehend damit beschäftigt, die amerikanischen Schauspieler anzuleiten, nach seinen Vorstellungen zu singen. Lenya hat bis auf eine kurze Affäre mit Green wenig zu tun.

Herbst 1936: Lenya und Weill ziehen in Cheryl Crawfords Apartment East 51. Straße in New York. Nochmalige Vorbereitungen für eine Januar-Premiere von *The Eternal Road*, der englischen Fassung von *Der Weg der Verheißung*.

7. Januar 1937: Auftritt als Miriam in der Premiere von *The Eternal Road* am Manhattan Opera House (New York). Regie führt Max Reinhardt. Das Stück ist ein Achtungserfolg, wird jedoch nach 153 Vorstellungen aus Geldmangel abgesetzt.

19. Januar 1937: Lenya und Weill heiraten ein zweites Mal. Standesamtliche Trauung in Westchester County, nördlich von New York City.

Sommer 1937: Lenya und Weill beziehen ein neues Apartment in East 62. Straße in New York.

27. August 1937: Lenya und Weill kehren mit einer Einwanderungserlaubnis für die USA aus Kanada zurück.

24. Oktober 1937: Auftritt als The Suicide in Marc Blitzsteins Hörspiel *I've Got the Tune*, ausgestrahlt von CBS Radio.

13. Dezember 1937: Lenya und Weill reisen nach Hollywood, wo Weill einen Vertrag für die Komposition der Filmmusik zu *You and Me* abgeschlossen hat. Beide bleiben bis Anfang Februar 1938.

April–Mai 1938: Lenya übernimmt ein Engagement im New Yorker Nachtclub Le Ruban Bleu (West 56. Straße). Ihr Auftritt umfaßt mehrere Songs von Weill sowie den eigens für sie von Marc Blitzstein geschriebenen Song »Few Little English«. Ihr Name und Talent werden auf diese Weise dem anspruchsvollen New Yorker Publikum bekannt, doch dies führt nicht zu sofortigen Angeboten.

Ende Mai 1938: Lenya und Weill mieten ein Cottage in Suffern (NY) in der Nähe des Hauses von Maxwell Anderson. Weill und Anderson nehmen die Arbeit an ihrem ersten gemeinsamen Stück, dem Musical *Knickerbocker Holiday*, auf.

Herbst 1938: Lenya begegnet Walter Huston, dem Star von *Knickerbocker Holiday*, und seiner Frau Nan. Durch sie lernt sie Mary Daniel kennen, die bis zu ihrem Tod Ende der 1970er Jahre eine enge Freundin und regelmäßige Besucherin bleibt.

Weihnachten 1939: Weill vertont einen Brecht-Text (›Nannas Lied‹) als Weihnachtsgeschenk für Lenya. Sie hat diesen Song offenbar niemals öffentlich vorgetragen. Der Text stammt aus Brechts Stück *Die Rundköpfe und die Spitzköpfe* und war bereits von Hanns Eisler vertont worden.

28. Mai 1941: Lenya und Weill erwerben Brook House (100 South Mountain Road, New City, NY), das in direkter Nachbarschaft zu den Andersons liegt. Sie schließen sich einer Künstlerkolonie an, zu der die Cartoonisten Milton Caniff und Bill Mauldin, der Maler Henry Varnum Poor und der Schauspieler Burgess Meredith gehören. Lenya, Mab Anderson und Bunny Caniff vereint ihre Leidenschaft für das Kartenspiel.

Herbst 1941: Lenya begegnet Howard Schwartz aus New City, mit dem sie von Zeit zu Zeit eine Affäre hat.

15. September 1941: Auftritt als Cissie in der Premiere von Maxwell Andersons *Candle in the Wind* am Colonial Theatre in Boston (Testaufführung). Anderson schrieb die Rolle eigens für sie.

22. Oktober 1941: New Yorker Premiere von *Candle in the Wind* am Shubert Theatre unter der Regie von Alfred Lunt. Lenya erntet gute Kritiken, das Stück selbst ist weniger erfolgreich und geht nach 95 Vorstellungen auf Tournee.

Januar 1942: *Candle in the Wind* geht auf US-Tournee, die Ende Mai nach Gastspielen in etwa 40 Städten abgeschlossen ist. Lenya hat während der Tournee verschiedentlich Gelegenheit, sich mit Schwartz zu treffen.

Juni? 1942: Beginn der Mitwirkung beim zivilen Luftschutz in Rockland County. Dieser Pflichteinsatz, der auch das Ausschauhalten nach Flugzeugen von einem Beobachtungsturm aus umfaßt, setzt sich sporadisch bis kurz vor Kriegsende fort.

20. August 1942: Auftritt mit dem Song ›Russian War Relief‹ von Weill und J.P. McEvoy in der Revue *Rockland Riot*, einer Benefizveranstaltung für den Hilfsfonds ›Rockland for Russia‹ im Clarkstown Country Club (Nyack, NY).

1943: Aufnahme von *Six Songs by Kurt Weill* unter der künstlerischen Leitung Weills für Bost Records (BA 8) in New York: ›Surabaya-Johnny‹, ›Denn wie man sich bettet‹, ›J'attends un navire‹, ›Complainte de la Seine‹, ›Lost in the Stars‹ und ›Lover Man‹ (späterer Titel ›Trouble Man‹).

3. April 1943: Auftritt in dem Konzert *We Fight Back* im Hunter College (New York), das von europäischen Exilanten produziert und aufgeführt wird. Lenya singt, von Weill am Klavier begleitet, ›Moritat‹, ›Seeräuber-Jenny‹, ›Surabaya-Johnny‹ und den neuen Song ›Und was bekam des Soldaten Weib‹, den Weill ein Jahr zuvor zu einem neuen Brecht-Text komponiert hatte.

Oktober? 1943: Lenya erfährt, daß Howard Schwartz bei einem Flugzeugabsturz ums Leben kam. Sein unerwartetes Ableben erschüttert sie zutiefst.

Frühjahr 1944: Aufnahme von zwei Weill-Songs für die U.S. Office of War Information zur Verwendung von Rundfunkeinspielungen nach Deutschland: ›Wie lange noch‹ (Text von Walter Mehring) sowie ›Und was bekam des Soldaten Weib‹, den sie bereits im Vorjahr vorgetragen hatte. Ebenfalls aufgenommen wird ›Lied einer deutschen Mutter‹ (Text: Bertolt Brecht, Musik: Paul Dessau).

5. Mai 1944: Lenya erhält die amerikanische Staatsbürgerschaft.

Sommer (Juli–September?) 1944: Lenya nimmt Stimmbildungsunterricht bei Eva Gauthier.

23. Februar 1945: Auftritt als Herzogin in der Premiere der Operette *The Firebrand of Florence* von Weill, Ira Gershwin und Edwin Justus Mayer am Bostoner Shubert Theatre (Testaufführung).

22. März 1945: New Yorker Premiere von *The Firebrand of Florence* am Alvin Theatre unter der Regie von John Murray Anderson. Die Aufführung erweist sich als Flop, läuft nur 45 Vorstellungen, und Lenyas Darbietung erntet harsche Kritiken. Die Kurzlebigkeit dieser Inszenierung schreckt Lenya für einige Jahre von der Schauspielerei ab.

27. März und **12. April 1945:** Auftritt in zwei Radiosendungen für CBS, interviewt jeweils von Mary Margaret McBride und Adelaide Hawley.

29. September 1948: Lenyas Mutter und Schwester kommen aus Wien zu Besuch (erstes Wiedersehen seit ihrem Fortgang aus Europa). Sie bleiben fast zwei Monate in Brook House.

17. März 1950: Weill erleidet einen Herzinfarkt und wird ins Flower Hospital (New York City) eingeliefert.

3. April 1950: Weill stirbt nach einem weiteren Herzinfarkt im Krankenhaus. Das Begräbnis findet wenige Tage darauf in der Nähe von New City statt. Noch mindestens einen Monat später ist Lenya derart aufgewühlt, daß man Angst hat, sie über Nacht alleinzulassen.

Mai 1950: Lenya frischt ihre Freundschaft mit dem Autor und Verleger George Davis auf, den sie und Weill bereits Ende der 1930er Jahre kennengelernt hatten. Er wird ihr bevorzugter Begleiter. Unterstützt von Davis, beschließt sie, »für [Weills] Musik zu kämpfen, sie am Leben zu erhalten und alles in meiner Macht Stehende dafür zu tun«. Bis zu ihrem Tod verfolgt sie dieses Ziel mit großer Ausdauer. Davon zeugt ihre voluminöse juristische und berufliche Korrespondenz seit 1950.

4. Juli 1950: Gibt Kathi Norris ein Fernsehinterview (Sender unbekannt).

10. Juli 1950: Besuch eines Gedenkkonzerts für Kurt Weill im Lewisohn Stadium in New York. Vor 10 000 Menschen präsentiert Maxwell Anderson eine Würdigung wie bereits anläßlich des Begräbnisses.

7. August 1950: Besuch der Premiere von *Lost in the Stars* in San Francisco mit Mab Anderson.

3. Februar 1951: Auftritt im *Kurt Weill Concert,* Town Hall, New York. Das Programm wird dort am 17. Februar und am 31. März im 92. Straße Y wiederholt. Lenya tritt in der zweiten Programmhälfte auf, einer konzertanten Fassung der *Dreigroschenoper,* und singt in der Rolle der Polly die meisten Songs der weiblichen Figuren – ihr erster öffentlicher Auftritt seit *The Firebrand of Florence* (und Weills Tod).

6. Februar 1951: Lenyas Mutter stirbt 85jährig in Wien.

17. Juli 1951: Standesamtliche Trauung mit George Davis in Rockland County. Trauzeugen sind Maxwell Anderson und Milton Caniff.

31. Oktober 1951: Auftritt als Xanthippe in der Premiere von Maxwell Andersons *Barefoot in Athens* am New Yorker Martin Beck Theatre unter der Regie von Alan Anderson. Obwohl sie bei Testaufführungen außerhalb New Yorks kurz ersetzt wurde, erntet ihr Auftritt allgemeines Kritikerlob. Nicht so jedoch das Stück, das nach 30 Vorstellungen abgesetzt wird.

23. Februar 1952: Auftritt im *Kurt Weill Concert,* Town Hall, New York. Die erste Programmhälfte ist im Vergleich zum Vorjahr anders gestaltet.

14. Juni 1952: Auftritt als Jenny in einer konzertanten Aufführung von Marc Blitzsteins englischer Fassung der *Dreigroschenoper* (*The Threepenny Opera*) an der Brandeis University. Dirigent ist Leonard Bernstein.

Oktober 1953: Lenya und Blitzstein begegnen den beiden unerfahrenen Theaterproduzenten Carmen Capalbo und Stanley Chase, die *The Threepenny Opera* inszenieren wollen. Aufgrund ihrer Bereitschaft – im Gegensatz zu manch anderen Kandidaten –, sich eng an Text und Partitur zu halten, erreichen sie Lenyas Zusage. Ferner soll Lenya die Jenny spielen.

Frühjahr 1954?: Gibt gemeinsam mit Marc Blitzstein ein Fernsehinterview, um für *The Threepenny Opera* zu werben.

Von Blitzstein am Klavier begleitet, singt sie je eine Strophe aus ›Surabaya-Johnny‹ und ›Mack the Knife‹, Blitzstein singt den ›Solomon-Song‹.

10. März 1954: Auftritt als Jenny in der Premiere von *The Threepenny Opera* am New Yorker Theater de Lys (Off-Broadway) unter der Regie von Capalbo. Die sehr erfolgreiche Inszenierung muß nach 96 Vorstellungen abgesetzt werden, da das Theater für ein anderes Stück gebucht ist. Die von MGM Records im Juli 1954 herausgebrachte Schallplatte (E3121) ist die erste Aufnahme mit einem Off-Broadway-Ensemble.

20. Juli 1954: Auftritt als Mrs. Carroll in der Premiere von Martin Vales *The Two Mrs. Carrolls* am Lakeside Summer Theatre (Lake Hopatcong, New Jersey) unter der Regie von Herbert Machiz. Etwa zehn Vorstellungen werden gegeben.

3. April 1955: Lenya und Davis fliegen nach Westdeutschland (für Lenya ist dies ihr erster Besuch seit 1934), um für eine Biographie Weill-Forschung zu betreiben und um Weill-Kompositionen für Philips aufzunehmen (Coproduzent in den USA ist Columbia Records). Während eines Aufenthalts in Berlin geht Lenya nach Ostberlin, um Brecht zu besuchen. Lenya und Davis bleiben bis Mitte Juli in Europa. Neben den eigenen Aufnahmen überwacht Lenya die erste Aufnahme (Ende April in Düsseldorf) von Weills und Brechts Oper *Der Jasager* (1930) für MGM Records (E3270), die 1956 herauskommt.

5.–7. Juli 1955: Aufnahme von *Lotte Lenya singt Kurt Weill* in Hamburg für Philips (B 07 039), in den USA im November 1955 von Columbia (ML 5056) als *Lotte Lenya Sings Berlin Theater Songs of Kurt Weill* veröffentlicht.

20. September 1955: Auftritt als Jenny in der Wiederaufführung von *The Threepenny Opera* am Theater de Lys und Mitwirkung (mit kurzer Unterbrechung) bis April 1956. Erhält 1956 einen Tony Award als »Herausragende Haupt- oder Nebendarstellerin in einem Musical«; im gleichen Jahr wird die Inszenierung mit einem speziellen Tony Award ausgezeichnet. *The Threepenny Opera* wird 2611 Mal gespielt (zuletzt am 17. Dezember 1961) und bricht so den damaligen Rekord für das am längsten gespielte Musical.

22. September 1955: Aufnahme von *Theme from The Threepenny Opera* (›Mack the Knife‹) mit dem Jazzer Turk Murphy für Columbia. Die Schallplatte kommt in den USA nicht in den Handel (ist nur für Rundfunkzwecke erhältlich), wird jedoch im Februar 1956 in Europa veröffentlicht und in Deutschland zum Hit.

28. September 1955: Anwesend bei Aufnahmen für ›Mack the Knife‹ mit Louis Armstrong and his All-Stars in New York. Armstrong führt Lenyas Namen in den Text ein – eine Neuerung, die andere Sänger aufgreifen werden. ›Mack the Knife‹ wurde bereits zuvor als eine Art Schlager aufgenommen, und später in den 1950er Jahren werden ihn auch Bobby Darin, Ella Fitzgerald und Frank Sinatra aufnehmen. Während der Studiositzung macht die Band eine zweite Aufnahme von ›Mack the Knife‹, in der Lenya singt und die erst 1982 veröffentlicht wird (Book-of-the-Month 21-6547).

Oktober 1955: Wohnt in Maurice Grossers Apartment West 14. Straße, bevor sie ein Apartment in 994 Second Avenue (New York) mietet, das sie sich als Ausweichquartier mit Davis teilt.

November 1955: Reist mit Davis nochmals nach Deutschland, um für *Lotte Lenya singt Kurt Weill* zu werben und in Düsseldorf die deutsche Premiere von Weills »Broadway-Oper« *Die Straße* (*Street Scene*) zu besuchen. Am 21. November gibt sie zum Start von *Lotte Lenya singt Kurt Weill* ein Konzert im Hamburger Atlantic-Hotel. Beide kehren am 14. Dezember 1955 in die USA zurück.

14. August 1956: Lenya und Davis reisen für weitere Aufnahmen nach Deutschland. Brecht stirbt 58jährig in Ostberlin.

16. August 1956: Davis erleidet einen Herzinfarkt, von dem er sich rasch wieder erholt.

1.–8. September 1956: Aufnahme von *Die sieben Todsünden* für Philips (B 07 186) in Hamburg. Dirigent: Wilhelm Brückner-Rüggeberg. Columbia veröffentlicht die Aufnahme im März 1957 in den USA (KL 5175).

7. Oktober 1956: Ausstrahlung des Fernsehbeitrags *Lotte Lenya* im Süddeutschen Rundfunk. Lenya singt und wird von Josef Müller-Marein interviewt.

3.–11. November 1956: Aufnahme von *Aufstieg und Fall der Stadt Mahagonny* für Philips (L 09 418-20) und Columbia (K3L243) in Hamburg. Dirigent: Wilhelm Brückner-Rüggeberg. In dieser Zeit begegnet sie Anna Krebs, die für Philips arbeitet und eine von Lenyas besten Freundinnen wird.

Februar 1957: Veröffentlichung von *Johnny Johnson* für MGM Records (E3447). Hauptakteure der 1956 entstandenen Aufnahme sind Burgess Meredith und einige Mitglieder des Ensembles der *Threepenny Opera*. Lenya, die ›Mon Ami, My Friend‹ beitrug, überwachte auch die Aufnahme.

August 1957: Aufnahme von *September Song and Other American Theatre Songs of Kurt Weill* für Columbia (KL 5229). Dirigent: Maurice Levine. Veröffentlicht Februar 1958.

6. Oktober 1957: Lenya und Davis besuchen die Neuinszenierung von *Die Bürgschaft* (Regie: Carl Ebert, Libretto: Caspar Neher) in Berlin. Zu dieser Zeit treffen sie David Drew, einen jungen englischen Musikwissenschaftler, der bei einer ersten Kontaktaufnahme im November 1956 sein Interesse bekundet hatte, eine Weill-Biographie zu verfassen. Drews weitreichende Forschungstätigkeit trägt dazu bei, Weill als einen der großen Komponisten des 20. Jahrhunderts zu etablieren.

11. November 1957: Lenya wird mit der Berliner Freiheitsglocke ausgezeichnet, dem wichtigsten Kulturpreis Berlins.

25. November 1957: George Davis stirbt nach einem schweren Herzinfarkt mit 51 Jahren in Berlin.

11.–15. Januar 1958: Aufnahme der *Dreigroschenoper* für Philips (L 09 421-22) und Columbia (O2L 257). Dirigent: Wilhelm Brückner-Rüggeberg. Lenya sagt die vertraglich bereits fixierten Aufnahmen für *Das Berliner Requiem* nach Davis' Tod ab und kehrt Ende März in die USA zurück.

Frühjahr 1958: Ausstrahlung von ›Night-Beat‹ durch CBS Television. Neben einem Kurzinterview werden Zusammenschnitte diverser Songs gezeigt.

29. Juni 1958: Ausstrahlung von ›Camera Three‹ durch CBS Television, einer Interview-Sendung, in der Lenya auch einige Songs vorträgt.

31. Juli 1958: Auftritt mit einem *Kurt Weill Concert* im New Yorker Lewisohn Stadium.

August 1958: Aufnahme von *Invitation to German Poetry* für Dover (IP-9892), mit 42 lyrischen Gedichten von Walther von der Vogelweide bis Bertolt Brecht. Das Album wird im Herbst 1959 veröffentlicht.

Oktober 1958: Lenya mietet ein kleines Apartment in 316 East 55. Straße, New York, um nicht allein in Brook House leben zu müssen.

4. Dezember 1958: Auftritt als Anna I in der Premiere von *Die sieben Todsünden* in der englischen Übersetzung von W.H. Auden und Chester Kallman (*The Seven Deadly Sins*). Die wiederum von George Balanchine choreographierte Inszenierung bleibt bis Januar 1960 im Repertoire des New York City Ballet, mit einem Gastspiel in Los Angeles in der letzten Juliwoche 1959. Lenya erntet überschwengliche Kritiken und ist nun als definitive Interpretin der Musik Weills fest etabliert.

15. Februar 1959: Auftritt im Rahmen eines Kurt-Weill-Abends in der Carnegie Hall. Die erste Hälfte des Programms besteht aus einem breiten Spektrum von Weill-Songs, die zweite Hälfte aus einer konzertanten Aufführung der *Dreigroschenoper*, dirigiert von Maurice Levine.

Frühjahr 1959: Lenya zeigt ein romantisches Interesse für UN-Generalsekretär Dag Hammerskjöld. Innerhalb der folgenden zwölf Monate begegnet sie ihm einige Male bei gesellschaftlichen oder persönlichen Anlässen, doch er verspürt offensichtlich keine Zuneigung zu ihr, so daß sich keine Liebesbeziehung entwickelt.

Sommer 1959: Aufnahme von *The Stories of Kafka* (›A Hunger Artist‹, ›An Imperial Message‹, ›A Fratricide‹, ›The Cares of a Family Man‹, ›Up in the Gallery‹, ›A Dream‹ und ›The Bucket Rider‹, sämtlich in englischer Sprache vorgelesen) für Caedmon (TC 1114). Die Aufnahme wird im November 1962 veröffentlicht.

11. November 1959: Lesevortrag im Rahmen eines vom Deutschen Theater in New York und dem Literarischen Verein Wien gesponserten *Schiller-Festabends* (Town Hall, New York): ›Der Handschuh‹, ›Die Hoffnung‹, ›Grabschrift eines gewissen Physionomen‹ und ›Der Wirtenberger‹.

7. Februar 1960: Auftritt in *A Kurt Weill Evening* in der Carnegie Hall (New York), Dirigent: Maurice Levine. Die Besetzung ist nahezu identisch mit der des Vorjahreskonzerts in der Carnegie Hall, und das Programm endet wiederum mit einer Konzertfassung der *Dreigroschenoper*.

6. April 1960: Auftritt als Anna I in der deutschen Uraufführung von *Die sieben Todsünden* an den Frankfurter Städtischen Bühnen. Choreographie: Tatjana Gsovsky. Dazu gibt es Neuauflagen der beiden frühen Weillschen Opern-Einakter *Der Protagonist* und *Der Zar läßt sich photographieren*. Die Dreier-Inszenierung bleibt den Sommer über im Repertoire.

6. Mai 1960: Auftritt in einem Abonnement-Konzert (Musica Viva) im Münchener Herkules-Saal. Dirigent: Miltiades Caridis. Das Programm umfaßt das *Mahagonny*-Songspiel, gefolgt von einigen von Lenya vorgetragenen Weill-Brecht-Songs und *Die sieben Todsünden*. Lenya wiederholt dieses Programm drei Tage darauf in Darmstadt. Ausstrahlung im Bayerischen Rundfunk am 5. September 1960.

Sommer 1960: Auftritt in einer Radiosendung des Hessischen Rundfunks, interviewt von Theodor W. Adorno.

9.–10. Juli 1960: Aufnahme von *Happy End* für Philips (B 47 080 L) in Hamburg. Vortrag sämtlicher Songs mit Chor im Hintergrund. Dirigent: Wilhelm Brückner-Rüggeberg. Die Columbia-Pressung (OL 5630) kommt in den USA erst im August 1964 auf den Markt.

August 1960: Lenya kehrt in die USA zurück und mietet ein neues Apartment in 404 East 55. Straße, an dem sie bis zu ihrem Lebensende festhält.

18. Oktober 1960: Auftritt als Jenny in der Premiere von *The Threepenny Opera* am Music Box Theatre (Los Angeles) unter der Regie von Carmen Capalbo. An dieser »Westküsten«-Inszenierung wirken einige Schauspieler mit, die bereits 1954 bei der New Yorker Premiere mit von der Partie waren. Lenya tritt etwa einen Monat lang mit auf.

29. November 1960: Lenya trifft in London zu den Dreharbeiten für *The Roman Spring of Mrs. Stone* (Regie: José Quintero, Verleih: Warner Brothers) ein. Lenya spielt die Contessa Magda Terribili-Gonzales, eine Kupplerin. Später wird sie als beste Nebendarstellerin für einen Academy Award und einen Golden Globe Award nominiert; es bleibt jedoch bei der bloßen Nominierung. Die Dreharbeiten dauern bis März 1961. Lenya kehrt Anfang April nach einem Wien-Besuch in die USA zurück.

Anfang 1961: Ausstrahlung einer halbstündigen Sendung von BBC Television in der Reihe *Monitor*. Regie: Ken Russell. Die Sendung enthält eine Darbietung verschiedener Weill-Songs und ein Interview.

August–Oktober 1961: Lenya reist nach England und Deutschland, um gemeinsam mit David Drew weitere Weill-Forschung zu betreiben. Eigentlich wollte sie in Kenneth MacMillans Inszenierung von *The Seven Deadly Sins* für das Edinburgh Festival mitwirken, verzichtete jedoch wegen künstlerischer Differenzen und wird durch Cleo Laine ersetzt.

14. November 1961: Auftritt in *Brecht on Brecht* (einer von George Tabori zusammengestellten Revue mit Songs, Gedichten und Auszügen aus einzelnen Stücken) am Theater de Lys (New York) unter der Regie von Gene Frankel. Die Auffüh-

rung, Teil der ANTA-Matinee-Reihe, wird am 20. November 1961 wiederholt.

3. Januar 1962: Auftritt in der Premiere der im Repertoire auf *The Threepenny Opera* folgenden Revue *Brecht on Brecht* am Theater de Lys. Der Soundtrack in Originalbesetzung wird von Columbia (O2S 203) aufgenommen. Ursprünglich für eine Laufzeit von nur sechs Wochen vorgesehen, bringt es die Inszenierung auf über 200 Vorstellungen.

Frühjahr 1962: Lenya begegnet dem Maler Russell Detwiler in New York auf einer Party von W.H. Auden. Sie kommen sich rasch näher.

26. Mai 1962: Lenya verleiht die Obie Awards in New York.

16. August 1962: Lenya gründet die Kurt Weill Foundation for Music als gemeinnützige Einrichtung

11. September 1962: Auftritt in der Premiere von *Brecht on Brecht* am Royal Court Theatre in London im Rahmen eines auf vier Wochen befristeten Engagements. Detwiler kommt eigens für die Premiere nach London.

2. November 1962: Lenya und Russell Detwiler heiraten in London, verbringen die Flitterwochen in Deutschland und kehren am 29. November nach New York zurück.

Januar 1963: Lenya reist zur britischen Premiere von *Aufstieg und Fall der Stadt Mahagonny* nach London (Übersetzung: David Drew und Michael Geliot, Dirigent: Colin Davis).

April–Juli 1963: Dreharbeiten für *Liebesgrüße aus Moskau* (Regie: Terence Young) in Europa. Lenyas Auftritt als russische Meisterspionin und ihr am Ende des Films mit Händen und Füßen geführter Kampf gegen James Bond alias Sean Connery machen sie dem bislang größten Publikum bekannt.

Herbst 1963: Berichten zufolge soll Lenya ab Januar 1964 in einer Inszenierung des Theater de Lys die Mutter Courage spielen. Die Produktion wird jedoch nicht realisiert.

Oktober 1963: Lenya erfährt durch David Drew von der Aufführung des Stücks *Das kleine Mahagonny* durch das Berliner Ensemble am Theater am Schiffbauerdamm. Drew schreibt ihr, daß »Kurt schlichtweg *vernichtet*« werde. Reagierend auf Drews Entrüstung über das Stück, eine Kombination (mit stark veränderter Musik) aus dem ursprünglichen *Songspiel* und der späteren, langen Oper, verteidigt Lenya ihre Rechte an beiden Werken und verbietet weitere Vorstellungen in der neuen Fassung. Sie gibt schließlich Helene Weigels Bitte nach, es dem Berliner Ensemble zu gestatten, eine Tonaufnahme zu erstellen und das Stück im Repertoire zu behalten.

13. Oktober–7. Dezember 1963: Gastspiele mit *Brecht on Brecht* an etwa 30 Colleges im Nordosten und Mittleren Westen der USA. In Detroit begegnet sie dem Studenten Ted Mitchell, der ihr enger Freund wird und sie häufig fotografiert.

28. Oktober 1964: Ausstrahlung von *Lotte Lenya: The Broadway Years of Kurt Weill* als ein Teil der Sendereihe *Stage 2* von CBS-TV. Regie führt Jack Landau, ein weiterer Star ist Russell Nype.

1965: Aufnahmen für die Fernsehsendung *Music in the Twenties* für WGBH-TV in Boston.

8. Januar 1965: Auftritt in ihrem dritten und letzten Konzert *(A Kurt Weill Evening)* in der Carnegie Hall.

April–Mai 1965: Lenya und Detwiler reisen zu Proben für Brechts *Mutter Courage und ihre Kinder* nach Deutschland. Lenya, der Detwilers Alkoholismus zunehmend Probleme bereiten, schickt ihn zuerst zu Anna Krebs (die sich dankenswerterweise bereit erklärt hatte, sich um ihn zu kümmern, damit Lenya in Ruhe proben kann), sieht sich dann jedoch gezwungen, ihn in die USA zurückzuschicken.

12. Juni 1965: Auftritt als Mutter Courage in der Premiere von *Mutter Courage und ihre Kinder* auf den Ruhrfestspielen Recklinghausen (Regie: Harry Buckwitz). Das befristete Engagement erstreckt sich über etwa sechs Wochen. Erstmals seit vielen Jahren erntet Lenya vornehmlich negative Kritiken. Die Rolle wird stark mit Helene Weigel assoziiert, Brechts Witwe und Lenyas oftmalige Sparringspartnerin bei juristischen Auseinandersetzungen. Die deutschen Kritiker bevorzugen die berühmte Rolleninterpretation der Weigel. Die Aufführung wird am 25. Juli 1965 vom ZDF ausgestrahlt.

30.–31. Juli 1965: Auftritt in einem Konzert mit Weill-Songs in der Kölner Sporthalle.

Mai 1966: Aufzeichnung der einstündigen Sendung *The World of Kurt Weill* mit George Voskovec für WGHB-TV (National Educational Television) in Boston. Ausgestrahlt im Februar 1967.

Sommer 1966: Lenya geht auf das Angebot von Harold Prince ein, in dem Musical *Cabaret* von Kander-Ebb-Masteroff das Fräulein Schneider zu verkörpern.

30. August 1966: Ausstrahlung von *Interregnum* in New Yorks WNDT (Channel 13). Lenya berichtet über George Grosz und das Deutschland zwischen den Kriegen. Von der 1960 entstandenen Sendung wurde neben der englischen auch eine deutsche Fassung erstellt.

7. Oktober 1966: Ausstrahlung von *Ten Blocks on the Camino Real* von National Educational Television (WHYY New York). Lenya spielt die Zigeunerin in dem auf Tennessee Williams Einakter basierenden Drama.

10. Oktober 1966: Auftritt als Fräulein Schneider in der Premiere der Bostoner Testaufführung von *Cabaret*.

20. November 1966: Premiere von *Cabaret* am Broadhurst Theatre in New York unter der Regie von Hal Prince. Lenya wirkt, abgesehen von kurzen Unterbrechungen, bei sämtlichen 1165 Vorstellungen mit. Columbia nimmt mit dem Ensemble im Dezember eine Schallplatte auf (KOL 6640). Lenya wird als beste Musicaldarstellerin für den Tony Award 1967 nominiert.

23. November 1966: Auftritt in der *Today Show* (CBS Television), um für *Cabaret* zu werben.

21. Februar 1967: Ausstrahlung von *Das Berliner Requiem* auf CBS-TV (CBC Showcase) in Kanada. Lenya liest in den Pausen Gedichte vor.

März 1967: Detwiler wird für eine Entziehungskur in das Bellevue Hospital eingewiesen und kommt im Juni zur weiteren Behandlung in ein Sanatorium in Connecticut. Im Juli entlassen, gelingt es ihm, etwa ein Jahr lang abstinent zu bleiben.

2. Mai 1967: Ehrung durch den Aegis Theatre Club für ihre Leistungen am Theater, speziell ihren Auftritt in *Cabaret.*

August–September 1967: Dreharbeiten für *Lotte Lenya singt Kurt Weill* in New York für die UFA. Eine englische Fassung entsteht ebenfalls. Der Film wird 1969 vom Westdeutschen Werbefernsehen ausgestrahlt.

April–Mai 1968: Lenya und Detwiler reisen zu Dreharbeiten für den MGM-Film *The Appointment* [*Die Verabredung*] (Regie: Sidney Lumet) nach Rom, in dem sie eine weitere Kupplerin (Emma Valadier) spielt. Der Film erweist sich bei der Erstaufführung 1969 in Cannes als Flop und kommt in den USA gar nicht erst in die Kinos. Lenya kehrt im Mai zu *Cabaret* zurück.

27. September 1968: Unterzeichnung eines Verlagsabkommens für die Übertragung der amerikanischen Rechte an Weills Kompositionen an die Richmond Organization. Der Vorschuß beträgt 250 000 $.

Februar 1969: Aufnahme von ›Welcome Home‹ und ›Young Blood‹ von John Cacavas und Charles O. Wood (alias Charles Osgood) für Metromedia Records (MM-165). Themenbedingt werden nur wenige Exemplare verkauft.

11. April 1969: Dreharbeiten für *13 Stars for 13* für WNDT-TV (Educational Broadcasting Corporation) in New York.

27. Juni 1969: Lenya wird in New York mit dem Großen Verdienstkreuz der Bundesrepublik Deutschland ausgezeichnet.

Ende 1969: Lehnt die Rolle der Coco Chanel in Alan Jay Lerners Musical *Coco* ab. Die Rolle wird von Katharine Hepburn übernommen.

30. Oktober 1969: Detwiler stirbt an den Folgen eines Sturzes unter Alkoholeinfluß und wird auf dem Mount Repose Cemetery in der Nähe Kurt Weills bestattet. Lenya versucht zwar, bereits eingegangenen Verpflichtungen nachzukommen, fällt aber für ungefähr ein Jahr in eine Phase der Tatenlosigkeit und Depression.

9. November 1969: Auftritt in dem Konzert *The Music of Kurt Weill* in der New Yorker Philharmonic Hall (heute: Avery Fisher Hall) mit ›Bilbao-Song‹ und ›Surabaya-Johnny‹. Viele weitere Sänger wirken ebenfalls mit. Die erste Programmhälfte besteht aus diversen Weill-Songs, die zweite Hälfte aus einer konzertanten Aufführung von *Lady in the Dark*.

Frühjahr 1970: Lenya versucht, gegen die Aufführung einer englischen Fassung von *Aufstieg und Fall der Stadt Maha-*

gonny unter der Regie von Carmen Capalbo am Anderson Theatre in New York vorzugehen. Lenya und Brecht-Sohn Stefan, die vor und während der Voraufführung in Bestürzung verfallen, können die Premiere jedoch nicht verhindern. Nach nur etwa fünf Vorstellungen wird die Inszenierung schließlich im Mai abgesetzt.

14. Oktober 1970: Interview mit Edwin Newman, das noch im gleichen Monat von NBC Television ausgestrahlt wird.

6.–7. Februar 1971: Auftritt in einer Aufführung von *Brecht on Brecht* an der University of Cincinnati.

Mai 1971: Lenya wird von der Musical Theatre Society des Emerson College für ihre Theaterleistungen ausgezeichnet.

9. Juni 1971: Standesamtliche Trauung mit dem Filmemacher Richard Siemanowski in Rockland County. Beide waren einander einige Monate zuvor begegnet, und sie bekundete ihr Interesse an einem Dokumentarfilm über Lenya und Weill. Siemanowski entwirft dann auch ein Drehbuch mit dem Titel *Lenya, and a Girl named Jenny*, das jedoch nie verfilmt wird. Lenya informiert nur zwei oder drei enge Freunde über ihre nochmalige Heirat.

16. Juni 1971: Reist nach Amsterdam, um an der Aufführung einer Konzertfassung von Weills *Der Silbersee* von David Drew und Josef Heinzelmann im Rahmen des Holland-Festivals (25.–26. Juni 1971) teilzunehmen. Anfang Juni Rückkehr in die USA. Die Aufführung wird von der Plattenfirma Unique Opera mitgeschnitten (UORC-261-A), kommt jedoch nicht in den Handel.

17. November–27. November 1971: Spielt die Mutter Courage in einer Inszenierung von *Mother Courage and her Children* an der University of California (Irvine) unter der Regie von Herbert Machiz.

Anfang 1972: Ein unerlaubter Mitschnitt von Lenyas Konzert 1965 in der Carnegie Hall *(Kurt Weill Concert)* erscheint bei Rococo (4008).

14.–22. April 1972: Auftritt – und zugleich letzter großer Bühnenauftritt – als Jenny in *The Threepenny Opera* an der Florida State University in Tallahassee. Zeitgleich veranstaltet die LeMoyne Art Foundation in Tallahassee eine Ausstellung mit Detwilers Gemälden.

Herbst 1972: Auftritt im TV-Ratespiel *What's My Line*, in dem ein Mitrater sie innerhalb einer Minute identifiziert.

10. Februar 1973: Auftritt in *Bertolt Brecht zum 75. Geburtstag* am Schauspiel Frankfurt. Lenya eröffnet das Programm mit ›Ballade vom ertrunkenen Mädchen‹, ›Seeräuber-Jenny‹ und ›Bilbao-Song‹. Die Retrospektive besteht aus Songs und Lesungen aus Brechts Stücken, Gedichten und Tagebüchern. Das Programm wird tags darauf vom Hessischen Rundfunk ausgestrahlt.

April 1973: Lenya wird bei den Vereinten Nationen von der Stadt Wien für die Förderung der österreichisch-amerikanischen kulturellen Beziehungen ausgezeichnet.

20. Mai 1973: Lenya setzt David Drew als Geschäftsführer und europäischen Verwalter für den Nachlaß Kurt Weills ein. Drew wird sie fortan in Verhandlungen mit europäischen Verlegern, Agenten, Medien und Darstellern vertreten.

6. Juni 1973: Läßt sich von Siemanowski wegen Vernachlässigung scheiden. Beide haben allerdings nie zusammengelebt.

1974: Einsetzen verschiedener gesundheitlicher Probleme wie Zwerchfellhernie und Arthritis.

12. Februar 1974: Ausstrahlung von *Trio for Lovers* als eine Folge der Serie CBS Daytime 90. Lenya spielt die Besitzerin einer Musikalienhandlung, Rosa Harcourt.

1. Januar 1975: Ausstrahlung von Lenyas Auftritt in der *Dick Cavett Show* auf ABC Television. Cavett, der den deutschen Text von ›Bilbao-Song‹ auswendig lernte, singt mit. Die Sendung wird am 9. März 1976 auch in Deutschland ausgestrahlt.

16. Mai 1975: Auftritt in der *Today Show* (NBC).

Sommer 1975: Lenya sagt ihren Auftritt in einem Konzert anläßlich eines großen Kurt-Weill-Festivals in Berlin wegen der Folgen eines Autounfalls ab. Auf dem Festival hatten einige Frühwerke Weills Premiere.

22. Juli 1975: Ausstrahlung von AM-NY in WABC-TV (New York). Lenya singt ›There's Nowhere to Go but Up‹ (aus *Knickerbocker Holiday*) und gibt ein kurzes Interview.

28. April 1976: Lenya besucht das Konzert *The Musical Theater of Kurt Weill* am Curtis Institute in Philadelphia und singt mit dem Chor als Zugabe ›Mack the Knife‹.

28. Mai 1976: Ausstrahlung von Lenyas Beitrag zur Kurzfilmreihe *Bicentennial Minutes* auf CBS Television, den sie am 2. April aufgenommen hatte.

15. November 1976: Eröffnung der Ausstellung *Weill – Lenya* in der Performing Arts Library des Lincoln Center (New York). Lenya hatte einen Großteil des Jahres mit der Sichtung ihrer beider Besitztümer verbracht, um Material für die Ausstellung zusammenzutragen. Die Ausstellung läuft bis zum 12. März 1977. Am 4. April stiftet Lenya der Bibliothek Weills eigenhändige Partitur von *Die sieben Todsünden*.

März 1977: Filmt eine Szene mit Burt Reynolds in *Semi-Tough*. Regie: Michael Ritchie, produziert von United Artists. Lenya spielt die mit einer ungewöhnlichen Technik arbeitende Masseurin Clara Pelf. Der Film kommt im November in die Kinos, und Lenyas – nur kurze – Szene bleibt in Erinnerung.

November 1977: Diagnose eines Ovarialkarzinoms.

4. April 1978: Wird im Rahmen eines ihr zu Ehren im Rockland Country Club veranstalteten Diners mit dem Distinguished Service Award ausgezeichnet.

6. Juni 1978: Begibt sich für eine Blasenoperation ins New York Hospital.

18. Oktober 1978: Lenya feiert ihren 80. Geburtstag mit dem Besuch eines Konzerts der Greenwich Philharmonia in der Avery Fisher Hall mit Weills selten gespielten Orchesterwerken. Obwohl sie nicht auftritt, kommt sie im Kaminkleid auf die Bühne, um die Geburtstagswünsche des Publikums entgegenzunehmen. (Sie hatte sich im September das Handgelenk gebrochen und trägt ein Kaminkleid, um die Armschlinge zu kaschieren.)

12. November 1978: Singt ›So What‹ und den ›Pineapple-Song‹ aus *Cabaret* in dem Konzert *Sing Happy: The Work of John Kander and Fred Ebb* in der Avery Fisher Hall. Dies ist ihr letzter öffentlicher Auftritt.

Dezember 1978: Aufnahme eines Interviews mit Schuyler Chapin für PBS. Die beiden jeweils halbstündigen Teile *Lenya: The Berlin Years* und *Lenya: Paris – New York* werden am 30. Januar und 6. Februar 1979 erstmals ausgestrahlt. Lenya gibt in ihren letzten Lebensjahren eine Reihe von Rundfunkinterviews. Erwähnenswert sind außerdem die Interviews von Peter Adam (ausgestrahlt im Mai 1979 von der BBC), Beverly Sills und Robert Jacobson (beide gesendet von PBS im Rahmen der Weill-Opern-Übertragungen im Herbst 1979).

Herbst 1979: Lenya begegnet Teresa Stratas, die in der Inszenierung von *Rise and Fall of the City of Mahagonny* an der Metropolitan Opera die Rolle der Jenny singen wird (Premiere: 16. November 1979). Lenya zeigt sich tief beeindruckt und überreicht ihr als der führenden Interpretin von Weills Musik öffentlich ihren Umhang. Lenya besucht die Premiere an der Met, wie im kommenden Jahr auch andere Neuinszenierungen von Weill-Opern.

18. November 1979: Lenya wird gemeinsam mit Cheryl Crawford, Alan Jay Lerner, José Quintero, Elmer Rice und Tennessee Williams in die Theater Hall of Fame aufgenommen.

1980: Mit Lenyas Gesundheit, die sich bereits seit einigen Jahren verschlechterte, geht es nun rapide bergab. In ihren beiden letzten Lebensjahren tritt sie kaum in die Öffentlichkeit, schränkt ihre Korrespondenz sehr ein und kommuniziert nur mit wenigen Freunden.

2. März 1980: Lenya nimmt an der Wayne State University in Detroit eine Ehrung des Staatssenats von Michigan entgegen.

Februar 1981: Auf Drängen von Margo Harris Hammerschlag begibt sich Lenya für eine plastische Brustoperation ins Krankenhaus. Wenige Tage nach der Entlassung bricht sie sich bei einem Sturz zwei Wirbel. Inzwischen hat sich der Krebs in ihrem ganzen Körper ausgebreitet.

2. April 1981: Anwesenheit bei der ersten (und für sie letzten) Sitzung des neu besetzten Kuratoriums der Kurt Weill Foundation for Music.

1. Juli 1981: Übergibt der Musikbibliothek der Yale University den Großteil der in ihrem Besitz befindlichen Weill-Manuskripte und -Dokumente.

September 1981: Lenyas Arzt setzt sie von ihrem bevorstehenden Tod in Kenntnis. Sie läßt sich dennoch zur Krebsbehandlung ins Sloan-Kettering Memorial Hospital einweisen.

28. Oktober 1981: Lenya verläßt das Krankenhaus todkrank und mit Medikamenten ruhiggestellt. Sie wird in das Apartment ihrer Freundin Margo Hammerschlag gebracht. Kurz darauf zieht Teresa Stratas ein, um ihr im Endstadium der Krankheit Mut zuzusprechen. Margo Hammerschlag verhindert die Besuche vieler langjähriger Freunde und Kollegen.

6. November 1981: Lenya unterzeichnet auf dem Totenbett ein Testament, wonach Margo Hammerschlag die Einrichtung von Brook House erhält und sich mit Lenyas Schwester und Anna Krebs die Erträge aus einem Treuhandvermögen teilt.

27. November 1981: Lenya stirbt im Alter von 83 Jahren.

1. Dezember 1981: Sie wird auf dem Mount Repose Cemetery neben Kurt Weill beerdigt.

Danksagung

Dieses Buch wäre undenkbar ohne die Vorausschau Lotte Lenyas, die vieles an Material verwahrte, das ihre Karriere dokumentiert. Zudem rief sie die Kurt Weill Foundation for Music ins Leben, um ihre Mission, Weills musikalisches Vermächtnis zu erhalten und zu fördern, fortgeführt zu sehen. Unter der verständigen Obhut seines Vorsitzenden, Kim H. Kowalke, führt das Stiftungskuratorium durch Gründung des Weill-Lenya Research Centers in New York seit Lenyas Tod ihre Arbeit fort. Das Center hütet und vermehrt seit 1983 das Vermächtnis Lenyas (sowie das ihres zweiten und dritten Mannes) und Weills. Aus aller Welt werden Fotos, Briefe, Musik, Texte, Interviews, Programme, Artikel, Tonbandprotokolle, Ton- und Bildmitschnitte sowie Filme zusammengetragen. Materialien, die benötigt werden, um den Verlauf zweier Leben zu rekonstruieren, die zahlreiche politische und soziale Grenzen überschritten. Erwerb, Katalogisierung und öffentliche Zugänglichkeit dieses Materials wären ohne das finanzielle und administrative Engagement des Kuratoriums und die Unterstützung durch folgende Kuratoriumsmitglieder nicht möglich gewesen: Milton Coleman, Paul Epstein, Philip Getter, Walter Hinderer, Kim H. Kowalke, Henry Marx, Harold Prince, Julius Rudel, Guy Stern und Lys Symonette.

Allein die alphabetische Reihenfolge rechtfertigt die Nennung Lys Symonettes an letzter Stelle. Ihr Engagement und unermüdliches Bemühen um Weill und Lenya kann hier kaum in vollem Umfang gewürdigt werden. Sie fungierte nicht nur als Begleiterin in Weills späteren Broadway-Aufführungen und arbeitete dann wechselweise als musikalische Assistentin und Pianistin Lenyas, sondern spielt auch eine maßgebliche Rolle bei der Wiederbelebung und Fortführung der Kurt Weill Foundation gegen Ende von Lenyas Leben. Ich kann Mrs. Symonette gar nicht genug danken für die unzähligen Stunden, die sie in den letzten 14 Jahren aufgewendet hat, um mein Wissen über Weill und Lenya als Persönlichkeiten und Privatpersonen zu erweitern. Sie arbeitete unermüdlich an einer lückenlosen und präzisen Dokumentation und half uns damit, einzelne Informationen im richtigen gesellschaftlichen, politischen und historischen Kontext zu sehen. Ihr Verdienst ist es, uns einen verständlichen, natürlichen Zugang zu Lenyas Persönlichkeit, Esprit und Einzigartigkeit als darstellender Künstlerin zu ermöglichen.

Dieses Projekt wäre ohne die engagierte, kritsche Mitarbeit und Unterstützung durch Kollegen von der Kurt Weill Foundation (neben Lys Symonette) nicht zustande gekommen. Sie halfen uns dabei, die Arbeit auf das Thema zu konzentrieren und nahezu frei von bloßer Verehrung zu halten. Mein persönlicher Dank gilt Kim H. Kowalke, der mich in all den Jahren unterstützte, sein umfangreiches Wissen über Weill und Lenya bereitwillig preisgab und sich bei jedem Hindernis als versierter Lotse anbot. Unverzichtbar für das Zustandekommen dieses Buchs war die Mitarbeit Dave Steins (Archiv- und Redaktionsassistent), der für alle intellektuellen und redaktionellen Aspekte der Herstellung wie Quellenbeschaffung, Niederschriften, Bildauswahl, Bildlegenden und Register verantwortlich war. Die detaillierte Chronik über Lenyas Leben und Karriere ist vornehmlich seine Arbeit. Joanna Lee, in der Foundation als Associate Director for Business Affairs tätig, kümmerte sich mit gewohnter Effizenz und Scharfsinnigkeit um die Abdruckrechte. Edward Harsh, Managing Editor der Kurt Weill Edition, verdanke ich einige wertvolle strategische und editorische Ratschläge. Brian Butcher, Verwaltungsassistent, erleichterte stets gut gelaunt die Kommunikation und half beim Erstellen des Manuskripts. Zindman-Fremont Photographers befaßten sich emsig mit dem Ablichten von Archivmaterial beim Weill-Lenya Research Center. Peter Mayer von Overlook Press unterstützte das Projekt von Beginn an und prüfte den Text redaktionell. Auch danke ich Tracy Carns und Hermann Lademann für ihre verlegerischen Ratschläge. Sehr zur Verschönerung des Endprodukts trug Bernard Schleifer mit dem eleganten Layout und seinem Themenverständnis bei.

Die Fotos dieses Buchs wurden unter anderem von verschiedenen Bibliotheken zur Verfügung gestellt. Lenya deponierte 1980 sämtliche in ihrem Besitz befindlichen Partituren Weills (hauptsächlich die für die amerikanischen Musicals) und eine umfangreiche Sammlung von Fotos, Programmen, Briefen und sonstigen Dokumenten in der Musikbibliothek der Yale University. Besonderer Dank gilt dem Musikbibliothekar Kendall Crilly für seine Mitarbeit sowie der Bibliothekarin Suzanne Eggleston, die rasch und professionell auf unsere Bitte um Beschaffung von annähernd 100 Fotos reagierte und jedes eingehend dokumentierte. Weitere Fotos stellten zur Verfügung: Bildarchiv Preußischer Kulturbesitz, Berlin; Bildarchiv und Porträtsammlung der Österreichischen Nationalbibliothek; Corbis-Bettmann; Harvard Theatre Collection, The Houghton Library; Museum of the City of New York; Paul Hindemith Institut; The Research Collections, New York Public Library; Stadtarchiv Zürich; Stiftung Deutsche Kinemathek; Stiftung Archiv der Akademie der Künste, Berlin; Theaterwissenschaftliche Sammlung, Institut für Theater-, Film- und Fernsehwissenschaft, Universität zu Köln; Ullstein Bilderdienst, Berlin; University of New Hampshire.

Folgende Künstler und Fotografen lieferten dankenswerterweise Fotos und erteilten Abdruckrechte: Richard Avedon, Arbit Blatas, Richard Ely, Neil Fujita, Martus Granirer, Al Hirschfeld (vertreten durch Margo Feiden Galleries), Bill Madison, Ted Mitchell, Paul Moor, Lee Snider, Barron Storey und Lys Symonette, ferner George P. Lynes II. (Nachlaß von George Platt Lynes) und Jerome S. Solomon (Nachlaß von Carl Van Vechten). James Frasher erteilte die Erlaubnis, den Brief von Lillian Gish zu verwenden, Stephen Davis gestattete uns den Abdruck des Texts zu »Jimmy's Moll« von Marc Blitzstein, und Vincent Scarza lieh uns ein Originalgemälde von Russell Detwiler. Dank gebührt außerdem der Artists Rights Society, Atlantic Records, Dover Records, European-American Music Corporation, HarperCollins, Opera News, PolyGram Records, Sony Records, Teldec, Universal Edition und Warner-Chappell Music für die Erlaubnis zum Abdruck von Schallplattenhüllen und anderen Dokumenten.

Ein Großteil des abgedruckten Texts wäre nie zustande gekommen ohne die Arbeit von Interviewern und Journalisten wie Peter Adam, David Beams, Schuyler Chapin, Edwin Newman, Alan Rich, Donald Spoto, George Tabori, Gottfried Wagner und Robert Wennersten. Die private Sei-te Lenyas wird sichtbar anhand ihres Briefwechsels mit Freunden wie Lucy Abravanel, Hesper Anderson, Saul Bolasni, Milton Caniff, Victor Carl, Bertha Case, Mary Daniel, Richard Ely, Ann Fall, Manfred George, Ruth Gikow, Felix Jackson, Ian Kemp, Anna Krebs, Gigi McGuire, Ted Mitchell, Paul Moor, Ann Ronell und Lys Symonette. Folgende Einrichtungen, in deren Besitz sich Briefe und Interviews befinden, werden im Text zitiert: Bertolt-Brecht-Archiv, Akademie der Künste, Berlin; Columbia University Rare Book and Manuscript Library; Deutsches Literaturarchiv, Marbach; Hargrett Rare Book and Manuscript Library, University of Georgia; Houghton Library, Harvard University; Theatersammlung, Österreichische Nationalbibliothek; Yale University Music Library; Wilson Library, University of North Carolina, Chapel Hill.

Es ist nicht möglich, an dieser Stelle alle Kollegen, Freunde und Mitstreiter aufzuführen, die mich im Lauf der Jahre mit Informationen über Lenya versorgten, dem Weill-Lenya Research Center wertvolles Material stifteten oder bei der Organisation und Dokumentierung von Lenyas Nachlaß assistierten. Auch auf die Gefahr hin, einige Namen auszulassen, sind folgende, besonders wichtige Personen zu nennen: Maurice Abravanel, Hesper Anderson, John Andrus, Eric Bentley, Milton Caniff, David Drew, Richard Ely, Joseph Frazzetta, Neil Fujita, Felix Gerstman, Martus Granirer, Victor Carl Guarneri, Helen Harvey, Stephen Hinton, Hanne Holesovsky, David Hummel, Jane Klain, Maurice Levine, Elisabeth Lürzer von Zechenthall, Felix Jackson, Ronald Magliozzi, Eric Marinitsch, Henry Marx, Gigi McGuire, Mario Mercado, Burgess Meredith, Ted Mitchell, Paul Moor, Larry Moore, Michael Morley, Harriet Pinover, Harold Prince, Dennis Rooney, Ann Ronell, Jürgen Schebera, Peggy Sherry, Lee Snider, Donald Spoto, Guy Stern, Dolores Sutton, Lys Symonette, Gottfried Wagner, Robert Wennersten und Murray Wortzel.

Persönlicher Dank gilt meinen Partnern Milton Chris Blazakis und David Gilbert, meinen Eltern und Geschwistern und den »Verwandten« in New York und andernorts.

Gewidmet sei dieses Buch schließlich dem herausragenden deutsch-amerikanischen Theaterhistoriker Henry Marx, der 1976 in der New York Public Library die erste größere Ausstellung über Weill und Lenya organisierte, einer jener Experten, die auf Lenyas Aufruf 1980 reagierten, als Kurator der Kurt Weill Foundation tätig zu werden. Dr. Marx war mit dem Weill-Lenya Research Center eng verbunden, das er stets mit Funden aus Antiquariaten aller Herren Länder versorgte. Seiner Witwe, der Fotografin Carin Drechsler-Marx, danke ich für den Einblick in ihr umfassendes Bildarchiv über Lenyas Leben und Karriere.

Quellenangabe stehen in eckigen Klammern am Ende des Eintrags. WLRC=Weill-Lenya Research Center, New York.

1 Brief an Lucy Abravanel, 26. Juli 1950 [WLRC Ser.43]

2 Gespräch mit dem Dirigenten Maurice Abravanel [WLRC Ser.60]

3 Niederschrift eines Interviews von Peter Adam für *Lotte Lenya*, ausgestrahlt in der BBC-Serie *Omnibus*, 24. Mai 1979 [WLRC Ser.23/OM6/1979]

4 Briefe an Hesper Anderson 1972-1978 [WLRC Ser.43]

5 Anderson, Maxwell: Eulogy for Kurt Weill, 1950 [WLRC Ser.35]

6 Associated Press: *Age Bows to Love*, in *New York World Telegram and Sun* (1. November 1962)

7 Brief an Clive Barns vom 4. Mai 1970 [WLRC Ser.42/4/25]

8 Interview von David Beams, 15. und 28. Februar 1962, Niederschrift einer Tonbandaufzeichnung [WLRC Ser.60]

9 Belanger, Bill: »Actress recalls ›That Magic Time‹«, *Huntington (WV) Herald-Dispatch* (Datum unbekannt) [WLRC Ser.34/II/34]

10 Bergner, Elisabeth: *Bewundert viel und viel gescholten*, München 1982 (Goldmann), S. 76–77 [WLRC Ser.92]

11 ›Jimmy's Moll‹, Textentwurf für das Lied ›Few Little English‹ von Marc Blitzstein [WLRC Ser.26]

12 Brief an Saul Bolasni vom 16. November 1954 [WLRC Ser.43]

13 Briefe an Milton Caniff 1973 [WLRC Ser.30/I/3]

14 Brief an Victor Carl vom 19. September 1962 [WLRC Ser.30/1/15]

15 Briefe an Bertha Case aus den Jahren 1965–1976 [WLRC Ser.30/11/8]

16 Niederschrift von Lenyas Auftritt in der Dick Cavett Show, CBS Television, 1. Januar 1975 [WLRC Ser. 114/22]

17 Niederschrift eines Interviews von Schuyler Chapin für die Sendung *Skyline* (WNET/13) vom 7. Dezember 1978 [Yale University Music Library, Weill/Lenya Papers, Box 73, Folder 4]

18 Corry, John: *Broadway: A Remembrance of Weill and Lenya at Lincoln Center*, in *New York Times* (12. November 1976) [WLRC Ser.53]

19 Dahl, Arlene: *Love Called Greatest Beauty Secret of All* (Veröffentlichung, Datum unbekannt) [WLRC Ser.53]

20 Dahlberg, Gertrude: *Lotte Lenya: Born and Bred in Defiance*, in *Journal-News* (4. Februar 1973) [WLRC Ser.53]

21 Briefe an Mary Daniel 1954–1959 [WLRC Ser.43]

22 Brief an George Davis vom Mai 1955 [WLRC Ser.43]

23 Deutsch, Linda: *Lotte Lenya Shuns Thought of Retiring*, in *Long Island Press* (29. November 1971) [WLRC Ser.53]

24 Briefe an den Musikkritiker Olin Downes 1950 [WLRC Ser.30/8/17. Originale: Hargrett Rare Book and Manuscript Library, University of Georgia]

25 Drosby, John: *Brecht Warning: Don't Catch Cult*, in *Sunday Tribune* (11. März 1962) [WLRC Ser.53]

26 Eckardt, Wolf von: *Keeper of the Flame*, in *International Herald Tribune* (8. Januar 1981) [WLRC Ser.53]

27 Brief an Richard Ely vom 28. Januar 1976 [WLRC Ser.43]

28 Ephron, Nora: *Mrs. Kurt Weill*, in *New York Post* (8. Januar 1965) [WLRC Ser.53]

29 Brief von Max Ernst an Lenya [1934?] [WLRC Ser.43]

30 Briefe an Ann Fall 1970 [WLRC Ser.43. Originale: Columbia Rare Book and Manuscript Library]

31 Foster, Maryan: *Just the Microphone and You*, in *Tallahassee Democrat* [Datum unbekannt] [WLRC Ser.53]

32 Gary, Beverly: *A Composer's Widow Keeps His Work Alive*, in *New York Post* (22. Januar 1962)

33 Brief an Manfred George vom 11. Mai 1950 [WLRC Ser.43. Deutsches Literaturarchiv, Marbach]

34 *Conversation Between Lotte Lenya and Ruth Gikow*, Niederschrift (1976?) [Yale University Music Library, Weill/Lenya Papers, Box 73. Folder 6]

35 Brief von Lillian Gish an Ted Mitchell, Dezember 1981

36 Goldberg, Jeff: *Lenya Speaks*, in *SoHo Weekly News* (29. August 1974) [WLRC Ser.34/II/36]

37 Brief an Paul Green (1938) [WLRC Ser.43. Original: University of North Carolina, Southern Historical Collection, Paul Green Papers]

38   Harrison, Jay: »*The Threepenny Opera* Opens in New Adaptation«, in *New York Herald Tribune* (11. März 1954) [WLRC Ser.51A]

39   Briefe an Elisabeth Hauptmann 1955 [WLRC Ser.30/1/2. Originale: Bertolt-Brecht-Archiv, Akademie der Künste, Berlin]

40   Brief an Felix Jackson vom 21. September 1957 [WLRC Ser.30/1/4]

41   Brief an Ian Kemp vom 2. Juni 1970 [WLRC Ser.43]

42   Brief an Anna Krebs vom 18. Dezember 1956 [WLRC Ser.43]

43   Lambert, Constant: *Matters Musical,* in *Times* (London, 13. August 1933) [Abschrift: WLRC Ser.50A. Original: Harvard University, Houghton Library, Bertolt Brecht Collection 385/72]

44   Brief an Flora Lasky vom 29. März 1972 [WLRC Ser.42/4/38]

45   Autobiographische Notizen [WLRC Ser.34 und 37]. Lenya hinterließ einige farbenfrohe Erinnerungen an ihre Kindheit und Jugend, verfaßt in der ersten Person als autobiographische Skizzen oder Geschichten, die sie anderen erzählte (insbesondere ihrem zweiten Mann, George Davis, und dem britischen Musikwissenschaftler David Drew). Die Geschichten, »die sie Davis erzählte«, sind mit dessen eigentümlicher, romantisch-literarischen Atmosphäre durchzogen und vermutlich großzügig ausgeschmückt. Die in diesem Buch erscheinenden Auszüge repräsentieren eine andere Auswahl und Anordnung als in *Sprich leise (wenn du Liebe sagst).* [Köln: Kiepenheuer & Witsch, 1998].

46   *London Magazine,* Mai 1961 [zit. nach: Taylor, Ronald: Kurt Weill: Composer in a Divided World, Boston 1991 (Northeastern University), S. 58–59]

47   Briefe an Gigi McGuire 1976–1977 [WLRC Ser.43]

48   Briefe an Ted Mitchell 1964–1978 [WLRC Ser.43]

49   Briefe an Paul Moor 1978–1981 [WLRC Ser.43]

50   Briefe an Caspar Neher 1953–1961 [WLRC Ser.43]

51   Norris, Ron: *When 64 Loves 37,* in *Daily Sketch* (1. November 1962), S. 5

52   Niederschrift eines Interviews von Edwin Neumann (NBC News) für *Speaking Freely* vom 14. Oktober 1970 [Yale University Music Library, Weill/Lenya Papers, Box 73, Folder 2]

53   Brief an Otto Pasetti vom 20. Oktober 1933 [WLRC Ser.43]

54   Patureau, Alan: *Lotte Lenya Enjoys Being a Lively Legend,* in *Newsday* (5. November 1964), S. 3c [WLRC Ser.53]

55   Peper, William: *Song in Way of Her Action,* [Veröffentlichung, Datum unbekannt, WLRC Ser.53]

56   Brief an Kurt Pinthus vom 2. Dezember 1959 [WLRC Ser.43]

57   Brief an den Musikverleger T. Presser vom 8. April 1970 [WLRC Ser.42/1/14]

58   Donald Spoto interviewt Harold Prince (Niederschrift, Datum unbekannt) [WLRC Ser.60]

59   Alan Rich interviewt Lotte Lenya (Niederschrift, Datum unbekannt) [WLRC Ser.60]

60   Briefe an Ann Ronell 1958 [WLRC Ser.43]

61   Thomson, Virgil: *Most Melodious Tears,* in *Modern Music* 11, Nr. 1 (November-Dezember 1933), S. 13–14 [WLRC Ser.50A/S2]

62   Brief an Hans Heinsheimer im Musikverlag G. Schirmer vom 7. Juni 1971 [WLRC Ser.42/1/18]

63   Scott-Maddocks, Daniel: *Keeping the Weill Flag Flying,* in *Records and Recording* (Februar 1961)

64   Southern, Terry: *The Beautiful-Ugly Art of Lotte Lenya,* in *Glamour* (September 1962) [WLRC Ser.53]

65   Spoto, Donald: *Lenya: A Life,* Boston 1989 (Little, Brown). Dt.: *Die Seeräuber-Jenny. Das bewegte Leben der Lotte Lenya.* Aus dem Amerikanischen von Michaela Grabinger. München 1990 (Knaur)

66   (Sturm, George:) *Luncheon with Lenya, EAM Accents* (Herbst 1977) [WLRC Ser.34/II/39]

67   Briefe an Lys Symonette 1970–1971 [WLRC Symonette Collection]

68   George Tabori interviewt Lotte Lenya (Niederschrift, Datum unbekannt) [Yale University Music Library, Weill/Lenya Papers, Box 73, Folder 5]

69   Briefe an Universal Edition (Wien) 1954–1977 [WLRC Ser.42]

70   Niederschrift einer Rundfunksendung mit Lenya-Interview von Paul Vaughan, ausgestrahlt von der BBC am 9. September 1981 [WLRC Ser.122/2]

71   Wadsworth, Stephen: *Zeitgeist: Lotte Lenya Breathes the Very Spirit of Berlin in the '20s When Kurt Weill Burst on the Scene,* in *Opera News* (1. Dezember 1979) [WLRC Ser.34/II/40]

72   Gottfried Wagner interviewt Lotte Lenya (Niederschrift; 28. Mai, 3. Juni und 25. Juli 1978) [WLRC Ser.60]

73   Wardle, Irving: *Brecht and Berlin as Lenya Knew Them* (Veröffentlichung unbekannt), August–September 1962 [WLRC Ser.34/II/33]

74   Weill, Kurt: *Meine Frau,* in *Münchner Illustrierte Presse* (14. April 1929), S. 487

75   Robert Wennersten interviewt Lotte Lenya (Niederschrift, 27. November 1971) [WLRC Ser.30/11/17]

76   Brief an John Wharton vom 30. März 1950 [WLRC Ser.43]

77   Weill, Kurt und Lotte Lenya. *Sprich leise (wenn du Liebe sagst).* [Köln: Kiepenheuer & Witsch, 1998].

78   Brief an die Wuppertaler Bühnen, 2. November 1963

79   Niederschrift eines unidentifizierten Interviews [Yale University Music Library, Weill/Lenya Papers, Box 73, Folder 3]

Bibliographie

Der schriftliche Nachlaß Lotte Lenyas ist in den Weill/Lenya Archives der Yale University Music Library (New Haven, CT) und im Weill-Lenya Research Center (7 East 20. Straße, New York, NY) archiviert. Suchhinweise für beide Sammlungen wurden bereits veröffentlicht und sind bei den jeweiligen Einrichtungen erhältlich.

SCHRIFTEN VON LOTTE LENYA

Lenya, Lotte: *That Was a Time!*, Theatre Arts 40, Nr. 5 (Mai 1956), S. 78–80, 92–93.

Nachdruck als Vorwort zu *The Threepenny Opera* in der Übersetzung von Desmond Vesey und Eric Bentley (Grove Press, 1964). Verfaßt von George Davis anhand von Interviews mit Lenya und Elisabeth Hauptmann.

——. *I Remember Mahagonny*, Philips Music Herald 4, Nr. 1 (Frühjahr 1959), S. 6–9.

Ebenfalls abgedruckt in der Broschüre zur Philips-Aufnahme von *Aufstieg und Fall der Stadt Mahagonny*, 1958 (dt. und engl. Ausgabe).

——. »Kurt Weill's Universal Appeal«, *Music Journal* 17, Nr. 1 (Januar 1959), S 48, 77–78

——. »The Time Is Ripe«, *Playbill* 6, Nr. 16 (16. April 1962), S. 7–11, 43

——. »Weill's Music Is Timeless«, *New York Daily News* (28. Januar 1973)

Weill, Kurt und Lotte Lenya: *Speak Low (When You Speak Love): The Letters of Kurt Weill and Lotte Lenya.* Übersetzt und herausgegeben von Lys Symonette und Kim H. Kowalke, Berkeley 1996 (University of California Press). Dt: *Sprich leise (wenn du Liebe sagst).* (Köln, Kiepenheuer & Witsch, 1998).

SCHRIFTEN ÜBER LOTTE LENYA

Beams, David: *Lotte Lenya*, in Theatre Arts 46, Nr. 6 (Juni 1962), S. 11–18, 66–72

Borwick, Susan: *Perspectives on Lenya: Through the Looking Glass*, in *Opera Quarterly* 5, Nr. 4 (Winter 1987–1988), S. 21–36

Gavin, Barrie und Kim H. Kowalke: *Lenya: ein erfundenes Leben* (Video, Frankfurt/M., Hessischer Rundfunk, 1994)

Lynch, Richard: *For the Record – Lotte Lenya*, in Show Music 5, Nr. 2 (November 1986), S. 32–35

Marx, Henry (Hg.): *Weill-Lenya* (New York 1976, Goethe-Institut) [Katalog zur *Weill-Lenya Exhibition* 1976 in der New York Public Library]

Nemser, Cindy (Hg.): *Lotte Lenya and Ruth Gikow on Art, Theater, Life ...*, in The Feminist Art Journal 5, Nr. 4 (Winter 1976/77), S. 20–21

Praschl, Peter: *Hoppla, Jenny!*, in *Stern* 42, Nr. 32 (16. August 1989), S. 66–74

Reed, Rex: *Lotte Lenya*, in *Do You Sleep in the Nude?* (New York 1968, New American Library), S. 82–94

Spoto, Donald: *Lenya: A Life*, Boston 1989 (Little, Brown). Dt.: *Die Seeräuber-Jenny. Das bewegte Leben der Lotte Lenya.* Aus dem Amerikanischen von Michaela Grabinger. München 1990 (Knaur)

Stern, Guy: *Lotte Lenya's Creative Interpretation of Brecht*, in Brecht Unbound, hg. v. James Lyon und Hans-Peter Breuer (Newark, DE 1995, University of Delaware Press), S. 101–118

——. *Sporadische Heimkehr: Lotte Lenyas Besuche des Elternhauses und bei Wiener Verlegern*, in Eine schwierige Heimkehr: Österreichische Literatur im Exil 1938–1945, hg. v. Johan Holzner, Sigurd Scheichl und Wolfgang Wiesmueller (Innsbruck 1991, Institut für Germanistik), S. 314–321

——. *Woman with a Mission*, in The Theatre (Juli 1959), S. 12–13, 44–45

Wadsworth, Stephen: *Zeitgeist*, in Opera News 44, Nr. 6 (1. Dezember 1979), S. 16–20, 43

Weaver, Neal: *»Lenya, Whatever You Do Is Epic Enough for Me! – B. Brecht: An Interview with Lotte Lenya«*, in After Dark 11, Nr. 3 (Juli 1969), S. 32–41

Weill-Biographien handeln naturgemäß auch von einzelnen Aspekten der Karriere Lotte Lenyas. Besonders empfehlenswert sind: Jürgen Schebera: *Kurt Weill* (1980). Ders.: *Kurt Weill: An Illustrated Life* (1995). Ronald Sanders: *Kurt Weill* (1980, in dt. Sprache). David Drew: *Kurt Weill: A Handbook* (1987), Ronald Taylor: *Kurt Weill: Composer in a Divided World* (1991).

Tonträger und Videos

JUBILÄUMS-NEUAUFLAGEN

Lenya. Bear Family Records BCD 16019. Umfassende Sammlung mit sämtlichen kommerziellen Aufnahmen Lenyas (1929–1969, auch Sprechaufnahmen); Song aus Marc Blitzsteins *I've Got the Tune* (1937); für das Office of War Information aufgenommene Songs (1943); bisher unveröffentlichte Aufnahmen mit Turk Murphy und Louis Armstrong; Liveaufnahmen der Konzerte in München 1960 und in der New Yorker Carnegie Hall 1965; bislang unveröffentlichte Lesung von Brechts *Kinderkreuzzug*; Soundtrack der Fernsehsendung (1964) *Lotte Lenya: The Broadway Years of Kurt Weill*; zwei wenig bekannte Songs von John Cacavas (Aufnahme von 1969).

Lotte Lenya Sings Kurt Weill [Vol. 1]. Sony Masterworks Heritage MHK 63222. Enthält: NEUAUFLAGE VON *The Seven Deadly Sins* (1956, Columbia-Philips) und NEUAUFLAGE VON *Lotte Lenya Sings Berlin Theatre Songs by Kurt Weill* (1955, Columbia-Philips): ›Moritat vom Mackie Messer‹, ›Barbara-Song‹, ›Seeräuber-Jenny‹, ›Havanna-Song‹, ›Alabama-Song‹, ›Denn wie man sich bettet‹, ›Bilbao-Song‹, ›Surabaya-Johnny‹, ›Was die Herren Matrosen sagen‹, ›Vom ertrunkenen Mädchen‹, ›Lied der Fennimore‹, ›Cäsars Tod‹.

Lotte Lenya Sings Kurt Weill [Vol. 2]. Sony Masterworks Heritage MHK 60647. Geplanter Inhalt (bei Drucklegung): NEUAUFLAGE VON *September Song and Other American Theatre Songs by Kurt Weill* (1957, Columbia): ›September Song‹, ›It Never Was You‹, ›Saga of Jenny‹, ›Foolish Heart‹, ›Speak Low‹, ›Sing Me Not A Ballad‹, ›Lonely House‹, ›A Boy Like You‹, ›Green-up Time‹, ›Trouble Man‹, ›Stay Well‹, ›Lost in the Stars‹ und ›Song of Ruth‹ (bisher unveröffentlicht). AUS *Cabaret* (Neuauflage des Albums von 1966 in Originalbesetzung): ›So What?‹, ›It Couldn't Please Me More‹, ›Married‹ und ›What Would You Do‹. AUS *Brecht on Brecht* (Neuauflage des Albums von 1962 in Originalbesetzung): ›Solomon-Song‹, ›Song from *Mutter Courage*‹ (Dessau), ›Song of a German Mother‹ (Eisler). DREI VERSIONEN VON ›Mack the Knife‹: Turk Murphy mit Intro von Lenya, Duett mit Turk Murphy und Duett mit Louis Armstrong.

SAMMLUNGEN

The Collector's »Three Penny Opera« (Weill-Brecht). Mastersound DFCD1-110. Enthält: AUS *Die Dreigroschenoper* (Aufnahme 1930): ›Seeräuber-Jenny‹, ›Akt I, Finale‹, ›Barbara-Song‹, ›Eifersuchtsduett‹, ›Moritat, Reprise‹. AUS *Aufstieg und Fall der Stadt Mahagonny* (Aufnahme 1930): ›Alabama-Song‹ und ›Denn wie man sich bettet‹. AUS *Aufstieg und Fall der Stadt Mahagonny* (Aufnahme 1932): Auswahl. AUS *Happy End* (Aufnahme 1929): ›Bilbao-Song‹.

Die Dreigroschenoper/Berlin 1930 (Lotte Lenya/Marlene Dietrich). Teldec 9031-72025-2. Enthält: AUS *Die Dreigroschenoper* (Aufnahme 1930): ›Seeräuber-Jenny‹, ›Akt I, Finale‹, ›Barbara-Song‹, ›Eifersuchtsduett‹, ›Moritat, Reprise‹. AUS *Aufstieg und Fall der Stadt Mahagonny* (Aufnahme 1930): ›Alabama-Song‹ und ›Denn wie man sich bettet‹.

Kurt Weill: From Berlin to Broadway [Vol. 1]. Pearl GEMM CDS 9189. Enthält: AUS *Die Dreigroschenoper* (Aufnahme 1930): ›Seeräuber-Jenny‹, ›Akt I, Finale‹, ›Barbara-Song‹, ›Eifersuchtsduett‹, ›Moritat, Reprise‹. AUS *Happy End* (Aufnahme 1929): ›Bilbao-Song‹. AUS *Aufstieg und Fall der Stadt Mahagonny* (Aufnahme 1930): ›Alabama-Song‹. AUS *Aufstieg und Fall der Stadt Mahagonny* (Aufnahme 1932): Auswahl. NEUAUFLAGE VON *Six songs by Kurt Weill* (Bost, 1943): ›Lost in the Stars‹, ›Lover Man‹, ›J'attends un navire‹, ›Complainte de la Seine‹, ›Surabaya-Johnny‹, ›Denn wie man sich bettet‹.

Kurt Weill: Berlin and American Theater Songs. CBS Records MK 42658. NEUAUFLAGE VON *Lotte Lenya sings Berlin Theatre Songs by Kurt Weill,* ohne die vier letzten Songs (1955, Columbia-Philips): ›Moritat vom Mackie Messer‹, ›Barbara-Song‹, ›Seeräuber-Jenny‹, ›Havanna-Song‹, ›Alabama-Song‹, ›Denn wie man sich bettet‹, ›Bilbao-Song‹, ›Surabaya-Johnny‹. NEUAUF-

LAGE VON *September Song and Other American Theatre Songs by Kurt Weill* (1957, Columbia): ›September-Song‹, ›It Never Was You‹, ›Saga of Jenny‹, ›Foolish Heart‹, ›Speak Low‹, ›Sing Me Not a Ballad‹, ›Lonely House‹, ›A Boy Like You‹, ›Green-up Time‹, ›Trouble Man‹, ›Stay Well‹, ›Lost in the Stars‹.

Kurt Weill: From Berlin to Broadway [Vol. 2]. Pearl GEMM CDS 9294. Enthält: AUS *Aufstieg und Fall der Stadt Mahagonny* (Aufnahme 1930): ›Alabama-Song‹ und ›Denn wie man sich bettet‹.

Die sieben Todsünden/The Seven Deadly Sins und *Happy End.* CBS Records MPK 45886 [Neuauflage der Aufnahmen Columbia-Philips 1956 und 1960]

Weill: O Moon of Alabama Historische Originalaufnahmen (1928–1944). Capriccio 10 347. Enthält: AUS *Happy End* (Aufnahme 1929): ›Surabaya-Johnny‹ und ›Bilbao-Song‹. AUS *Aufstieg und Fall der Stadt Mahagonny* (Aufnahme 1930): ›Alabama-Song‹ und ›Denn wie man sich bettet‹. AUS *Aufstieg und Fall der Stadt Mahagonny* (Aufnahme 1932): Auswahl. NEU-AUFLAGE VON *Six songs by Kurt Weill* (Bost, 1943): ›Lost in the Stars‹, ›Lover Man‹, ›J'attends un navire‹, ›Complainte de la Seine‹, ›Surabaya-Johnny‹, ›Denn wie man sich bettet‹. Für das U.S. Office of War Information aufgenommene Songs (1944): ›Und was bekam des Soldaten Weib?‹ und ›Wie lange noch?‹

Weill: Die Dreigroschenoper Historische Originalaufnahmen (1928–1931). Capriccio 10 346. Enthält: AUS *Die Dreigroschenoper* (Aufnahme 1930): ›Seeräuber-Jenny‹, ›Barbara-Song‹ und ›Eifersuchtsduett‹.

EINZELNE BÜHNENWERKE

Aufstieg und Fall der Stadt Mahagonny/Rise and Fall of the City of Mahagonny. CBS M2K 77341 [Neuauflage der Aufnahme Columbia-Philips von 1956]

Cabaret. Columbia CK 3040 [Neuauflage des Albums von 1966 in Originalbesetzung]

Die Dreigroschenoper/The Threepenny Opera. CBS MK 42637 [Neuauflage der Aufnahme Columbia-Philips von 1958]

Johnny Johnson. Polydor 831 384-2 [Neuauflage der MGM-Aufnahme von 1956]

The Threepenny Opera. TER CDTER 1101 [Neuauflage des MGM-Albums von 1954 in Originalbesetzung (engl. Fassung von Blitzstein)]

The Threepenny Opera. Polydor 820 260-2 [Neuauflage des MGM-Albums von 1954 in Originalbesetzung (engl. Fassung von Blitzstein)]

VIDEOS

Die Dreigroschenoper/The Threepenny Opera. Regie: G.W. Pabst. Videokassette: Embassy Home Entertainment, 1984. Videodisc: *The 3 Penny Opera,* Criterion Collection (CC1139L), 1988.

From Russia with Love (Liebesgrüße aus Moskau). Videokassette: Twentieth Century-Fox Video, 1982. Videodisc: MGM/UA, 1988.

The Roman Spring of Mrs. Stone (Mrs. Stone und ihr römischer Frühling). Warner Home Video (11183), 1985

Semi-Tough (Zwei ausgebuffte Profis). Magnetic Video (a Twentieth Century-Fox Company), 1981

Bei zweisprachiger Titelangabe ist der geläufigere Titel vorangestellt; bitte nach beiden Einträgen suchen

Die wichtigsten Personen, die mit Weill zusammenarbeiteten, sind unter seinem Namen aufgeführt. Indessen stehen Werke von Weill und/oder Brecht, die eng mit Lenya verknüpft sind, unter dem entsprechenden Titel, ebenso die Werke anderer Autoren. Lenyas Lebenschronik (S. 233–243) ist nicht in diesem Register berücksichtigt.